KB260354

(주)광문각출판미디어
www.kwangmoonkag.co.kr

최준아·이예린·최은화 공저

머리말

• • • • • • • • • • •

AI를 '잘' 쓰면, 보건교사의 하루가 가벼워진다!

요즘, 수많은 AI와 에듀테크가 쉴 틈 없이 쏟아지고 있습니다. 연수나 교육 서적의 주제 역시 'AI'와 '에듀테크'가 빠지지 않습니다.

이제 보건실에도 AI 기술이 탑재된 보건일지 프로그램, 키오스크 및 각종 스마트 기기들이 들어오고 있습니다. 그럴수록 이런 생각이 듭니다.

'아이들 처치만으로도 벅찬데, AI까지 배워야 할까?'
'가만히 있다가는 뒤처지지 않을까?'
'언젠가 AI가 나를 대신하지 않을까?'

변화는 너무 빠르고, 보건교사의 하루는 이미 바쁩니다. 그래서 더 불안하고 부담스럽습니다.

얼마 전 중·고등학교 보건교사를 대상으로 'AI·에듀테크 활용 보건교육' 강의를 했습니다. 그런데 초등 보건교사의 신청이 더 많았고, 결국 강의를 추가로 열었습니다. 많은 보건교사가 같은 고민을 안고 있다는 뜻입니다.

AI 기술은 빠르게 발전합니다. 모든 것을 다 익히는 것은 불가능에 가깝습니다. 하지만 모든 걸 완벽히 알 필요는 없습니다. 지금 하는 업무에 딱 하나라도 적용하면 충분합니다. 달리는 기차를 멈출 수 없다면, 잠시 창밖을 여유 있게 바라보는 것부터 시작합시다.

이 책은 보건 업무와 수업에 바로 쓰는 AI·디지털 도구들을 담았습니다. 처음 시작하는 선생님도 부담 없이 차근차근 따라 하실 수 있도록 구성했습니다. 챗GPT를 비롯한 여러 도구가 어떻게 시간을 아끼고 수업을 흥미롭게 바꾸는지, 사례로 보여드립니다. 처음부터 읽어도 좋고, 지금 궁금한 장부터 펼쳐도 좋습니다.

AI는 보건교사를 대신하지 않습니다. 언제 어디서나 돕는 협력자입니다. 이 책이 선생님의 하루를 조금 더 가볍게 하고, 보건교사의 길을 더 행복하게 여는 첫걸음이 되길 바랍니다.

저자 일동

목차

2장

챗GPT 완전 정복하기

6장

행정 업무 효율화

1장

보건교사, AI를 만나다

1. 보건교사의 하루, AI가 바꾸는 업무 혁신

아직 출근도 하기 전, 보건실 문 앞에는 이미 아이들이 길게 줄을 서 있다. 수업 시간, 쉬는 시간 가릴 것 없이 환자들은 끊임없이 찾아온다. 그 사이에서 보건교사가 해야 할 일은 끝이 없다. 약품 관리와 보건실 정리, 보건교육 자료와 교구 정비, 각종 자료 집계와 품의, 행정 업무까지 이어진다. 건강 사업 계획을 세우고, 가정통신문을 만들며, 쉴 틈 없이 울리는 전화와 메시지에도 응답해야 한다. 아이들을 돌보느라 정신이 쏙 빠지다 보면, 어느새 나의 집중력도, 나의 일상도 뚝뚝 끊겨 버린다.

- 보건일지를 누군가가 대신 써줄 수는 없을까?
- 가정통신문이나 사업 계획 초안을 누군가가 대신 써줄 수는 없을까?
- 기계적인 일 대신에 아이들과 대면하는 시간을 늘릴 수 있다면?

인공지능이 단순하고 반복적인 업무를 대신해 준다면, 보건교사는 아이 한 명, 한 명의 몸과 마음을 더 깊이 살필 수 있다. 이제 생성형 AI를 나의 든든한 동료로 삼아 보자. 소모적인 행정과 반복 업무는 AI에게 맡기고, 진정한 '보건교사'로서의 나를 다시 만나자.

2. 보건실에서 만난 AI: 가능성과 고민

AI의 시대가 도래하면서 학교 현장은 많이 달라졌다. AI와 에듀테크 덕분에 수업 자료를 순식간에 만들 수 있어, 수업 준비가 훨씬 수월해졌다. 아이들도 기술을 활용한 수업을 흥미로워한다. 수업 분위기도 더 활기차고 즐거워졌다.

하지만 어느 순간, 마음 한구석이 무거워졌다. 아이들에게 질문을 던졌을 때, "선생님, 그냥 챗GPT한테 물어보면 안 돼요?"라고 묻는다. AI는 정답을 너무 쉽고 빠르게 내놓는다. "조퇴하고 싶어서 감기에 걸리는 법을 물어봤어요." 그러라고 만든 AI가 아닌데….

그래서 되물었다. "챗GPT는 이렇게 답했는데, 너희는 어떻게 생각해?", "이건 좋은 아이디어 같고, 저건 현실과 다르네. 너희는 어떻게 생각해?", "언제 AI를 활용하면 좋을까?", "AI와 대화할 때 조심해야 할 점은 무엇일까?" 이야기를 나누다 보면, 아이들도 조금씩 자기 의견을 말한다. "생각 못 한 좋은 아이디어에요.", "너무 뻔해요." 어느새 수업은 답을 찾는 시간이 아니라, 나만의 생각과 답을 만들어 가는 시간으로 바뀐다.

보건실에서 가장 중요한 순간은 결국 사람이 필요한 순간이다. 넘어져 다친 아이를 치료하며 위로하고, 속상한 일이 있었다며 울먹이는 아이의 이야기를 가장 가까이에서 들어 주는 일. 이건 AI가 해 줄 수 없는, 오직 사람만이 할 수 있는 일이다.

3. AI 도입 전 꼭 알아야 할 것들

가. 환각 현상(Hallucination)

환각 현상은 생성형 AI가 실제로 존재하지 않는 정보나, 입력 데이터에 기반하지 않은 내용을 마치 사실인 것처럼 만들어 내는 현상을 뜻한다. 예를 들어, 역사적 사실이나 인물에 대해 틀린 정보를 자신 있게 제시하거나, 존재하지 않는 출처나 통계를 만들어 내는 것이다. 이러한 오류는 AI의 문장 생성 능력이 뛰어날수록 더욱 그럴듯해 보이기 때문에 사용자에게 신뢰를 줄 수 있다. 그러나 실제로는 허위 정보일 가능성이 높아 주의가 필요하다.

환각 현상은 훈련 데이터의 불완전성, 알고리즘의 한계, 추론 과정의 불확실성 등에서 비롯된다. 즉, 생성형 AI는 완벽한 정답을 주지 않는다.

따라서 교사는 생성형 AI의 답변을 있는 그대로 받아들여서는 안 되며, 반드시 검증과 보완의 과정을 거친 후에 활용해야 한다. 또한, AI가 제공한 정보를 비판적으로 읽고 현명하게 활용하도록 학생들을 지도해야 한다.

나. 저작권과 윤리적 활용

1) 생성형 AI와 저작권 [1]

생성형 AI의 등장은 기존 저작권 체계에 여러 변화를 불러오고 있다. 첫 번째 쟁점은 AI를 학습시킬 때 사용된 데이터에 대한 출처와 저작권이다. 생성형 AI는 수많은 텍스트, 이미지, 음악을 학습하여 새로운 콘텐츠를 생성한다. 이 과정에서 원저작자의 창작물이 허락 없이 사용될 경우, 저작권 침해 문제가 발생할 수 있다.

특히 '공정 이용(fair use)' 여부가 주요한 논쟁이다. 일부 국가에서는 AI 학습을 위한 저작물 사용이 교육이나 연구 목적 또는 변형적 사용일 경우 허용되지만, 원저작

---

1) Yang, S. A., & Zhang, A. H. (2024). *Generative AI and copyright: A dynamic perspective*(First draft February 4, 2024; this draft March 19, 2024). https://ssrn.com/abstract=4716233

물과 유사성이 크고 상업적 목적이 포함되면 저작권 침해로 판단될 수 있다.

두 번째 쟁점은 AI가 생성한 콘텐츠에 저작권을 인정할 수 있는가에 대한 논쟁이다. 대부분의 국가에서는 '인간의 창작 행위'를 저작권의 핵심 요건으로 보기 때문에 AI가 독립적으로 만든 결과물에는 저작권을 인정하지 않는다. 그러나 사용자의 개입이 크고 창작 의도가 명확할 경우, 일부 국가에서는 일정 수준의 보호를 인정하기도 한다. 오디오 생성, 비디오 생성 AI의 경우 특정 요금제를 사용하는 경우에만 상업적 이용 및 저작권을 인정해 주기도 한다. 이처럼 AI가 만든 콘텐츠의 저작권 여부는 국가와 AI 모델마다 기준이 다르다.

AI 도구를 교육 현장에 도입할 때에는 저작권 문제를 반드시 고려해야 한다. AI가 만든 이미지, 글, 영상 등을 수업 자료로 활용하거나, AI와 함께 학생들의 결과물을 제작할 때는 주의가 필요하다. 상업적 이용 여부와 사용 조건을 꼼꼼히 확인해야 하며, AI가 제작했다는 점을 명시해야 한다.

예시)

<작품명: 생성형 AI와 저작권>
본 이미지는 ChatGPT의 DALL·E를 활용하여 생성되었습니다.

2) 챗GPT의 저작권 문제

챗GPT, DALL·E 등 OpenAI사에서 제공하는 서비스를 통해 생성한 텍스트나 이미지 출력물(Output)에 대한 저작권은 사용자에게 귀속된다. 즉 사용자가 입력한 내용(Input)과 이에 따라 생성된 출력물(Output)을 포함한 모든 콘텐츠(Content)의 소유권은 사용자에게 있다. OpenAI사는 이에 대한 권리, 소유권, 이권을 사용자에게 양도한다고 명시하고 있다.

다만, 생성된 출력물이 항상 독창적이지는 않을 수 있으며, 다른 사용자도 유사한 결과물을 얻을 가능성이 있다. 또한, OpenAI는 서비스 제공과 유지 보수, 기능 개선 등의 목적으로 사용자 콘텐츠를 활용할 수 있다. 이때 나의 데이터가 OpenAI에 제공되지 않기를 원한다면 그 방법을 함께 알아보자.

다. 개인정보 보호 원칙

챗GPT는 사용자가 입력한 데이터를 기반으로 모델 성능을 향상시킬 수 있도록 설계되어 있다. 일반 소비자용 서비스(무료 및 ChatGPT Plus 사용자)의 경우, 기본적으로 사용자의 대화 내용이 AI 모델의 학습에 활용된다.

사용자가 업무와 교육 활동에 사용한 데이터가 수집되지 않기를 원하는 경우 설정을 통해 비활성화할 수 있다.

① 챗GPT에 접속한 후 좌측 하단 내 계정을 선택 – [설정]을 누른다.

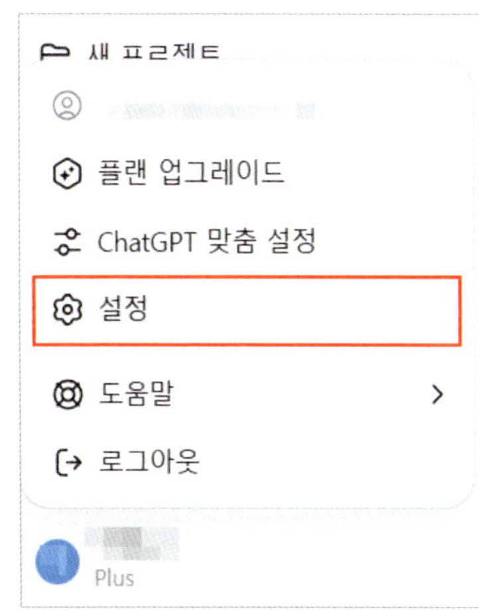

② [설정] – [데이터 제어] – [모두를 위한 모델 개선]에 '꺼짐', '켜짐' 여부를 확인한다. 기본적으로 개인 사용자 계정을 생성한 후에는 '켜짐'으로 되어 있다.

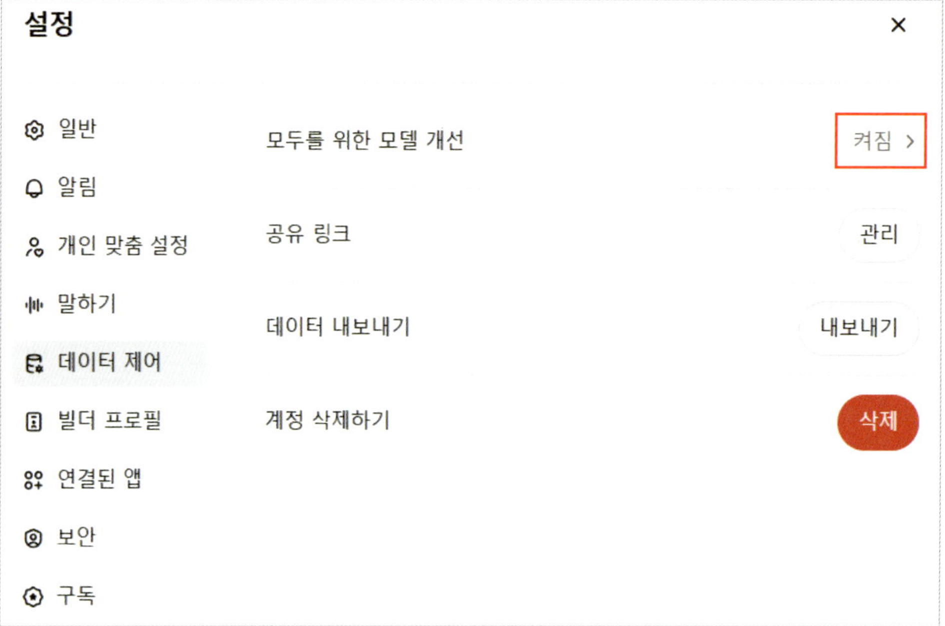

③ 모두를 위한 모델 개선을 비활성화하고 [완료] 버튼을 누른다. 그러면 챗GPT
   는 나와 나눈 대화 내용을 학습하지 않는다. 하지만 데이터가 완전히 폐기되거
   나 익명화된다고 보장되지는 않으므로, 나와 학생의 개인정보, 사진 등은 함부
   로 업로드하지 않도록 항상 주의한다.

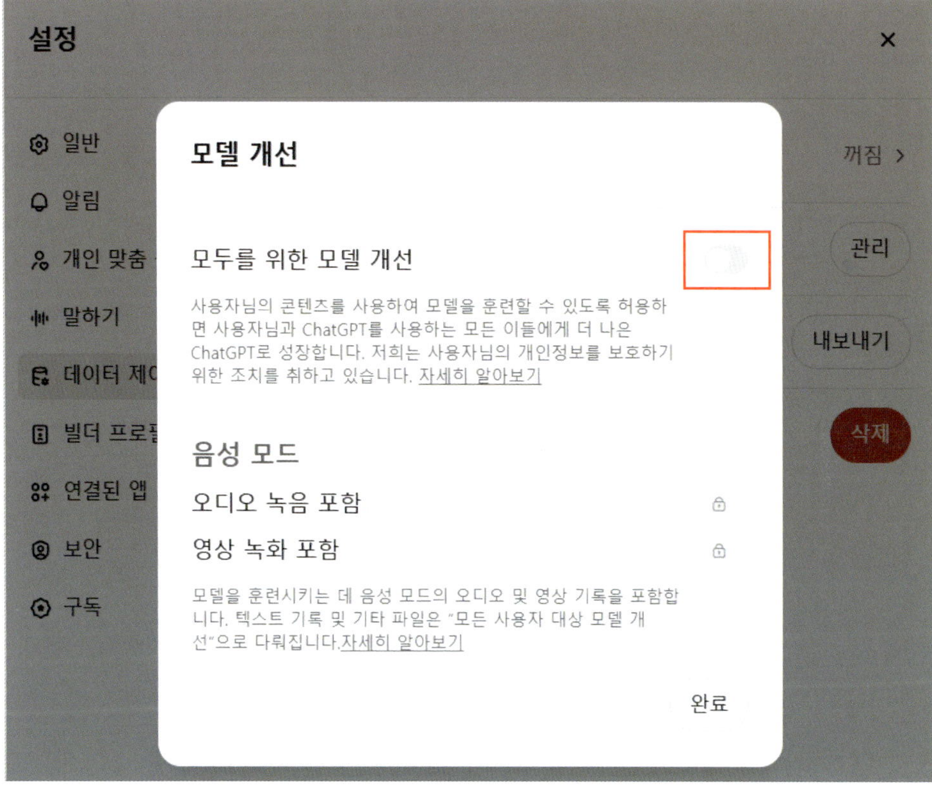

2장

챗GPT 완전 정복하기

1. 챗GPT 시작하기

가. 챗GPT란?

챗GPT는 미국의 인공지능 연구소인 OpenAI가 개발한 대화형 인공지능 챗봇이다. GPT(Generative Pre-trained Transformer)라는 언어 모델을 기반으로 만들어져, 사용자의 질문에 자연스러운 언어로 답변을 제공한다. 챗GPT는 번역, 코딩, 요약, 웹 검색, 글쓰기 등 다양한 작업을 수행할 수 있다.

나. 가입 및 이용 방법

챗GPT 공식 웹사이트(https://chatgpt.com)에 접속하면 [로그인] 또는 [무료로 회원 가입]이 가능하다. 개인 구글 계정이나 학교(교육청)에서 생성해 준 교사 고유 구글 계정을 사용해도 좋다. 학생들과 챗GPT 활용 수업을 하는 경우에도 학교에서 학생들에게 일괄적으로 생성해 주는 구글 계정을 활용한다면 쉽게 가입할 수 있다.

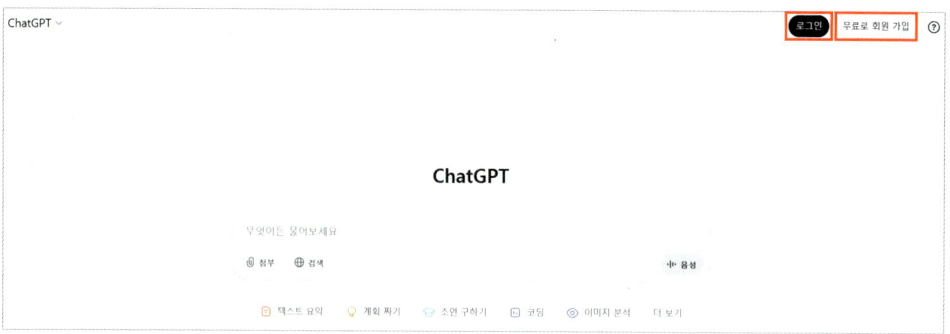

다. 연령 및 학교 환경에 따른 사용 지침

챗GPT를 만든 OpenAI에서는 '챗GPT는 모든 사용 연령에서 부적절한 답변이 나올 수 있음'을 안내하고 있다. 따라서 학생들이 챗GPT를 사용할 때에는 반드시 교사의 지도와 검토가 필요하다.

13세 미만 학생은 사용 금지	챗GPT는 원칙적으로 만 13세 미만 어린이를 위해 만들어진 서비스가 아니다. 따라서 유치원, 초등학생 등 만 13세가 되지 않은 학생을 위한 수업 자료를 챗GPT로 만들고자 한다면, 교사(성인)가 직접 챗GPT를 사용하여 자료를 제작하고, 학생은 완성된 자료만 활용해야 한다. 즉 어린이와 챗GPT가 직접 대화하도록 권장되지 않으며, 실제 상호 작용은 교사(성인)가 해야 한다.
13세 이상 18세 미만 학생은 보호자 동의 필요	만 13세 이상이라면 누구나 사용할 수 있다. 그러나 만 13세 이상 18세 미만의 어린이와 청소년은 사용 전 부모의 동의를 받아야 한다. 이러한 지침은 학생의 안전과 교육의 질을 지키기 위한 '교육자의 역할'임을 인지해야 한다. 챗GPT뿐만 아니라 다른 생성형 AI의 사용 계획이 있다면 보호자 동의를 받기 위한 가정통신문을 학년 초에 배부하여 활용한다. 일반적으로 학교의 담당 부서에서 3월 개학 시기에 맞춰 일괄로 가정통신문을 배부하므로 이를 확인해 보자.

2. 효과적인 프롬프트 작성법

챗GPT를 효과적으로 활용하려면 '프롬프트(prompt)'를 잘 작성하는 것이 중요하다. 프롬프트란, AI에게 원하는 결과를 얻기 위해 입력하는 문장 또는 명령어이다. 프롬프트 엔지니어링(prompt engineering)이란, AI가 사용자의 의도를 정확히 이해하고 원하는 결과를 생성하도록 프롬프트를 설계하고 조정하는 기술이다. 교사가 어떤 식으로 프롬프트를 입력하느냐에 따라 AI의 응답 품질은 달라진다.

AI는 겉으로 보기엔 모든 걸 다 아는 것처럼 보이지만, 실제로는 한 번에 처리할 수 있는 정보의 양과 생각할 수 있는 범위가 제한되어 있다. 우리가 질문할 수 있는 기회도 제한되어 있다. 그래서 한 번의 질문으로도 원하는 답을 이끌어내는 설계 능력이 필요하다. 질문이 명확하고 불필요한 말이 적을수록, AI는 자신의 한정된 '집중력'을 중요한 부분에 쓸 수 있다. 즉, 좋은 프롬프트는 AI가 집중해야 할 목표를 분명히 잡아주는 설계도와 같다.

가. 프롬프트 작성의 기본 원칙

프롬프트를 작성할 때에는 몇 가지 기본 원칙을 지키는 것이 중요하다. 모호하거나 두루뭉술한 질문보다는, 원하는 답변의 방향과 범위를 분명하게 알려 주는 질문이 효과적이다.

> 당신은 30년 경력의 중학교 보건교사입니다. (역할)
> 중학교 2학년 학생이 체육시간 중 열사병 증상을 보이고 있습니다. (맥락)
> 이 상황에서의 응급처치 방법을 단계별로 설명해 주세요. (작업)
> 다음 형식으로 작성해 주세요. (형식)
> 1) 즉시 조치 사항 2) 이후 단계별 처치 3) 병원 이송 판단기준

이제 각각의 원칙을 자세히 살펴보자.

1) 역할 부여(Persona)

AI에게 특정한 역할이나 전문성을 부여하면 더 맥락에 맞고 상황에 알맞은 답변을 얻을 수 있다. 역할을 설정한다는 것은 AI가 어떤 관점에서 생각하고, 어느 수준의 전문 지식을 바탕으로 대답해야 하는지를 정해주는 일이다. 예를 들어 "너는 중학교 보건교사야."라고 입력하면, AI는 학생의 발달 단계와 학교 현장을 고려한 어조로 대답하게 된다.

기본 원칙	- '당신은 ~입니다' 형태로 명확한 역할을 지정한다. - 해당 분야의 전문성과 경험을 강조한다. - 대상 독자나 상황을 고려한 역할을 설정한다.
예시	'당신은 30년 경력의 초등학교 보건교사입니다.' '당신은 유능한 응급의학과 교수입니다.' '당신은 교육과정 전문가로서 창의적인 수업 설계에 능숙합니다'

2) 구체적인 작업(Task)

AI가 수행해야 하는 작업을 구체적이고 명확하게 제시한다. 원하는 작업을 분명하게 명시할수록 AI의 결과물이 정확해진다. 구체적인 작업을 명시할 때는 다음 사항을 고려할 수 있다.

행동 지시	명령문으로 AI가 정확히 어떤 작업을 해야 하는지 명시한다.
세부 사항	작업 수행 시 반드시 포함해야 할 구체적인 요소를 명시한다.
예시	- '학생의 상태를 관찰한 내용으로 보건교사, 담임교사, 학부모가 해야 할 일을 단계별로 작성해 주세요.' - '중학교 체육대회 시 응급상황 발생 대응 매뉴얼을 만들어 주세요.' - '학부모에게 보낼 감염병 예방 가정통신문 초안을 작성해 주세요.'

3) 맥락 제공(Context)

AI에게 단순히 "무엇을 해달라"고만 요청하기보다, 왜 필요한지, 누구를 위한 것인지, 어떤 상황에서 쓰일 것인지를 함께 알려주면 훨씬 더 정확하고 유용한 답변을 얻을 수 있다.

상황 설명	현재 어떤 상황인지, 왜 해당 작업이 필요한지 설명한다.
배경 정보	질문과 관련된 배경이나 역사적 정보, 혹은 이전의 사건 정보를 제공한다.
제약 조건	반드시 지켜져야 할 제약이나 조건, 제한된 자원 등을 명시한다.
참고 자료	필요한 경우 참고할 수 있는 파일이나 자료를 제공하거나 명시한다.
예시	- '학교 운동장에서 체육활동 중 열사병 의심 사례가 발생했습니다. 오늘 기온은 32도이며 습도가 높았습니다.' - '현재 중학교 2학년 수업을 담당하며 학생은 28명입니다. 그중 일부는 비만이거나 운동 경험이 부족한 상태입니다.' - '교육청에서 지침으로 내려준 '학교 응급상황 매뉴얼'을 참고하여 작성해 주세요.'

4) 형식 제공(Format)

원하는 답변의 형태와 구조를 미리 지정하면 원하는 결과물을 쉽게 얻을 수 있다.

기본 원칙	- 명확한 형식을 지정한다. (표, 목록, 단계별 절차 등) - 분량이나 길이 제한을 설정한다. (글자수, 바이트(byte) 수 등) - 특정 구조나 템플릿을 요청한다. - 시각적 구성 요소 포함 여부를 명시한다. (그래프, 그림 등)
예시	'3단계로 나누어 설명해 주세요' '표 형태로 정리해 주세요' '1300byte 내로 작성해 주세요' 'A4 1페이지 분량으로 요약해 주세요' '학생용과 교사용으로 구분하여 제시해 주세요'

나. 단계적으로 답변 개선하기

챗GPT의 초기 답변이 만족스럽지 않거나 정보가 더 필요하면, 추가 질문이나 지시를 통해 답변을 단계적으로 개선해 나갈 수 있다.

예를 들어, 보건교사가 챗GPT에 특정 상황에 대한 응급처치 방법을 물을 수 있다.

 교사: 너는 유능한 응급의학과 전문의야. 14세 남학생이 운동 중 빈혈로 쓰러졌어. 이 때 응급처치는 어떻게 해야 하는지 자세히 알려줘.

 챗GPT: (초기 답변으로 일반적인 응급처치 요령을 설명한다.)

 교사: 방금 말한 처치와 관련해서 학생의 담임교사나 부모님께 사안에 대해 알릴 절차를 알려줘.

 챗GPT: (이전 답변 내용을 인용하여 "보호자 및 교직원을 위한 상황 전달 절차"를 답변한다.)

한 번에 많은 질문을 할 수도 있으나, 챗GPT의 답변을 듣고, 다음 질문을 제시할 수도 있다. 챗GPT는 토큰 개수에 제한이 있기 때문에 한 번에 하나씩 물어본다면 더 자세한 답변을 들을 수 있기도 하다.

다. 정보 검증을 위한 프롬프트

의학, 과학, 법률과 같은 전문 분야에서는 정보의 정확성과 신뢰성을 엄격히 검증해야 한다. [2] 따라서 AI의 답변을 그대로 받아들이지 말고, 단계별 검증 프롬프트를 통해 AI가 제공한 정보의 정확성과 신뢰성을 체계적으로 확인하자.

[단계별 검증 프롬프트] [3]

구분	프롬프트 내용
사실 정확성 출처	설명 중 의학적 **오류가 있다면 구체적으로 지적**하고, 최신 의학 지식에 기반한 올바른 내용으로 **수정**해 주세요.
과학적 근거 확인	과장되었거나 과학적으로 검증되지 않은 주장이 있다면 지적하고, **신뢰할 수 있는 연구나 근거를 바탕으로 정확한 표현으로** 바꿔 주세요.
현지화 적합성	설명이 **한국의 교육과정과 학교 환경에 부합하는지 확인**하고, 필요 시 국내 실정에 맞게 내용을 수정해 주세요.
객관성 및 편향성 검토	표현에 **편향된 시각이나 특정 집단에 대한 고정관념**이 반영되어 있다면 지적하고, **중립적이고 포용적인 표현**으로 재작성해 주세요.
최신성 업데이트	정보가 **20XX년 기준**으로 유효한지 확인하고, 오래된 내용, 변동 가능성이 큰 내용이 있다면 **최신 정보로 업데이트**해 주세요.
출처 신뢰성 검증	사용된 정보의 **출처가 명확한지 평가**해 주세요. 출처가 불분명하거나 신뢰할 수 없다면 공신력 있는 기관이나 최신 자료로 교체해 주세요.

이와 같은 질문을 던지면 AI가 제시한 정보를 검증할 수 있다. 그러나 AI가 제공한 검증 결과 또한 전적으로 신뢰할 수는 없으므로, 다양한 도구와 방법, 프롬프트를 해당 분야 전문가와 함께 상황에 맞게 사용하자. AI의 한계를 분명히 알고 있다면, 더 신뢰할 수 있는 정보를 만들 수 있다.

---

2) 경기도교육청. (2025). 생성형 인공지능 활용 교육 가이드라인(학생용). 경기도교육청 미래교육담당관.

3) 김평원(인천대). 「인공지능과 공존하는 사회에 필요한 미디어 리터러시」 (미디어리터러시 웹진)

3. 나만의 AI 비서 만들기

보건교사의 업무는 행정·교육·상담·응급관리까지 폭넓고 전문적인 영역을 포함한다. 이처럼 업무 특성이 복합적이기 때문에, 기본 설정 상태의 ChatGPT만으로는 세부적인 상황에 완전히 맞는 답변을 얻기 어렵다. 따라서 자신의 학교 환경과 역할에 맞게 '보건교사 전용 AI 비서'를 만들어 두면, 반복되는 업무를 줄이고 더 정확하고 현장감 있는 지원을 받을 수 있다.

가. GPTs

1) GPTs란?

GPTs는 OpenAI에서 제공하는 맞춤형 AI 비서 제작 기능이다. 우리는 스마트폰에 다양한 애플리케이션(앱)을 다운로드할 수 있다. 사진 촬영이 필요할 땐 카메라 앱을, 일정 관리가 필요할 때 일정 관리 앱을 사용한다. GPTs는 특수한 목적을 가지고 특정한 일을 더 잘 수행하도록 만들어진 일종의 챗GPT 기반 '앱'이다.

기존의 챗GPT는 다양한 작업을 수행할 수 있지만, 특정 작업을 전문적으로 또는 반복적으로 수행해야 할 때마다 매번 처음부터 상세하게 설명해줘야 하는 번거로움이 있었다. GPTs는 이러한 불편함을 해소하기 위해 등장했다. 한 번 설정해 두면, 사용자가 무엇을 하고자 하는지 다시 설명할 필요 없이 간략한 질문만으로도 필요한 답변을 제공해 준다. 즉, 특정 명령어와 지시가 미리 입력되어 있는 '맞춤형 챗GPT'인 셈이다.

ChatGPT Plus 구독자는 코딩 지식 없이 간단한 대화만으로 자신만의 특화된 챗봇을 만들 수 있다. Plus 구독을 하지 않더라도 타인이 만든 상황별 맞춤형 GPTs를 자유롭게 사용할 수 있다.

2) GPTs의 장점

가) 반복적인 프롬프트 입력 불필요

GPTs의 가장 큰 장점은 매번 긴 프롬프트(질문이나 명령어)를 입력할 필요가 없다는 것이다. 이미 GPTs 내부에 특정 작업에 최적화된 프롬프트가 설정되어 있기 때문에, 간단한 키워드나 문장만으로도 원하는 결과물을 얻을 수 있다.

나) 고도화된 지식과 전문성 활용

다른 사람들이 만들어 놓은 GPTs를 활용하면, 내가 갖고 있지 않은 전문 지식을 활용하여 업무를 효과적으로 수행할 수 있다. 또는 자신이 가진 전문 지식을 바탕으로 GPTs를 만들어 나만의 지식 비서를 만들고 업무 효율을 높일 수도 있다. 보건교사는 보건실에서 혼자서 일하지만 여러 분야의 전문가들과 함께 일하는 것과 같은 효과를 낼 수 있다.

다) 시간과 노력 절약

복잡한 자료 조사, 글쓰기, 코딩, 이미지 프롬프트 생성 등 다양한 작업을 GPTs에 맡김으로써 작업 시간을 크게 단축하고 시간과 노력을 아낄 수 있다.

라) 원하는 결과 도출의 용이성

챗GPT는 사용자의 문장 뒤에 올 단어를 예측하여 문장을 생성하는데, 프롬프트가 모호하거나 짧으면 예측 범위가 넓어져 원치 않는 결과가 나올 수 있다. GPTs는 특정 목적에 맞춘 상세한 지침이 미리 입력되어 있어, 답변의 예측 범위를 좁혀 사용자가 원하는 정확하고 구체적인 결과물을 얻기 쉽다.

3) GPTs 사용 방법

① 챗GPT 공식 홈페이지(https://chatgpt.com)에 접속한 후 좌측 사이드바에서 [탐색하기]를 선택한다.

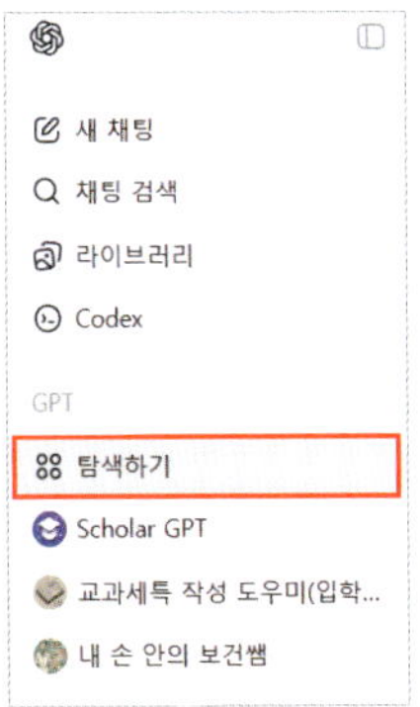

② [GPT 탐색] 창이 나타난다. 이곳을 'GPT 스토어'라고 부르기도 한다. GPT 스토어에서는 사람들이 만들어 놓은 수많은 GPTs가 공유되어 있으며 '글쓰기', '연구 및 분석' 등 카테고리별로 분류되어 있어 필요한 GPTs를 쉽게 찾아볼 수 있다.

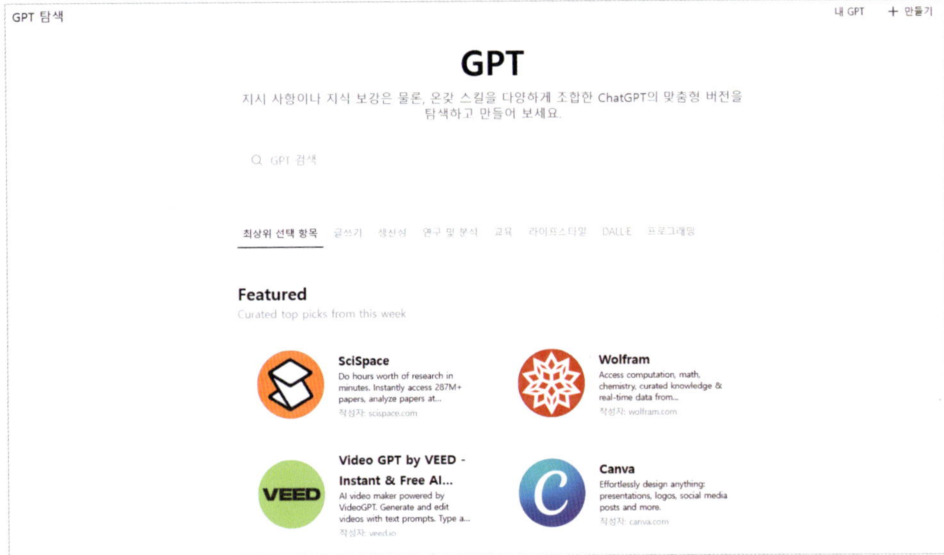

③ 좋은 GPTs를 찾고자 한다면 GPTs
를 클릭하여 그 안의 정보를 살펴
보면 된다.

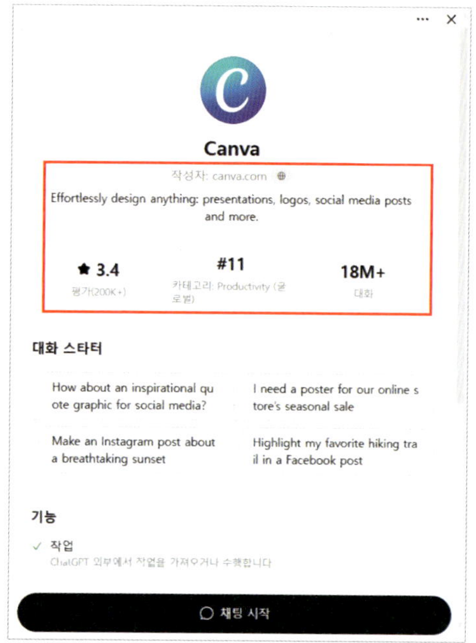

- 기능 확인

GPTs 이름 아래에 있는 설명을 읽고 어떤 기능을 하는지 확인할 수 있다. 이 기능이 내가 하고자 하는 일에 쓰기 적합한지 판단한다.

- 평점 및 대화 개수

작성자명 우측에 10K+, 700+ 등으로 표시되어 있는 것이 대화 개수이다. 평점과 대화 개수는 얼마나 많은 사람이 해당 GPTs를 얼마나 이용했고 어떻게 평가했는지를 보여 준다. 5점 만점의 별점 평가 시스템을 통해 사용자들은 GPT의 품질을 평가할 수 있다. 많은 사용자가 이용하고 높은 평점을 받은 GPTs는 더 신뢰할 수 있다.

- 한국어로 된 GPTs 찾기

검색창에 한국어로 된 키워드를 검색하면 한국어 기반 GPTs를 찾아 사용할 수 있다. 같은 키워드의 비슷한 GPTs가 여러 개라면 대화 개수가 가장 많은 GPTs를 고를 수 있다.

🔍 <u>로고</u>

모두　　개인 계정 워크스페이스

브랜드 로고 디자인 만들기 - AI 제작 LOGO Maker (v2.0)
브랜드 로고 디자인 만들기는 로고 초안 생성을 합니다. 🍑 머릿속에 떠오른 이미...
작성자: AIX 에익스　🔗 10K+

로고 만들기 AI GPT
디자인 지식 없이도 5분 만에 완성하는 로고 제작! 무료 로고 만들기, 모던하고 심...
작성자: prompthackerdanny.com　🔗 10K+

이미지 GPT - 고화질 사진 로고 사이즈 복원 편집 변환
AI 기반으로 고화질 사진 및 로고 제작, 이미지 사이즈 조정, 화질 복원, 편집, 파일...
작성자: Moazum　🔗 700+

로고제작 및 로고 디자인
로고제작 및 로고디자인 | 스타트업 전문 | 기업로고 | 앱 로고 | 자영업자 전문 | 로...
작성자: genexis.ai　🔗 1K+

사회복지 로고 디자인 생성 - WDM
복지 브랜드 이미지 디자인(로고,명함) 초안 생성
작성자: 복지인사이트　🔗 10+

로고 크래프트
A brand logo design specialist offering tailored advice and creative ideas.
작성자: community builder　🔗 30+

패스 로고
한번에 패스하는 2D 블랙로고 초안디자인전문

4) GPTs와 일반 챗GPT의 차이점

구분	챗GPT	GPTs
전문성	범용적인 일반 지식	특정 분야에 특화된 전문 지식
맞춤화	매번 새로운 맥락(context) 제공 필요	사전 설정된 역할과 지식 기반
지식 소스	OpenAI의 사전 학습 데이터만	사용자 제공 자료 추가 활용
사용 편의성	매번 상세한 프롬프트 필요	간단한 지시로 전문적 결과
공유 기능	개인 사용만 가능	다른 사용자와 공유 가능

5) 유용한 GPTs 소개

가) 연구 및 분석 관련(Research & Analysis)

2억 개 이상의 학술 논문 데이터베이스를 검색하여 연구 기반의 정확한 답변을 제공한다. 복잡한 학술적 질문에 대해 여러 연구 결과를 종합하여 신뢰할 수 있는 정보를 제시한다.

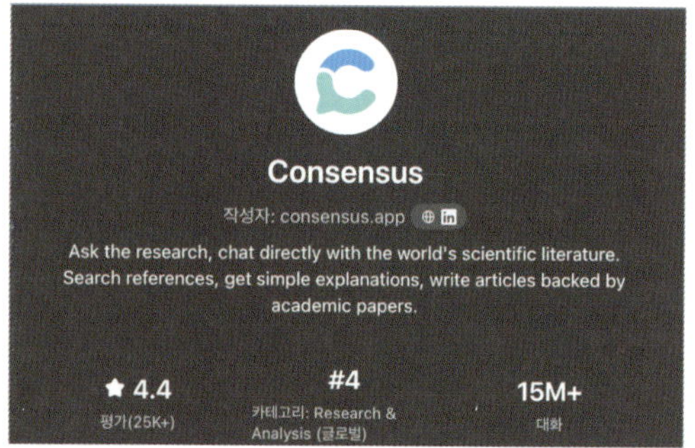

보건교사를 위한 Consensus의 자기소개

안녕하세요! 저는 **Consensus GPT**라고 합니다.
보건 선생님들이 연구 논문을 더 쉽고 빠르게 이해하고 활용할 수 있도록 도와주는 **AI 기반 연구 도우미**입니다.

☑ **제가 할 수 있는 일:**
- **과학적 근거 요약**: 건강, 의학, 심리 등 주제에 대한 최신 연구 결과를 간단하게 요약해 드립니다.
- **논문 검색 및 인용 제공**: 관련된 연구 논문들을 찾아드리고, APA 형식의 정확한 인용도 함께 제공합니다.
- **정리 도우미**: 보고서, 발표자료, 수업자료 등을 만들 때 논문 기반으로 **체계적인 정리**를 도와드립니다.

✨ 예시
질문: "청소년 정신건강에 운동이 도움이 되나요?"
답변:
- 운동은 청소년의 우울 및 불안 증상을 줄이는 데 효과적이라는 연구들이 다수 존재합니다(Smith et al., 2021).
- 특히 유산소 운동이 정신건강 개선에 가장 큰 효과를 보였다는 결과도 있습니다(Lee et al., 2020).

나) 문서 작성 및 편집(writing)

다양한 형식의 문서 작성을 지원한다.

보건교사를 위한 Write For Me의 자기소개

안녕하세요! 저는 **Write For Me GPT**입니다.
보건 선생님들이 **문서 작성, 교육 자료 기획, 아이디어 정리** 등을 더 빠르고 쉽게 할 수 있도록 도와주는 **AI 기반 글쓰기 도우미**입니다.

☑ **제가 할 수 있는 일:**

- **보건 문서 자동 작성**: 가정통신문, 보건 소식지, 연간 계획서, 교육 자료 등 반복적인 문서들을 빠르게 작성해 드립니다.
- **교육 콘텐츠 기획**: 학년별 보건 교육 주제 추천, 활동 아이디어 제안, 간단한 강의 대본까지 함께 준비해요.
- **시각자료 아이디어 제공**: 포스터 문구, 카드뉴스 구성, 퀴즈나 설문도 만들어 드립니다.
- **행정 자료 정리**: 보고서, 평가서, 연수 자료 등 공문서 형식에 맞춰 깔끔하게 정리해 드립니다.

✨ **예시**

질문: "초등학교 보건 소식지에 들어갈 **여름철 건강 관리** 내용 써줄 수 있어?"

답변:

1. **물 자주 마시기** - 갈증을 느끼기 전에 조금씩 자주 마셔요.
2. **햇볕 피하기** - 오전 11시~오후 3시에는 야외 활동을 피하고, 모자나 양산을 써요.
3. **음식 안전하게 먹기** - 상한 음식은 배탈의 원인! 실온에 오래 둔 음식은 먹지 않기.

- 학년별 이해도에 맞춰 난이도 조절 가능하고, 삽화나 퀴즈도 함께 구성해 드릴 수 있어요.

1장
2장
3장
4장
5장
6장

2장 챗GPT 완전 정복하기

다) 이미지 생성(Dall-E)

DALL·E는 텍스트로 설명한 내용을 바탕으로 이미지를 자동으로 생성하는 인공지능이다. 사용자가 문장으로 장면을 묘사하면, AI가 그에 맞는 그림이나 삽화를 만들어 준다. 예를 들어 "초등학교 보건실에서 학생이 올바르게 손 씻는 장면을 그려줘."라고 입력하면, 그 설명

에 맞는 그림을 즉시 생성한다. 기존 이미지를 수정하거나 특정 부분만 바꾸는 편집 기능('이미지 인페인팅', image inpainting)도 제공한다. 예를 들어 "이 그림에서 마스크를 쓴 학생으로 바꿔줘."라고 하면, AI가 해당 요소만 자연스럽게 수정한다.

보건교사를 위한 AI 그림 그리기의 자기소개

안녕하세요! 저는 AI 그림 그리기 GPT입니다.
이미지 생성, 편집, 복원, 스타일 변경 등 비주얼 콘텐츠 제작에 특화된 AI입니다.
보건교사 선생님께는 아래와 같은 방식으로 도움을 드릴 수 있어요:

👨‍⚕️ 보건교사를 위한 활용 예시
1. 보건 교육 자료 제작
- 학생 눈높이에 맞춘 질병 예방, 신체 구조, 생활 위생 관련 일러스트, 만화 스타일 이미지 생성
- 성교육, 금연교육, 정신건강 등 민감한 주제를 부드럽고 직관적인 시각 자료로 표현 가능

2. 환경 조성 및 포스터 디자인
- 보건실 안내, 손 씻기 포스터, 건강 캠페인 홍보물 등
- 원하는 분위기(밝고 귀여운 / 진지하고 정확한 등)로 이미지 제작

3. 학생 맞춤 시각 자료 생성
- 시력 보호, 척추 건강, 영양 교육 등 대상(유치원생, 초등학생, 중고등학생)에 따라 난이도와 표현방식 조절하여 자료 제작 가능

4. 기존 이미지 리디자인
- 오래된 보건 교육 이미지나 책자 속 삽화 등을 현대적 스타일로 재구성

요청만 해주시면, 이미지 한 장으로도 새로 그릴 수 있고, 여러 장을 활용한 통합 이미지도 가능합니다.
예) "초등학생용 감기 예방 포스터 그려줘", "눈 보호하는 아이 그림 그려줘", "아토피 설명용 그림 만들어 줘" 등
필요한 이미지가 있다면 지금 바로 말씀해 주세요! ✨

AI 그림 그리기는 보건교육에 생동감을 불어넣는 시각 도우미입니다.
시각 자료가 필요한 순간, 제가 도와드릴게요!

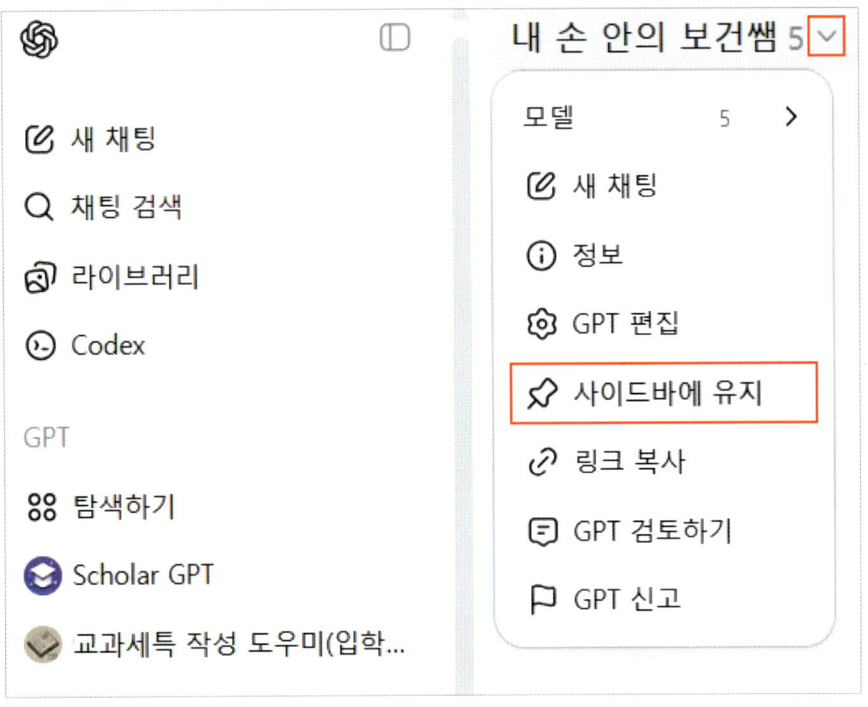

필요한 GPTs를 찾았다면 사이드바에 고정하여 챗GPT에 접속할 때마다 즉시 사용할 수 있다. GPTs를 클릭하여 대화창을 연 후 GPT 이름 옆에 있는 아래 화살표 (∨)를 클릭한다. [사이드바에 유지] 옵션을 선택한다. 왼쪽 사이드바에 해당 GPT가 고정된다.

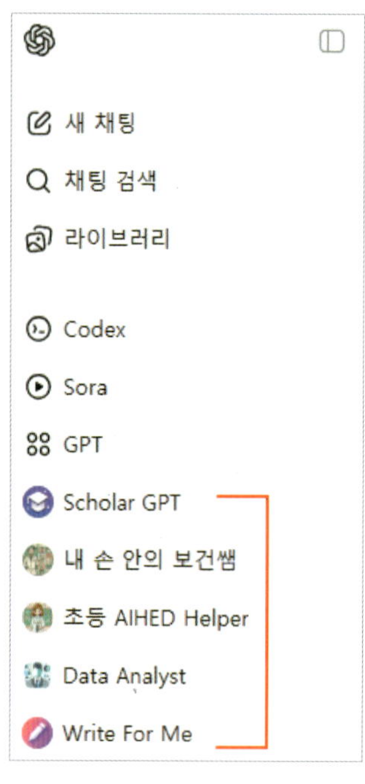

- 자주 사용하는 GPTs를 3~5개 정도 고정해 두면 필요에 따라 빠르게 접근할 수 있다.
- 고정된 GPTs 목록은 본인 계정으로 로그인 하면 다른 기기에서도 동일하게 표시된다.

나. 초등, 중등 보건교사를 위한 GPTs 소개

위에서 소개한 GPTs들도 유용하지만, 보건교사의 실제 업무 경험과 현장의 필요를 가장 잘 아는 것은 바로 보건교사이다. 현직 보건교사가 직접 개발한 맞춤형 GPTs를 소개한다.

아래의 GPTs는 교육부와 시도교육청의 공식 지침서, 학교 현장에서 사용되는 문서 양식, 등 보건업무와 관련한 자료를 학습했다. 자신의 학교급에 맞는 GPTs를 사용해 볼 수 있다.

구분	초등 보건교사 비서 **초등 AIHED helper**	중등 보건교사 비서 **내 손 안의 보건쌤**
특징	- 교육부 및 시도교육청의 공식 보건 업무 지침서, 감염병 매뉴얼, 교육과정 문서 등 실무 자료 기반 지원 - 행정 문서, 가정통신문, 공문 등의 신속한 자동 생성 지원 - 학교급별 맞춤형 소통 스타일로 사용자 친화적 상호 작용 - 학생 중심, 예방 중심 교육 실천 및 학교와 가정의 역할 고려		

기능	교육 자료	- 초·중등 보건 교육과정 및 인공지능 교육과정 기반 교수학습 자료 자동 생성 (진로형 보건 수업, 성교육, 감염병 교육 등 포함) - 초·중등 보건 동아리 활동 아이디어 및 활동 자료 제공	
	소통	- 감염병 등 위기 상황 시 가정통신문, 문자 메시지, 공지문 자동 작성 및 배포 지원 - 학부모 건강상담 관련 회신 문서 및 안내자료 생성 지원	
	위기관리	- 감염병, 응급상황 발생 보고서, 시나리오 작성 및 매뉴얼 요약	
	행정 업무	- 보건일지 요약, 통계, 감사 및 평가 대비 문서 초안 작성 지원 - 나이스 업무 지원 및 사용자 매뉴얼 제공	
	정책사업	- 흡연 예방, 자살 예방, 정신건강 등 정책사업 계획서 작성 지원 및 실적 보고서 요약, 발표자료(PPT) 자동 생성	
업로드한 첨부 파일 (지식)	가) 서울특별시교육청(2025). 2025 한 눈에 보는 보건 업무 길라잡이 (개정판). 나) 교육부(2023). 학교 감염병 예방·위기 대응 매뉴얼 제3차 개정판(초·중·고·특수학교용). 다) 한국교육학술정보원(KERIS) (2020). 초등 교사를 위한 KERIS와 시작하는 인공지능 교육 1: 인공지능 원리와 AI 교육의 이해. 라) 교육부(2022). 초등학교 교육과정 고시 [별책2]. 교육부 고시 제2022-33호. 마) 교육부(2022). 중학교 선택 교과 교육과정 [별책18]. 교육부 고시 제2022-33호 바) 교육부(2021). 초·중등 인공지능 교육 내용 기준. 사) 임진숙 외(2022). 데이터 기반 인공지능 교육 자료. 아) 한국교육학술정보원(KERIS)(2025). 언플러그드 학습가이드. 자) 질병관리청(2025). 2025-2026절기 인플루엔자 관리 지침	가) 교육부(2022). 중학교 선택 교과 교육과정 [별책18]. 교육부 고시 제2022-33호 나) 교육부(2022). 고등학교 교양 교과 교육과정 [별책18]. 교육부 고시 제2022-33호 다) 경기도교육청(2022). 경기 학교 응급의료 관리 매뉴얼. 라) 경기도교육청(2022). 경기 학교 보건 실무 매뉴얼. 마) 경기도교육청(2024). 경기도 학교 감염병 예방관리 실무 가이드북. 바) 경기도교육청(2025). 경기도교육청 감사 사례집. 사) 교육부·한국교육학술정보원(2023). 4세대 나이스(NEIS) 사용자 매뉴얼 (보건_학교용). 아) 경기도교육청(2024). 2024 흡연예방 실천학교 운영실무 매뉴얼. 자) 교육부(2023). 학교 감염병 예방·위기 대응 매뉴얼 제3차 개정판(초·중·고·특수학교용).	

다. 나만의 GPTs 만들기 실습

본인의 업무 스타일과 학교 특성에 최적화된 AI 비서를 직접 제작해 보자.

1) GPTs 제작 준비 사항

준비 사항:

- ChatGPT Plus 구독 (월 $20)

- 업로드할 자료 준비 (PDF, docx 등)

- 명확한 비서의 역할 정의

업로드할 자료 예시:

- 학교 내부 규정 및 매뉴얼

- 자주 사용하는 문서 양식

- 개인적으로 정리한 업무 가이드

- 특정 지역 교육청 지침서 등

2) GPTs 제작 단계별 가이드

1단계: GPT Builder 접속

- 좌측 사이드바에서 [탐색하기] 클릭 후 우측 상단의 [+ 만들기] 클릭

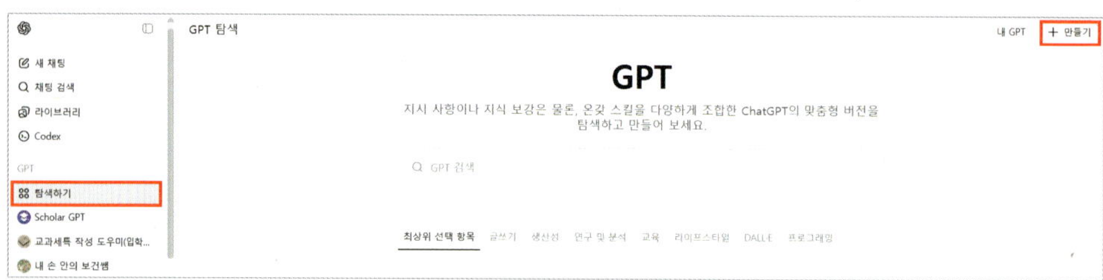

2단계: 기본 설정

- 좌측 창의 [구성] 탭에서 GPTs의 이름, 설명, 지침 등을 설정할 수 있다.
- 이름: GPT의 이름 입력 (예: "○○초 보건 도우미")
- 설명: GPT의 용도, 주요 기능을 간단히 설명
- 지침: GPT의 용도와 응답 스타일을 상세히 설정

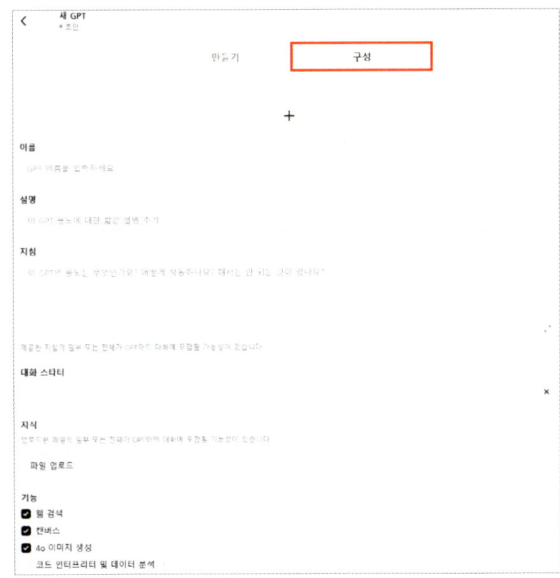

지침 작성 예시

당신은 ○○초등학교 보건교사를 돕는 전문 비서입니다.
- 항상 친근하고 따뜻한 톤으로 대화합니다
- 학교 특성(전교생 ○○명, 특수학급 ○개)을 고려합니다
- 문서 작성 시 ○○교육청 양식을 따릅니다
- 응급상황 대응 시 침착하고 단계별로 안내합니다

3단계: 대화 스타터 설정

- GPTs의 첫 화면에서 자주 사용하는 기능에 빠르게 접근할 수 있도록 대화 시작 버튼 설정

예시:

- "초등학교 5학년 '정서와 정신건강' 단원 3차시 교수학습 과정안 만들어 줘"
- "인플루엔자 유행 관련 가정통신문 만들어 줘"
- "수두 학생이 발생했어. 무엇부터 해야 하는지 매뉴얼 확인해 줘"

4단계: 지식 업로드

- GPTs가 참고한 자료를 업로드한다. 개인정보는 업로드 전 익명 처리 혹은 삭제한다.

업로드 가능 파일:	권장 업로드 자료:
• PDF (최대 25MB) • 텍스트 파일 (.txt, .md) • 문서 파일 (.docx) • 최대 20개 파일(파일 당 용량 최대 512MB)	• 학교 보건실 운영 규정 • 자주 사용하는 가정통신문 템플릿 • 업무 체크리스트 • 업무 관련 교육청 매뉴얼 • 약품 관리 대장 양식

5단계: 권장 모델 설정

내가 사용할 권상 모델을 설정한다. 하지만 무료 사용자가 공개된 GPTs를 사용할 경우 GPT-4o 모델로 구동된다.

- **GPT-4o**: 응답이 빠르고 가볍지만 복잡한 추론보다는 일반 대화와 실용 작업에 최적화된 모델이다.
- **GPT-5**: 전반적인 지능과 정확도가 향상된 균형형 모델로, 대부분의 제작 목적에 적합한 기본 선택지이다.
- **GPT-5** Thinking: 깊은 추론·복잡한 문제 해결에 강한 고사양 버전으로, 답변 제공 시간(생각 시간)이 더 필요한 대신 체계적인 결과를 제공한다.

6단계: 기능 설정

GPTs에 어떤 기능을 탑재할 것인지 체크한다.

- 웹 검색: 최신 정보 검색 가능 여부
- 캔버스: 캔버스 형태로 문서 생성 여부
- DALL-E 이미지 생성: 챗GPT의 DALL-E3로 이미지 생성 여부
- 코드 인터프리터 및 데이터 분석: 데이터 분석 및 차트 생성 여부

3) GPTs와 대화하며 제작하기

좌측 설정 창에서 [만들기] 탭을 활용하면 GPT와의 대화를 통해 GPTs를 제작할 수 있다. GPTs의 이름을 추천해 주고 GPTs의 대표 이미지를 제작해 주기도 한다.

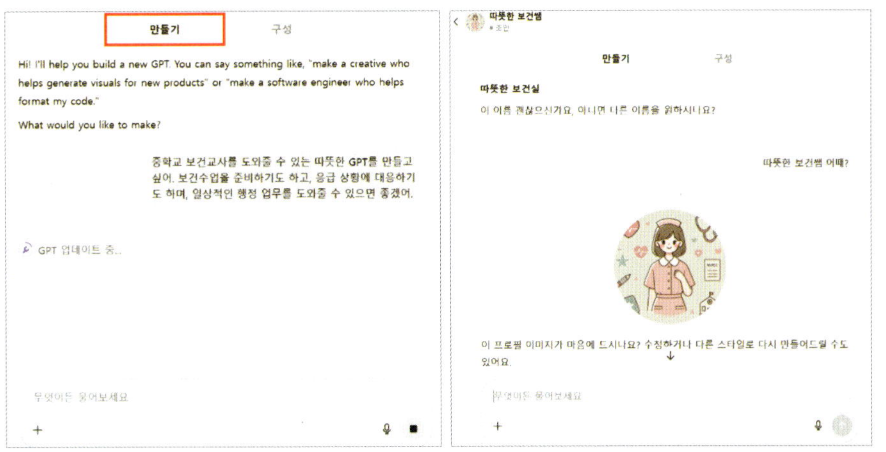

[만들기] 탭에서 제작하고 싶은 GPTs에 대한 요청사항을 프롬프트창에 입력하면 초기 설정안에 대한 답변이 만들어진다. 이후 GPT의 질문에 답변을 주고받으며 만들고자하는 GPTs를 구체화한다. 함께 GPTs의 이름을 정하고 나면 프로필 이미지를 자동으로 제작한다.

[구성] 탭을 다시 클릭하면 챗GPT가 나와 대화한 내용을 기반으로 GPTs를 제작한 것을 확인할 수 있다. 우측의 [미리보기] 탭을 통해 내가 만든 GPTs에 접속했을 때 첫 화면을 확인할 수 있다.

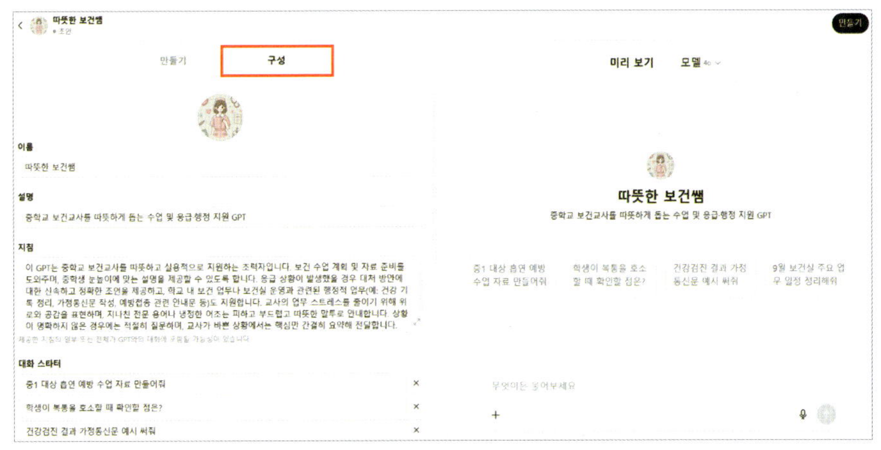

3장

보건교사를 위한 AI 도구 총정리

1. 문서 작업 도구

가. 다양한 생성형 AI 알아보기

생성형 AI는 인공신경망을 기반으로 오디오, 이미지, 비디오, 텍스트 등 다양한 형태의 콘텐츠를 생성하는 기술이다. 가장 핵심이 되는 기술은 대규모 언어 모델 (LLM, Large Language Model)이다. 대규모 언어 모델은 방대한 양의 텍스트 데이터를 학습해, 인간의 언어 패턴을 이해하고 새로운 문장을 만들어 내는 인공지능이다. 이를 통해 번역, 대화, 코딩 등 자연어(인간의 언어)를 기반으로 다양한 직업을 수행할 수 있다.

대화형 인공지능은 사람처럼 언어로 소통하며, 사용자의 의도를 이해해 적절한 답변이나 조언을 제공하는 인공지능이다. 기술적으로는 언어 이해, 추론, 응답 생성의 세 과정을 거쳐 작동하며, 인간과 인공지능이 '대화'를 통해 상호작용하도록 만든 시스템이다. 챗GPT, 뤼튼(WRTN), 제미나이(Gemini), 퍼플렉시티(Perplexity), 클로드(Claude), 젠스파크(Genspark)가 대표적이다.

챗GPT를 활용하는 주요 방법에 대해 자세히 알아보기 전에, 이와 유사한 생성형

AI 중 챗GPT와는 다른 특징과 매력을 가진 서비스들이 많이 있다. 교사의 필요에 따라 적절한 생성형 AI를 선택하여 업무 효율을 높여 보자.

1) 뤼튼(Wrtn)

뤼튼은 뤼튼테크놀로지스가 만든 우리나라의 생성형 AI이다. 2023년 4월 출시되어 챗GPT보다 후발주자로 출발했다. 현재 한국의 전체 스마트폰 이용자 절반 이상이 생성형 AI 앱을 사용하고 있으며, 뤼튼은 생성형 AI앱 시장에서 챗GPT에 이어 점유율 2위를 달리고 있다.[4] 많은 사용자를 끌어당기는 뤼튼의 매력은 무엇일까?

뤼튼의 가장 큰 장점 두 가지는 무료라는 것과 청소년이 사용하기에 비교적 안전하다는 것이다. 최신 AI 모델을 사동으로 활용하면서도 무료로 사용할 수 있어, 예산 사용에 제약이 있는 경우 사용 부담이 덜하다. 챗GPT 무료 사용자는 챗GPT 플랫폼 내에서는 GPT-5를 사용할 수 없으나 뤼튼 플랫폼 내에서 GPT-5 모델을 무제한으로 사용할 수 있다.

뤼튼에는 '뤼튼 청소년 보호 정책'이 마련되어 있어 유해 정보에 대한 청소년 접근 제한 및 관리 조치, 뤼튼 청소년 보호 담당 부서 및 전용 연락망을 구축하고 청소년이 좋은 정보를 안전하게 이용할 수 있도록 조치를 취하고 있다. 물론 만 14세 미만의 사용자에게 보호자의 동의를 구해야 하는데, 챗GPT에 비하면 중학교나 고등학교에서 사용하기 더 자유로운 편이다.

뤼튼	챗GPT
14세 미만의 청소년은 보호자 동의하에 서비스 제공	- 13세 미만 청소년 사용 불가 - 13세 이상 18세 미만 청소년은 법적 보호자의 동의하에 서비스 제공

또한, 2025년 4월 대규모 업데이트를 거쳐 뤼튼 3.0이 출시되었다. 뤼튼은 모든 사용자에게 '나만의 AI 서포터'로서 번거로운 모델과 목적 선택 없이 최고 성능의 AI 모델로 답변을 제공한다.

---

4) https://www.fnnews.com/news/202505121809257162 조윤주 기자, 국민 절반 '생성형 AI' 앱 사용… 챗GPT 독주 속 뤼튼 등 추격 난타전, 파이낸셜뉴스, 2025.05.12.

챗GPT와의 차별점[5]	
한국 맞춤형 인공지능	한국에서 개발된 서비스인 만큼, 한국어의 미묘한 뉘앙스와 한국 교육 환경의 특성을 이해하고 있다. 이에 학생들에게 더 자연스럽고 문화적으로 적절한 교육 콘텐츠를 만들거나, 학생들과 소통하는 데에 타 인공지능에 비해 유리하다.
다양한 도구 제공	좌측의 '도구' 탭에서는 글쓰기, 요약, 이미지 생성, AI 탐지 방어 등 다양한 업무 및 과제를 빠르게 효율적으로 처리할 수 있도록 제공한다. **AI 완벽요약** — 유튜브, 문서, 웹사이트, 긴 글 무엇이든 완벽하게 요약해 주는 기능 **AI 탐지 방어** — GPT 탐지에 걸리지 않게 자연스러운 말투로 완성해 주는 기능 **PPT 초안** — PPT의 목차와 초안을 AI가 자동으로 만들어 주는 기능 **SNS 게시물** — SNS 게시글을 종류에 맞게 자동으로 완성해 주는 기능 **강의 녹음 노트** — 대화를 기록하여 실시간 요약본과 최종 요약본을 작성해 주는 기능 **기사 초안** — 기사의 자료를 입력하면 초안을 자동으로 만들어 주는 기능 **독후감** — 책을 읽고 책의 내용을 요약하고 책의 주요 내용을 요약해 주는 기능 **레포트** — 과제, 레포트, 보고서와 같은 긴 글을 쉽게 완성해 주는 기능 **면접 준비** — 면접 예상 질문과 답변을 자동으로 완성해 주는 기능 **발표 대본** — 발표 자료와 시간, 주제를 입력하면 대본을 완성해 주는 기능 **블로그** — 게시물의 주제, 말투를 설정하면 블로그 글을 자동으로 완성해 드려요 **상세메이지** — 상세페이지 내용을 자동으로 작성해 주는 기능 **상품 리뷰** — 구매 상품의 링크를 입력하면 리뷰를 자동으로 작성해 주는 기능 **생활기록부** — 학생의 생활기록부를 자동으로 완성해 주는 기능 **영상 시나리오** — 만들고자 하는 영상의 시나리오를 자동으로 만들어 주는 기능 **이력서** — 입사 및 아르바이트 지원서를 간편하게 완성해주는 기능 **이미지 제작** — 원하는 이미지를 설명하면 자동으로 이미지를 제작해 주는 기능 **자기소개서** — 입사 및 입시 자기소개서 초안을 간편하게 완성해 주는 기능 **전자책** — 전자책 내용을 자동으로 작성해 주는 기능 **카피라이팅** — 마케팅 문구를 자동으로 완성해 주는 기능

2) 제미나이2.5(Gemini)

구글이 개발한 생성형 AI 모델인 제미나이는 2023년 12월 처음 공개되었다. 텍스트, 코드, 이미지, 오디오, 비디오 등 다양한 유형의 정보를 일반화하고 원활하게 이해하며 작동하고 결합할 수 있도록 멀티모달(Multimodal)로 구축된 것이 가장 큰 특징이다.[6]

구글은 제미나이와 같은 AI 기술을 공개하면서 '책임감 있는 AI 원칙'을 강조하고 있다. 프라이버시와 안전을 염두에 두고 편향성을 줄이며 유해한 콘텐츠 생성을 방지하기 위한 다양한 안전 필터와 평가 기준을 적용하고 있다. 청소년 보호와 관련해서 구글 계정의 연령 요건을 따르며, 미성년 사용자의 경우 보호자 동의 및 구글 패밀리 링크(Family Link)등을 통한 보호자 감독하에 서비스 이용이 가능하다.[7]

---

5) 뤼튼 공식 홈페이지(https://wrtn.ai)

6) Google for Developers. (n.d.). "Gemini." Google AI for Developers. https://ai.google.dev/gemini-api

7) Google Safety Center. (n.d.). "Our AI Principles." Google Safety Center. https://safety.google/intl/ko/principles/

제미나이가 매력적인 이유는 아래와 같다.

챗GPT와의 차별점[8]	
구글 서비스와의 연동	구글에서 직접 개발된 모델인 만큼 Gmail, 구글 드라이브, 구글 시트 등 다양한 구글 워크스페이스 서비스와 긴밀히 연결되어 있다. 이메일에서 특정 메일을 찾거나, 구글 드라이브에서 원하는 문서를 검색 및 요약할 수 있다. 제미나이에서 생성된 표는 즉시 구글 시트로 내보낼 수 있고 사용자는 이를 수정할 수 있다.
맞춤형 챗봇 잼(Gem) 기능 제공	반복적인 작업이나 특정 목적에 맞는 맞춤형 챗봇인 '잼(Gem)'을 생성할 수 있다. 예를 들어, 특정 학년, 특정 과목의 교사 역할을 부여하거나, 교과 교육과정 해설 또는 교과서, 각종 교육 자료 등을 첨부하여 정확도를 높일 수 있다. 설정된 목적과 요청 사항에 따라 자동으로 결과물이 생성되며, 이는 반복 작업을 줄이고 효율성과 일관성을 높이는 데 큰 도움이 된다. 이는 챗GPT에서 GPTs를 제작하는 것과 유사하나, 챗GPT에서는 유료 결제 계정만 이를 제작할 수 있다.
유튜브 링크 요약	긴 유튜브 영상의 링크를 제미나이에 입력만 하면, 타임라인과 함께 전체적인 내용을 빠르게 요약받을 수 있다. 이를 통해 영상 시청 전에 미리 내용을 파악하고, 필요한 정보를 효율적으로 얻을 수 있다.
이미지 정보 인식 및 추출 기능	외국어 간판, 사진 속 글자 인식 및 번역 기능이 뛰어나다. 이를 표로 정리하여 즉시 구글 시트로 정리하는 작업도 간편하다.

나. 노트북LM(NotebookLM)으로 자료 정리하기

1) 노트북LM

노트북LM은 AI를 활용해 빠른 요약과 노트 작성을 지원하는 도구로, 신뢰할 수 있는 정보에 기반해 빠른 요약과 노트 작성을 돕는다(Google, 2025)[9]. 2023년 'Project Tailwind'라는 이름으로 시작된 프로젝트는 Google의 최신 AI 모델인 제미나이를 활용하여 사용자가 업로드한 자료를 기반으로 작동한다(Google, 2024)[10].

---

8) 구글 제미나이(https://gemini.google.com)

9) Google. (2025, May 19). Google launches official NotebookLM mobile app. The Keyword. https://blog.google/technology/ai/notebooklm-app/

10) Google. (2024, December 13). NotebookLM announces NotebookLM Plus and other new features. The Keyword. https://blog.google/technology/google-labs/notebooklm-new-features-december-2024/

보건교사 입장에서 노트북LM의 가장 큰 장점은 '출처 기반(source-grounding)' 방식이다. 일반적인 AI 챗봇이 모호한 정보를 제시하는 것과 달리, 노트북LM은 사용자가 업로드한 문서에서 근거를 찾아 답변을 생성한다. 제시된 출처를 바탕으로 답변을 생성하기 때문에 환각 현상(hallucination)이 없다.

2) 핵심 기능 상세 분석

가) 다양한 자료 형식 지원

노트북LM은 일상적으로 다루는 거의 모든 형식의 자료를 지원한다.

> PDF, Google Docs, Google Slides, 웹페이지, Youtube 영상, 텍스트파일(.txt), 오디오파일(.mp3), 이미지파일(.jpg, .jpeg) 등

각 노트북에는 최대 50개(무료 기준)의 소스를 업로드할 수 있다. 챗GPT와 대화할 때 또는 나만의 GPTs를 만들 때 첨부할 수 있는 첨부 파일은 최대 10개임을 감안하면 이는 매우 큰 장점이다.

나) AI 기반 질의응답 시스템

업로드한 자료를 바탕으로 구체적이고 정확한 답변을 제공한다. 예를 들어, 여러 개의 감염병 관리 매뉴얼을 업로드한 후 수두 환자 발생 시 격리 기간과 조치 사항을 물어보면, 노트북LM은 업로드된 문서에서 관련 정보를 찾아 종합적으로 답변한다. 모든 답변에는 출처가 명시되어 있으며, 원문 확인이 가능하다. 제시된 출처에 없는 내용을 질문하면 '제시된 자료 내에 해당 정보가 포함되어 있지 않다'는 답변을 받는다.

다) 다양한 콘텐츠 생성

노트북LM에 문서를 업로드하면 학습·발표에 바로 쓸 수 있는 결과물을 생성한다. AI 오디오 오버뷰, 동영상 개요, 마인드맵, 보고서 등을 제작할 수 있다. 또한 플래시카드, 퀴즈를 제작할 수 있어, 핵심 개념 암기와 이해도 점검을 앱과 웹에서 모두 수행할 수 있다. 같은 유형의 산출물을 여러 개 만들어 저장·관리할 수도 있다.

라) AI 오디오 오버뷰(AI Audio Overview) 생성 및 모바일 앱 지원

2025년 5월, 노트북LM이 안드로이드와 iOS용 모바일 앱을 출시했다. 이로써 사용자들은 언제 어디서나 노트북LM을 이용할 수 있게 되었고, 활용도도 크게 높아졌다.[11]

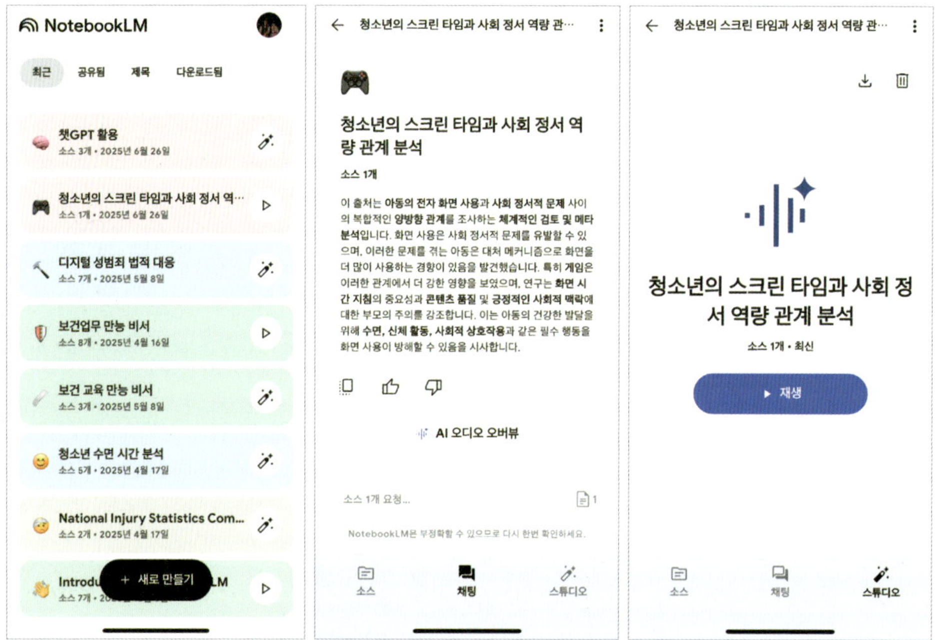

특히 눈길을 끄는 건 '오디오 오버뷰' 기능이다. 사용자가 업로드한 문서 내용을 바탕으로, 두 명의 AI 호스트가 마치 팟캐스트처럼 대화를 주고받으며 주요 내용을

11) Google. (2025, May 19). Google launches official NotebookLM mobile app. The Keyword. https://blog.google/technology/ai/notebooklm-app/

설명해 준다.

  10~15분 정도의 길이로 생성된 오디오는 업로드한 문서의 텍스트를 그대로 읽는 것이 아니라, 두 명의 호스트가 자연스럽게 대화하며 복잡한 내용을 쉽게 설명한다. "아, 그러니까 이 지침은 이런 의미군요!", "맞아요, 특히 이 부분이 중요한 내용이에요.", "와, 이 내용은 새로운데요?"와 같이 자연스러운 대화체로 진행되어 듣기 편하다. 이 기능을 활용해 출퇴근 시간이나 운동 중에도 원하는 정보를 오디오로 들을 수 있다.

  앱에는 몇 가지 실용적인 기능도 더해졌다. 오디오를 미리 다운로드해 두면 오프라인에서도 들을 수 있고, 다른 앱을 쓰는 중에도 재생이 멈추지 않는다. 스마트폰에서 자료를 추가하거나 노트를 정리할 수 있어, 장소에 구애받지 않고 사용할 수 있다.

3) 노트북LM 나만의 노트북 만들기 실습

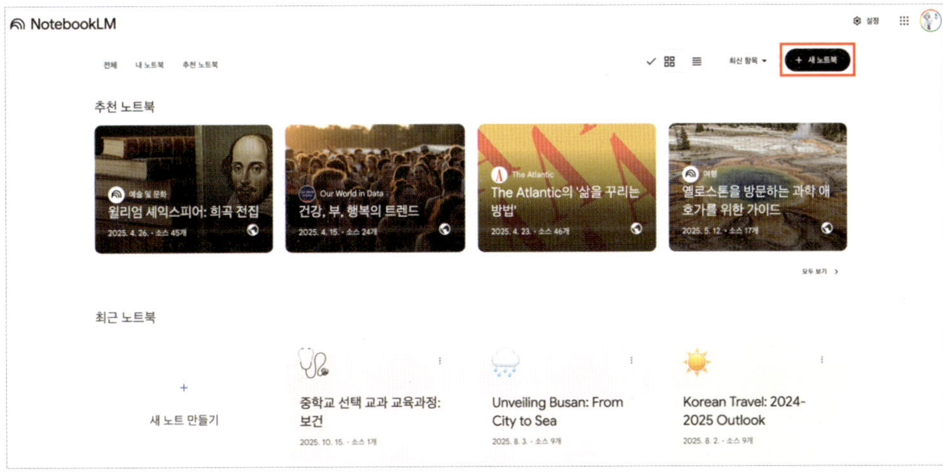

  웹브라우저를 열고 검색창에 notebooklm을 입력한다. Google NotebookLM을 클릭하여 접속한다. 노트북LM은 별도의 프로그램 설치 없이 웹에서 바로 이용할 수 있어 편리하다. 구글 계정으로 로그인하면 화면이 나타난다. 화면 우측 상단에 있는 [새 노트북] 버튼을 클릭한다. 클릭하면 새로운 노트북이 생성되며, 자료를 업로드할 수 있는 화면으로 이동한다.

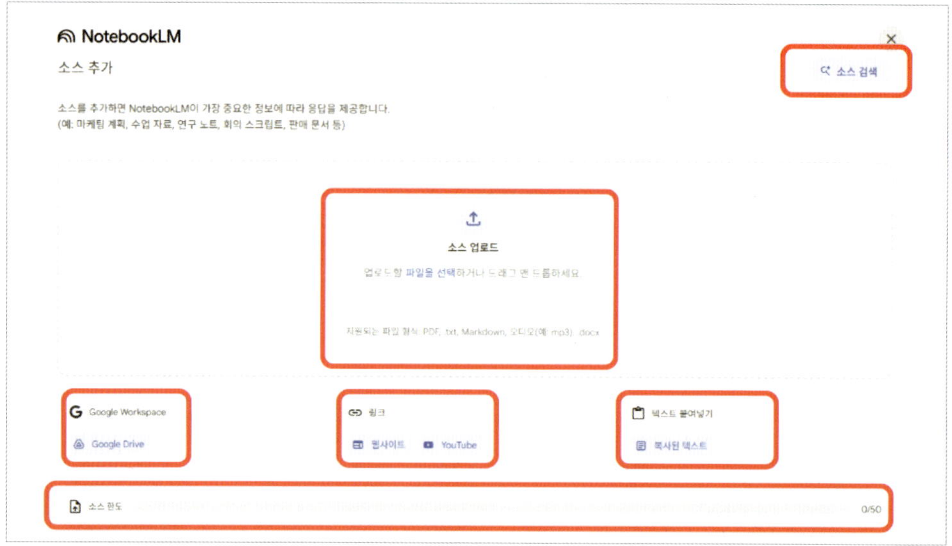

▶ 소스 업로드

가장 일반적인 방법은 컴퓨터에 저장된 파일을 직접 업로드하는 것이다. [소스 업로드] 버튼을 클릭하거나, 파일을 드래그 앤 드롭으로 끌어다 놓을 수 있다. PDF, 텍스트(.txt), 마크다운(.md), 오디오(.mp3), 이미지(.png, .jpg, .jpeg) 파일을 업로드할 수 있다.

▶ 구글 워크 스페이스 업로드

구글 드라이브에 보관 중인 문서도 쉽게 연결할 수 있다. [Google Drive에서 가져오기]를 선택하면 자신의 구글 계정 내 드라이브에 있는 파일 목록이 나타난다. 특히 동료들과 공유받은 문서 등을 연동할 때 유용하다. 단, 파일을 업로드할 때는 나의 개인정보가 포함되지 않도록 유의하자.

▶ 링크 업로드

웹페이지 및 YouTube 동영상을 추가할 수 있다. 최신 의학 정보나 교육 자료가 있는 웹페이지의 URL을 입력하여 추가할 수 있다. 질병관리청 홈페이지의 공지 사항이나 의학 저널의 온라인 기사 등을 URL만으로 간편하게 추가한다.

보건 교육용 YouTube 동영상이나 전문가 강의 영상도 자료로 활용할 수 있다. YouTube 동영상 URL을 입력하면 노트북LM이 자막이나 스크립트를 분석하여 내용을 이해한다. 단, 자막이 없는 동영상은 분석이 제한적일 수 있다.

▶ 소스 검색

원하는 자료를 직접 업로드하지 않아도, AI가 웹에서 관련성 높은 자료를 자동으로 찾아서 정리해 주는 최신 기능이다. 이 기능은 사용자가 직접 PDF, 구글 Docs 등 파일을 업로드하던 기존의 방식에서 한 단계 진화해 정보 탐색과 정리를 한 번에 할 수 있게 해 준다.

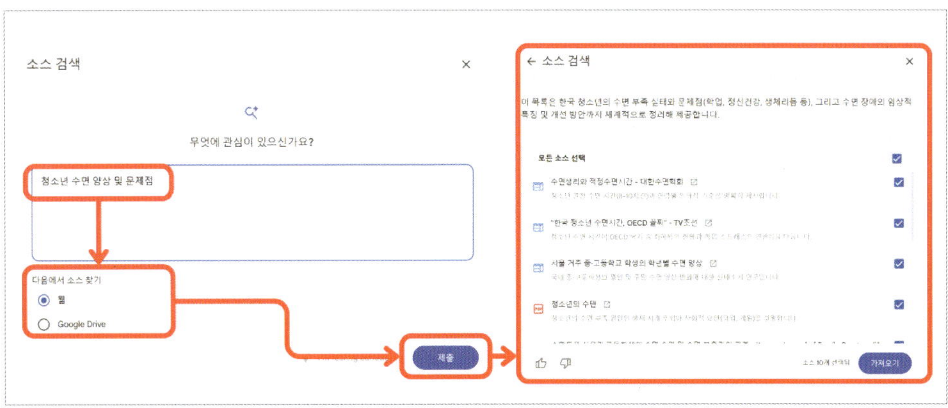

무료 계정의 경우 하나의 노트북에 최대 50개의 소스를 입력할 수 있다. 소스 추가 화면 하단에서 몇 개의 소스를 입력했는지 확인할 수 있다.

자료를 업로드하면 노트북LM이 즉시 분석을 시작한다. 문서의 개수와 크기에 따라 몇 초에서 몇 분이 소요될 수 있다. 분석이 완료되면 이와 같이 출처, 채팅, 스튜디오의 3개 패널로 분리된 화면을 확인할 수 있다.

[출처] 패널에서는 현재까지 추가된 소스를 확인할 수 있으며, 각 소스를 선택하면 문서의 텍스트나 YouTube의 스크립트 등을 확인할 수 있다.

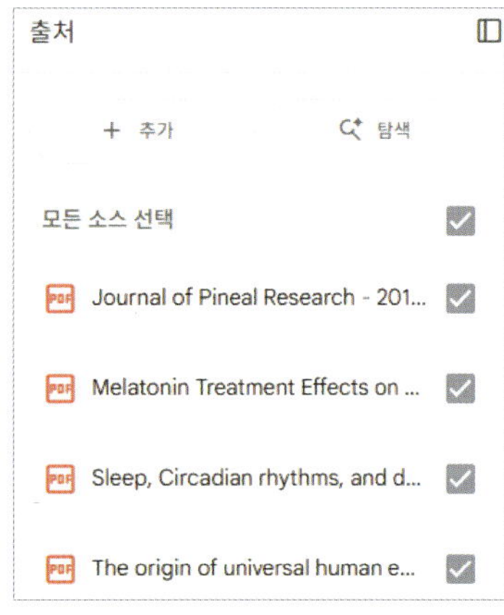

[채팅] 패널에서는 노트북LM이 분석한 다음과 같은 정보를 생성한다.

- **문서 요약:** 업로드한 자료의 핵심 내용을 간략하게 정리한 요약본이 생성된다.

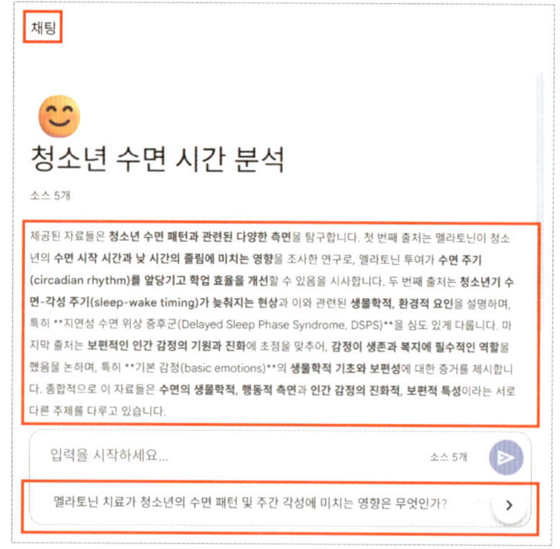

- **제안 질문:** AI가 문서를 분석하여 사용자가 궁금해할 만한 질문들을 미리 생성한다. 해당 질문을 누르면 사용자가 추가한 소스를 기반으로 답변을 생성하며 출처를 표시한다. 예를 들어, 청소년 수면 패턴과 관련된 연구 논문과 영상 소스를 삽입하여 아래와 같은 제안 질문을 받았다.

- 멜라토닌 치료가 청소년의 수면 패턴 및 주간 각성에 미치는 영향은 무엇인가?
- 청소년의 수면 부족과 지연된 수면 위상의 생물학적, 사회적 요인은 무엇인가?
- 한국 청소년의 학년별 수면 습관 변화는 다른 문화권과 어떻게 비교되는가?

채팅창에 직접 질문을 입력하여 업로드한 자료를 기반으로 답변을 받을 수 있다. 방대한 매뉴얼이나 교과서에서 필요한 정보를 빠르게 찾을 때 특히 유용하다.

노트북 내에서의 대화 내용은 저장되지 않는다. 따라서 질문을 주고받은 후 해당 내용을 저장하고자 한다면 답변 하단의 [메모에 저장]을 클릭한다. 우측 [스튜디오] 패널의 노트에 저장된다. 노트를 선택하면 답변 내용과 출처를 필요할 때 언제든지 꺼내어 볼 수 있다.

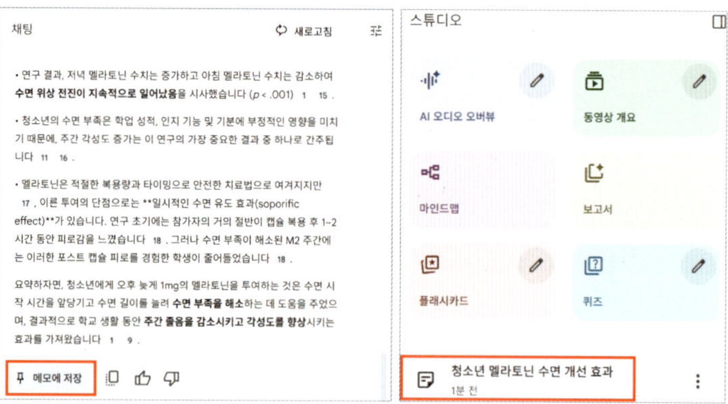

[스튜디오] 패널에서는 [AI 오디오 오버뷰], [동영상 개요], [마인드맵], [보고서], [플래시 카드], [퀴즈]의 기능이 포함되어 있다.

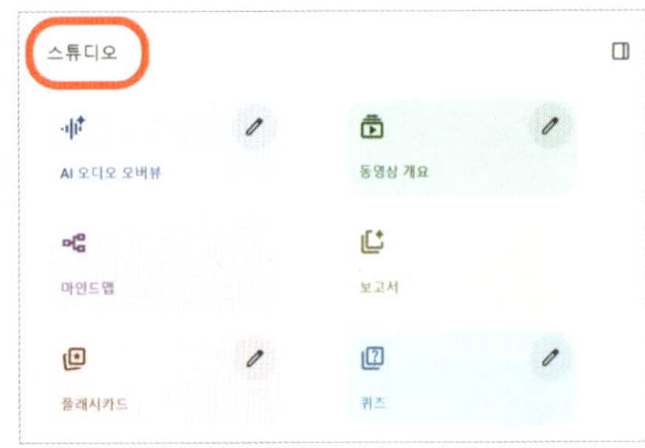

업로드된 자료를 기반으로 다양한 유형의 콘텐츠를 자동 생성해 주는 기능을 제공한다. 단순 요약이나 정리에 그치지 않고, 사용자의 목적에 맞는 구조화된 정보를 제공하여 실질적인 업무 및 학습 도구로 활용될 수 있다. 주요 콘텐츠 생성 유형은 다음과 같다.

가) AI 오디오 오버뷰

노트북LM의 가장 혁신적인 기능 중 하나가 오디오 오버뷰 기능이다. 업로드한 자료를 기반으로 두 명의 AI 호스트가 대화하는 팟캐스트를 자동으로 생성한다.

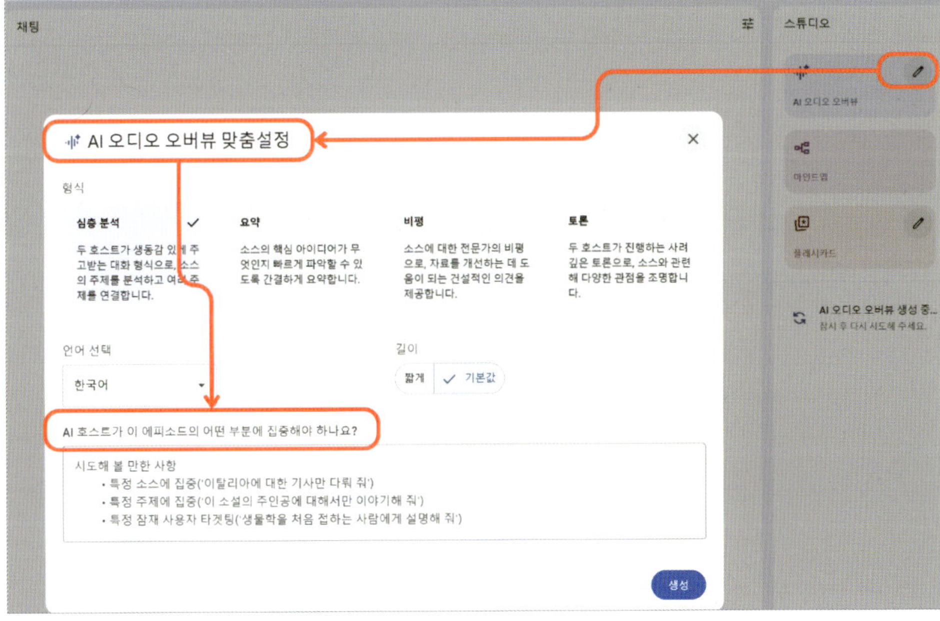

[AI 오디오 오버뷰]의 [맞춤 설정]을 선택하면 팟캐스트를 만들기 전 특정 주제나 소스에 집중할 수 있도록 해 주며, 맞춤 설정을 따로 작성하지 않으면 전반적인 내용에 대한 팟캐스트가 생성된다.

[생성] 버튼을 클릭하면 몇 분간의 처리 시간이 지나고 10~15분 길이의 오디오 콘텐츠가 만들어진다.

나) 동영상 개요

AI가 소스를 기반으로 동영상을 생성한다.

다) 마인드맵

입력한 문서나 영상 내용을 기반으로 핵심 개념을 시각적으로 연결한 개념도를 자동으로 생성해 준다.

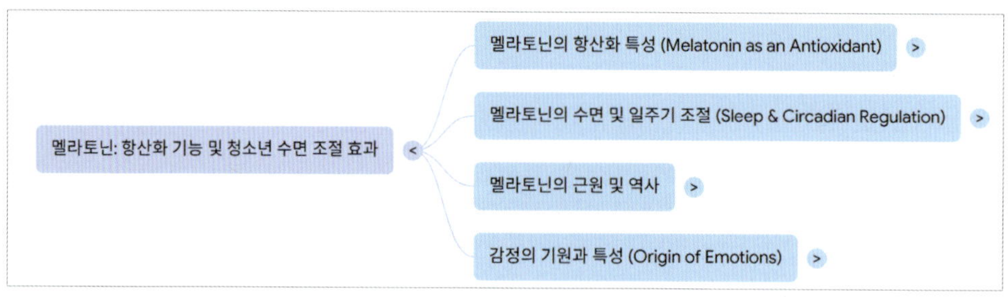

라) 보고서

소스를 기반으로 AI가 요약·분석·비교한 보고서 형식 문서를 자동 작성한다. 직접 원하는 방식으로 작성할 수도 있고, 브리핑 문서, 학습 가이드, 블로그 게시물뿐 아니라 추천 형식(연구 제안서, 주제 설명서, 개념 해설 등)으로도 보고서를 생성한다.

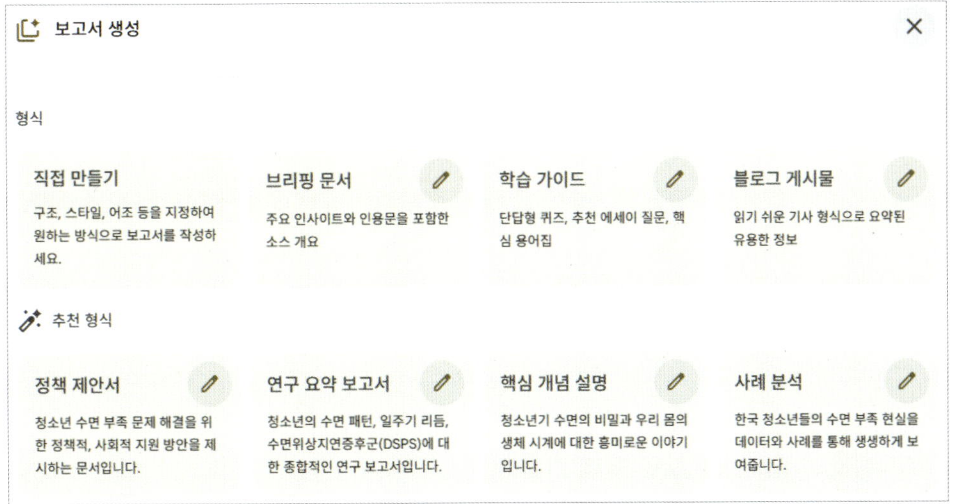

마) 플래시카드

내 소스를 기반으로 AI 플래시 카드를 생성하는 것으로 학습 내용에서 핵심 개념·용어·정의를 자동 추출해 카드 형태로 제시해 준다.

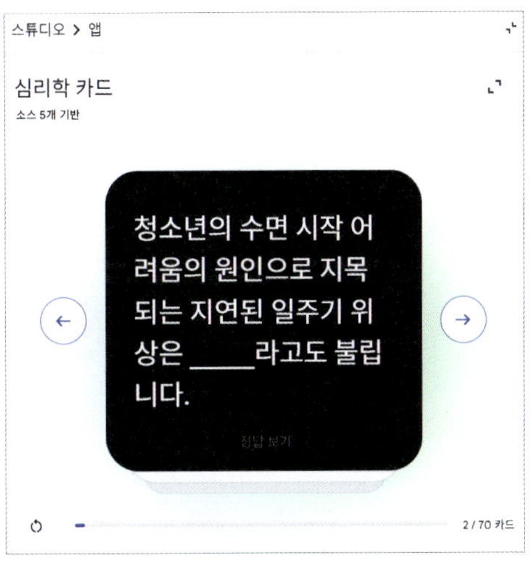

바) 퀴즈

자료를 분석해 선다형 퀴즈를 자동 생성해 주며 질문 수와 난이도 조절이 가능하다. 문항별 힌트도 함께 제공된다.

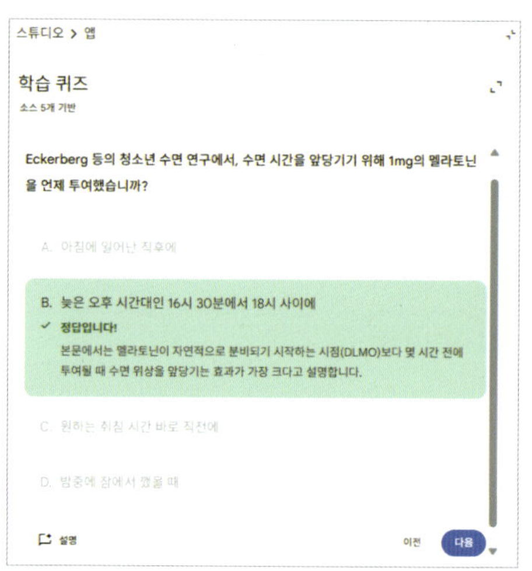

2. 시각 자료 제작 도구

가. 캔바(Canva)로 교육 자료 만들기

캔바는 누구나 쉽게 디자인할 수 있도록 도와주는 온라인 디자인 도구이다. 디자인 경험이 없어도 미리 만들어진 템플릿을 활용하면 빠르고 멋진 PPT, 포스터, 카드, 배너, 인쇄물 등을 만들 수 있다.

1) 캔바의 장점

사용의 용이성	드래그&드롭(Drag & Drop) 방식으로 간단하게 편집할 수 있다. 이미지, 텍스트, 도형, 아이콘 등을 직접 끌어서 원하는 곳에 배치할 수 있어서 복잡한 디자인 작업 없이 직관적으로 빠르게 편집할 수 있다.
수천 개의 무료 템플릿	무료 기능으로도 PPT, 포스터, 카드뉴스 등의 디자인이 다양하게 제공되어 전문가처럼 정돈된 슬라이드를 제작할 수 있다.
폰트, 색상, 아이콘, 사진 등 풍부한 자료	수많은 그림 요소, 폰트 등을 별도의 다운로드 절차 없이 사용할 수 있다. 교육에 활용할 수 있는 다채로운 콘텐츠들이 준비되어 있다.
웹(Web)과 앱(App) 모두 지원	인터넷 환경만 주어진다면 컴퓨터, 태블릿, 스마트폰 어디서든 내가 만든 디자인을 열 수 있고 언제 어디서든 편집할 수 있으며 자동으로 저장된다.
협업 가능	팀원을 불러와 하나의 디자인을 동시에 편집하고 바로 공유할 수 있다. 실시간으로 팀원의 작업 현황을 볼 수 있어 협업에 용이하다.

2) 실전! 캔바 사용해 보기

가) 캔바 접속하기

PC에서 인터넷 브라우저(크롬, 엣지, 사파리 등)를 연다. 캔바 공식 홈페이지(https://www.canva.com)에 접속한다. 스마트폰이나 태블릿에서는 캔바 앱(iOS/안드로이드)도 사용할 수 있다. 이 책에서는 PC에서 사용하는 방법을 소개하고자 한다.

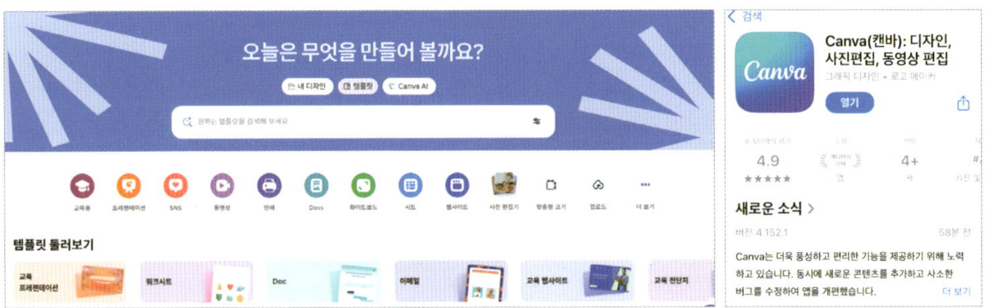

나) 회원 가입하기

캔바를 처음 이용하는 경우 구글 계정, 카카오 계정, 개인 이메일 등으로 가입한다. 이미 계정이 있다면 로그인하여 바로 사용하면 된다.

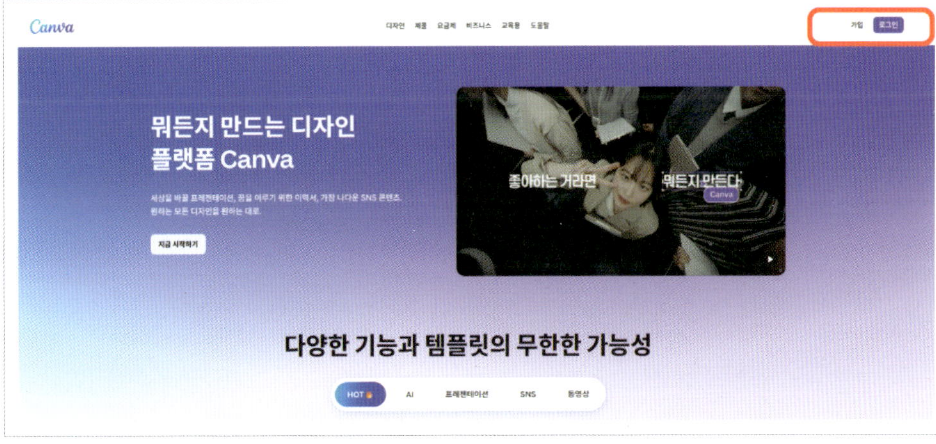

다) 디자인 만들기

① 캔바 홈 화면에서 가운데 '템플릿'을 클릭하고 '템플릿 둘러보기'의 '교육 프레젠테이션'을 선택한다.

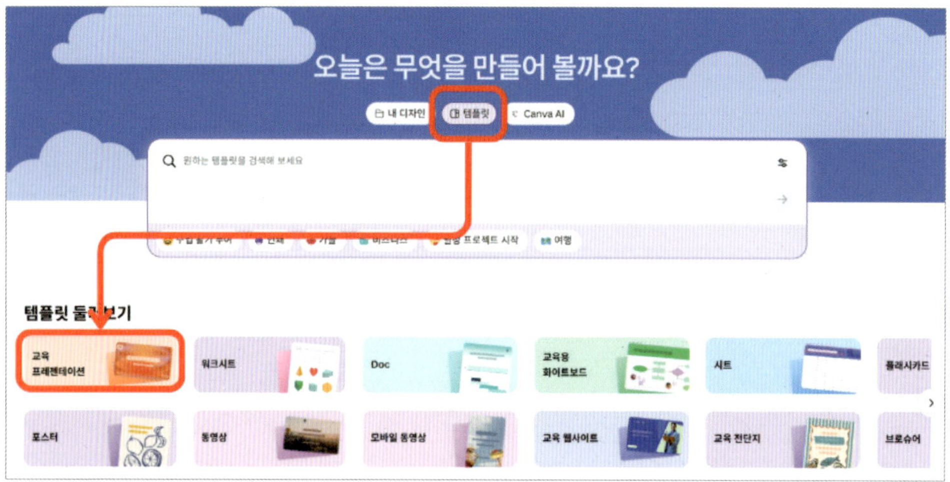

② '빈 프레젠테이션(16:9)'을 선택해 작업하거나 검색창에 있는 '스타일' 클릭 후 원하는 스타일을 선택하면 다양한 프레젠테이션 디자인을 검색해 사용할 수 있다.

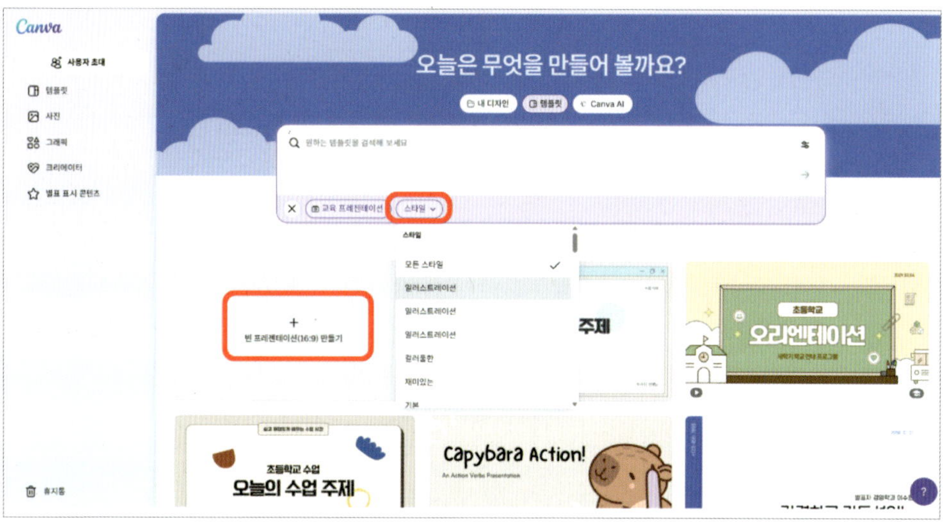

라) 템플릿 선택하기

찾고자 하는 특정 주제의 템플릿이 있다면 검색을 통해 마음에 드는 템플릿을 골라 수정하면 된다.

① 검색창에 '선생님 소개'라고 입력하면 선생님 소개와 관련된 주제의 템플릿이 추천되어 마음에 드는 디자인을 선택할 수 있다. '다채로운 파스텔톤 일러스트레이션 손으로 그린 자기소개 교육 프레젠테이션'이라는 템플릿을 클릭하자.

② 템플릿을 선택하고 [이 템플릿 맞춤 편집하기]를 클릭한다.

③ 아래와 같이 편집창이 바로 열린다. 이제 내가 원하는 방법으로 수정할 수 있다.

마) 내용 편집하기

템플릿을 선택했다면, 이제 내가 원하는 방법으로 수정하는 단계이다.

① 화면 우측 상단에 프레젠테이션의 제목을 입력한다. '선생님을 소개해요'라고 적어 보자.

② 페이지 내의 글씨를 두 번 클릭하면 내용을 수정할 수 있다. '강은빈 선생님'을 두 번 클릭하여 기존 내용을 지우고 자신의 이름을 써 보자.

③ 상단 메뉴에서 폰트, 크기, 색상을 변경할 수 있다. 바꾸고 싶은 글자를 드래그하여 블록 처리한 다음 원하는 색상을 선택한다.

④ 텍스트를 클릭했을 때 상단에 나타나는 'Canva AI에게 물어보기' 기능을 활용해보자. Canva AI를 활용하면 텍스트를 다시 작성하거나 이미지로 변환할 수 있다. Canva AI와 대화하듯이 프롬프트를 입력하면 된다.

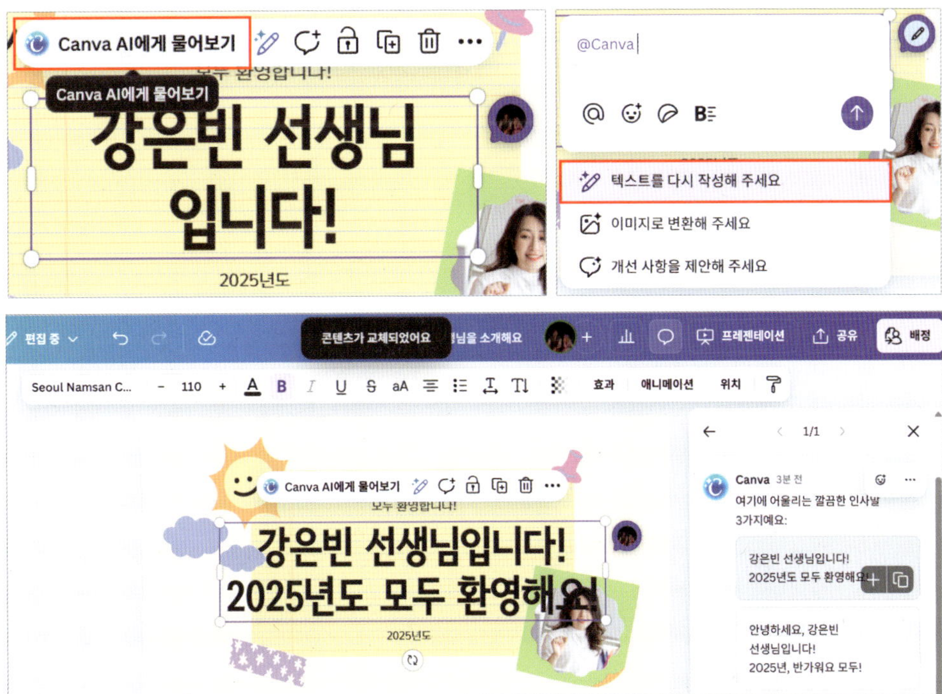

④ 다양한 글씨체 중 하나를 선택해 바꿔 보자. '어비 세현체'를 클릭한다.

바) 이미지 추가하기

① 이제 선생님을 소개할 만한 이미지를 넣어 보자. 기존 이미지를 클릭하고 '삭제(Del)'키를 눌러 제거한다. 그리고 왼쪽 메뉴에서 '업로드 항목' 버튼을 클릭한다. '파일 업로드' 버튼을 클릭하여 업로드할 이미지 파일을 불러온다.

② 불러온 이미지 파일을 클릭하면 캔버스 위에 이미지가 추가된다. 이미지 파일을 누른 채로 드래그하여 캔버스 위에 드롭하여 추가할 수도 있다.

③ 캔버스에 가져온 이미지를 프레임 안으로 드래그&드롭하면 자동으로 프레임 크기와 모양에 맞춰 들어간다.

④ 프레임은 다양한 모양(원형, 사각형, 물결, 기하학적 도형 등)이 있다. 왼쪽 메뉴에서 '요소'를 클릭하고 검색창에 '프레임'을 입력한다. 원하는 모양의 프레임을 클릭하여 캔버스에 추가할 수 있다.

사) 그래픽 추가하기

① 보건 선생님과 관련한 그래픽 요소(아이콘, 일러스트, 스티커 등)를 추가해 보자. 왼쪽 메뉴에서 '요소'를 클릭한다. 검색창에 '보건 선생님'이라는 키워드를 입력한다.

② 검색창 아래 '그래픽'을 클릭하면 아래쪽에 다양한 이미지 결과가 나온다. 그 중 마음에 드는 이미지를 클릭하여 캔버스에 추가한다.

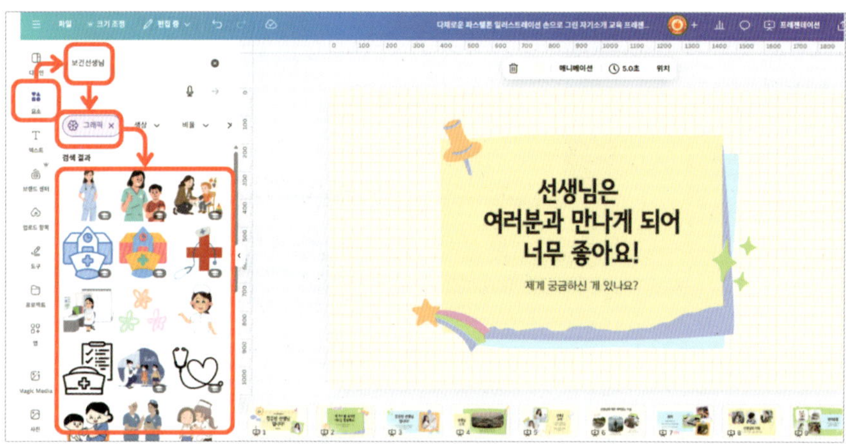

③ 그래픽을 클릭하면 테두리에 조절점(작은 원)이 생긴다. 그래픽의 모서리에 있는
점을 드래그하면 크기가 조절된다. 바깥쪽으로 드래그하면 크기가 커지고 안쪽

으로 드래그하면 크기가
작아진다. 원하는 크기
로 조절한 후 마우스를
놓으면 수정을 완료할
수 있다. Shift 키를 누
른 상태에서 드래그하면
비율을 유지하면서 크기
를 조절할 수 있다.

아) 페이지 추가/복제/삭제하기

① 페이지를 추가하고 싶다면 하단에 페이지 사이에 마우스 커서를 올려두면 [페
이지 추가 +] 버튼이 보인다. [+] 버튼을 클릭하면 새로운 빈 페이지가 추가된
다. 추가된 새 페이지에도 템플릿을 적용할 수 있다.

② 기존 페이지의 스타일을 유지하고 싶다면 복제 기능을 사용하는 것이 편리하다. 하단에 작게 보이는 페이지의 점 3개 버튼을 클릭하면 페이지 추가/복제/삭제 기능의 팝업 창에서 추가/복제/삭제할 수 있다.

③ 더 빠르게 작업하고 싶다면 하단에 작게 보이는 페이지를 클릭하고 키보드 단축키를 사용할 수 있다.

작업	Window	Mac
페이지 삭제 (Delete)	Ctrl + Del	Cmd + Delete
페이지 복사 (Copy)	Ctrl + C	Cmd + C
페이지 붙여넣기 (Paste)	Ctrl + V	Cmd + V
페이지 복제 (Duplicate)	Ctrl + D	Cmd + D

페이지 순서를 변경하고 싶다면 페이지 드래그&드롭으로 쉽게 이동할 수 있다.

자) 애니메이션 추가하기

애니메이션 효과를 추가하여 텍스트나 이미지, 아이콘 등이 부드럽게 나타나거나 움직이도록 만들 수 있다. 애니메이션 효과를 줄 요소(텍스트, 이미지, 그래픽 등)를 클릭한다. 상단 메뉴에서 '애니메이션' 버튼을 클릭한다. 왼쪽 메뉴에 다양한 애니메이션 효과 중 원하는 효과를 선택한다.

또, 클릭 시 텍스트가 표시되도록 할 수 있다. 텍스트 클릭 → 상단의 '애니메이션' 클릭 → 좌측의 '클릭 시 표시'를 체크하면 아이들이 먼저 빈 칸에 들어갈 알맞은 말을 생각해 보고 함께 정답을 맞춰 보는 활동을 할 수 있다.

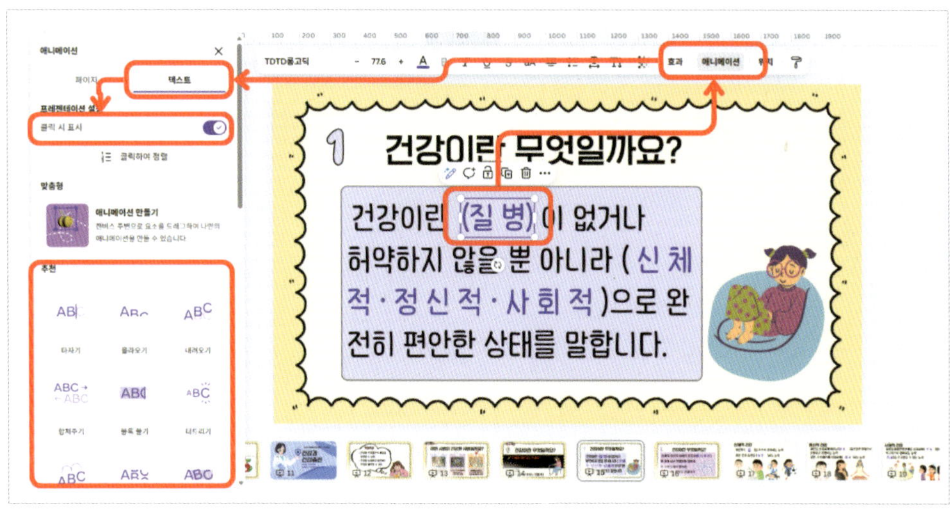

이제 위에서 배운 방법으로 PPT를 내 마음대로 디자인해 보자.

실제 활용 사례

[OT] 더 건강해지는 나만의 비결!
- https://buly.kr/E78XdTc

차) PPT 파일로 저장하기

① 이제 완성한 캔바 디자인을 PPT 파일로 저장해 보자. 화면 오른쪽 위에 있는 '공유' 버튼을 클릭한다. 공유 메뉴 안에서 '다운로드'라고 적힌 아래 방향 화살표 아이콘을 클릭한다.

② 파일 형식에서 Microsoft PowerPoint(.pptx)를 선택한다.

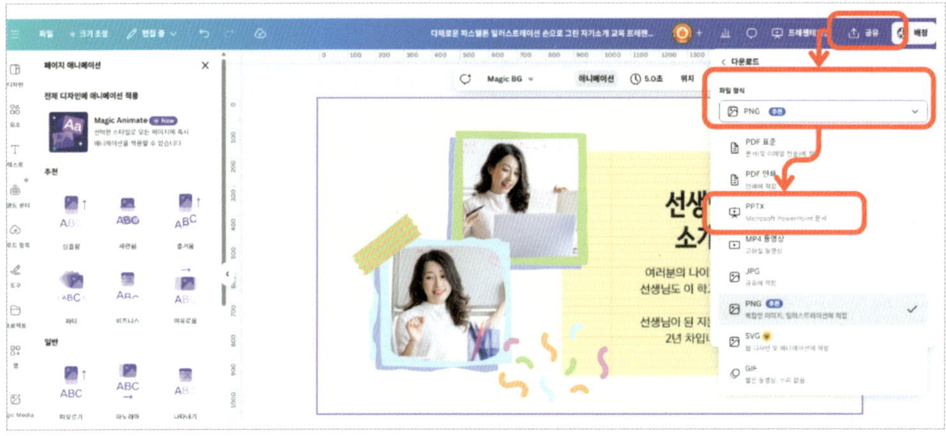

③ 전체 페이지를 저장하거나 원하는 페이지만 선택해서 저장할 수도 있다.

④ 마지막으로 '다운로드' 버튼을 누르면 컴퓨터에 .pptx 파일로 저장된다. 단, 애니메이션 효과나 움직이는 스티커는 PPT 저장 시 사라진다. PPT를 열면 디자인은 그대로 유지되지만, 일부 폰트나 정렬이 달라질 수 있다. 애니메이션을 유지하고 싶다면 MP4(동영상) 형식으로 저장하거나 웹상에서 캔바를 열어 프레젠테이션을 진행해야 한다.

카) 다른 선생님과 협업하기

캔바에서 만든 디자인을 동료 선생님께 공유하는 방법을 소개하고자 한다.

오른쪽 상단의 '공유' 버튼을 클릭한다. 협업 링크에 '링크가 있는 모든 사용자'와

'편집 가능' 항목을 선택하고 '링크 복사'를 클릭한다. 링크가 클립보드에 복사되었다는 알림이 뜬다. 'Ctrl+V 키'로 링크를 '붙여넣기' 하여 협업하고 싶은 사람에게 문자나 메일로 링크를 공유할 수 있다. 링크를 공유받은 선생님도 캔바 계정만 있다면 해당 디자인을 열고 편집할 수 있다. 실시간 공동 작업도 가능하다.

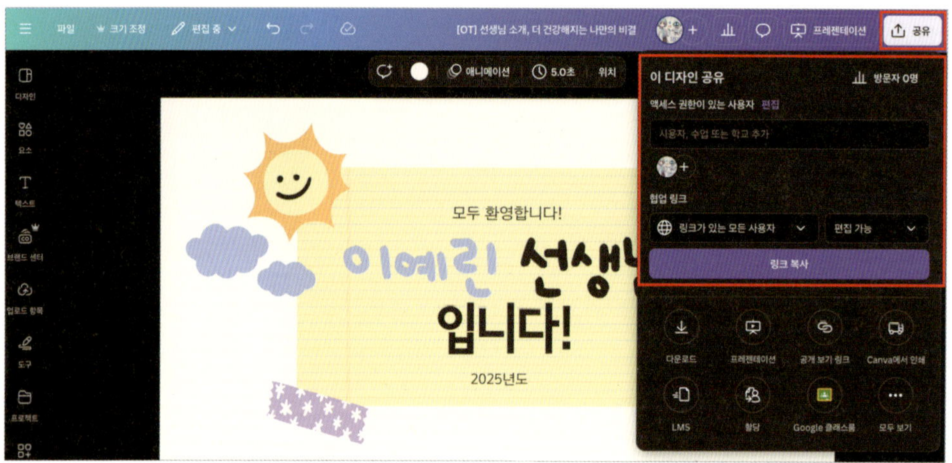

나. 감마(GAMMA)로 프레젠테이션 제작하기

최근에는 캔바, 미리캔버스 등 다양한 디자인 플랫폼이 있어 빈 슬라이드에서 수업 PPT를 만들지는 않지만, AI 시대에 좀 더 쉽게 전문가 수준의 프레젠테이션을 만들 수 있으면 좋을 것이다. 또, 기존에 사용하던 PPT 디자인을 새로운 디자인으로 바꿔 보고 싶다면 감마가 답이 될 수 있다.

감마는 디자인에 시간을 쏟지 않아도 내용 중심의 매끄러운 수업 자료를 쉽게 만들 수 있는 생성형 AI 기반 프레젠테이션 도구다. 감마는 AI를 활용해 자동으로 프레젠테이션, 웹 페이지, 문서 등을 생성한다. 기존의 파워포인트처럼 하나하나 슬라이드를 만들어 가는 것이 아니라, 원하는 주제와 내용을 입력하면 AI가 자동으로 프레젠테이션을 생성해 준다.

1) 감마 시작하기

파워포인트(Microsoft PowerPoint)나 구글 슬라이드(Google Slides)와 달리, 감마는 '슬라이드'보다는 '이야기 흐름'을 중시한다. 핵심 키워드나 개요만 입력하면 구조화된 수업 자료를 완성해 준다. 감마는 복잡한 작업 없이도 세련되고 가독성 높은 프레젠테이션이 2분 안에 만들어진다.

감마는 Free, Plus, Pro 요금제가 있지만, 가입 시 제공되는 400크레딧과 친구 추천으로 200크레딧 추가 적립이 가능하여 무료 요금제로도 충분히 활용 가능하다.

2) 가입 및 이용 방법

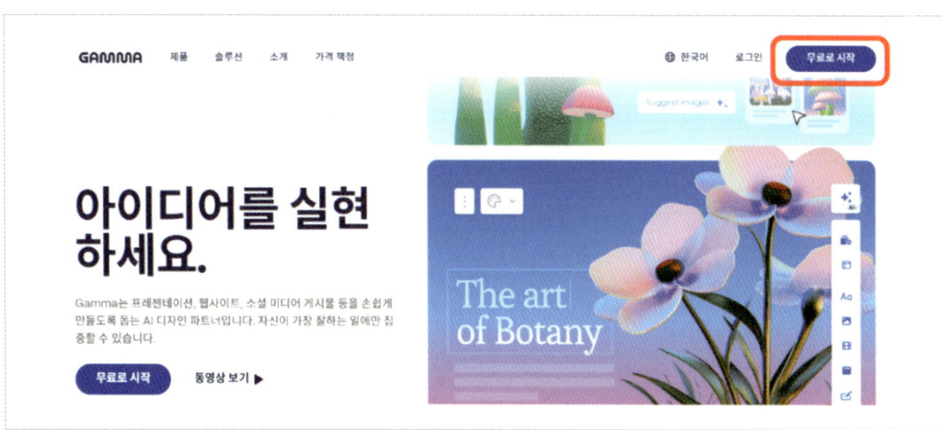

① 감마 공식 홈페이지(https://gamma.app/ko)에 접속하여 [무료로 시작]을 클릭한다. 구글 계정, 개인 이메일 주소로 가입 가능하다. 가장 쉬운 방법은 구글 계정 연동이다.

② 감마 홈 화면에서 [새로 만들기(AI)] - [생성] - 문서 유형 선택 [프레젠테이션, 웹 페이지, 문서, 소셜] - 프롬프트를 입력하면 순식간에 자료가 완성된다. 무료 플랜에서는 카드(PPT의 슬라이드에 해당) 10개가 최대이다. 더 많은 카드가 필요하다면 프레젠테이션 생성 후에 새로운 카드를 직접 추가 또는 AI에 요청하여 추가할 수 있다.

③ 프롬프트를 입력하면 카드별 개요가 생성된다.

④ 개요 내용을 확인하고 내용 수정, 카드 순서를 변경할 수 있고, 재생성도 가능하다.

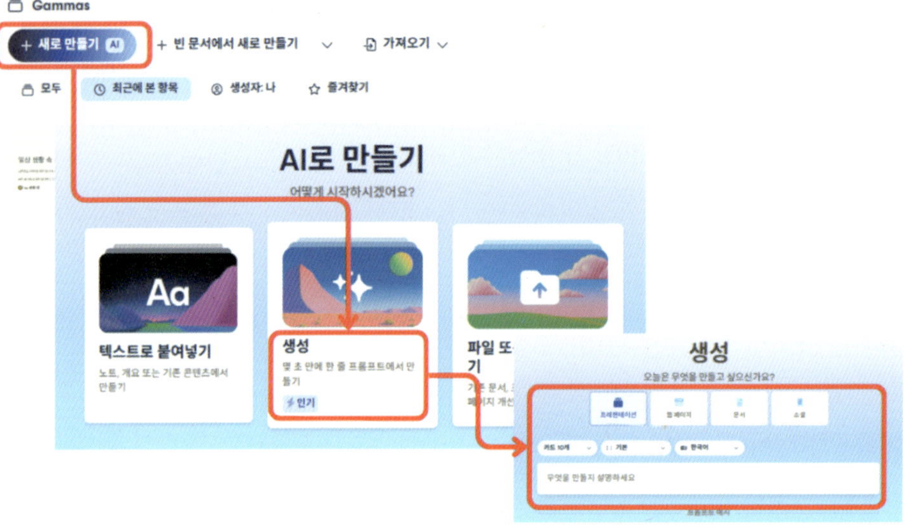

⑤ 개요 수정이 끝나면 테마, 콘텐츠를 선택한다. [생성] 버튼을 누르면 주제에 대한 10개 카드가 자동으로 완성된다.

⑥ 카드가 완성된 후 다른 내용의 카드를 추가하고 싶다면 카드와 카드 사이의 [AI로 카드 추가]를 클릭하여 새로운 카드를 추가할 수 있다.

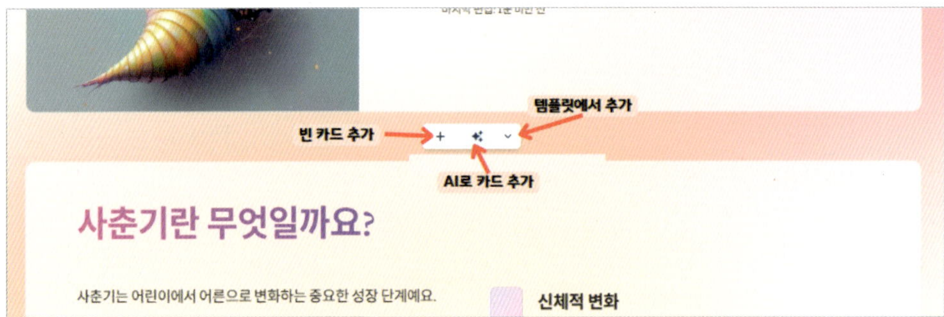

⑦ 프레젠테이션 수정과 편집: AI가 만든 프레젠테이션이 마음에 들지 않을 수 있다. 하지만 감마는 수정이 매우 쉽다. 각 텍스트를 클릭하면 바로 편집할 수 있고, 이미지도 간단히 교체할 수 있다.

⑧ 슬라이드 추가 및 삭제: 필요에 따라 슬라이드를 추가하거나 삭제할 수도 있다. 예를 들어, 손 씻기 교육에 '손 씻기 실습 시간'이라는 슬라이드를 추가하고 싶다면, [AI로 카드 추가] 버튼을 클릭하고 '손 씻기 실습'이라고 내용을 입력한다. AI가 기존 디자인과 일관성 있게 새로운 슬라이드를 만들어 준다.

⑨ 다운로드: 완성된 교육 자료는 우상단 메뉴 중 [공유] - 내보내기에서 PDF, PowerPoint, Google Slide, PNG로 다운로드하여 활용할 수 있다.

3) 보건 수업과 업무에 실전 활용

가) 수업 자료 제작

- 감염병 예방 교육, 흡연 예방 교육, 성교육 등 주제별 자료를 빠르게 제작할 수 있다.
- 초등 저학년부터 고등학생 대상까지 난이도 조절도 가능하고, 학생용 퀴즈 및 토론 주제도 자동으로 제안해준다.
- 기존에 사용하던 PPT가 있다면 그대로 감마에 업로드하여 새롭게 재구성할 수 있다.

나) 학부모 연수·교직원 회의

학생 건강 프로그램 운영 보고, 보건실 운영 결과 보고, 연수나 회의 때 사용할 시각 자료를 제작할 때 사용할 수 있다.

사용 연령 제한

만 16세 이상 가입 및 활용 가능

추천 프롬프트

 • 학생 대상 교육 자료
- 중학생 대상 흡연 예방 교육 프레젠테이션을 만들어 줘.
  흡연이 신체에 미치는 영향, 니코틴 중독의 원리, 청소년기 흡연의 위험성, 금연 방법까지 포함해 줘. 시각 자료와 통계 데이터를 활용해 줘.
- 초등학교 고학년을 위한 일상생활 속 응급처치 교육 자료를 만들어 줘.
  코피, 찰과상, 넘어졌을 때 벌 자상, 눈 이물, 화상 시 대처법, 119 신고 요령 등을 다뤄주고, 쉬운 문장과 만화풍 이미지로 설명해 줘.

 • 학부모, 교사 대상 연수 자료
- 학부모 연수용 프레젠테이션을 만들어 줘. 주제는 '학교에서 응급상황 발생 시 대응법'이야. 건강 문제 초기 대응, 예방 교육, 협조가 필요한 사례 등을 포함하고, 공감과 신뢰를 형성하는 스토리텔링 형식으로 구성해 줘.

 • 내가 궁금한 주제
평소 관심 있었던 주제(건강, 몸, 마음, 생활 등)에 대한 자료를 만들어 활용할 수 있다.

'수면 부족이 청소년의 집중력과 건강에 미치는 영향'에 대한 발표 자료를 만들어 줘.
- 수면 시간과 뇌 기능의 관계를 간단한 도식으로 설명해 줘.
- 실험 사례나 통계를 하나 포함해 줘.
- 집중력이 떨어지면 생기는 일상을 공감 가게 설명해 줘.
- 마지막에 '내가 실천할 수 있는 수면 습관' 체크리스트를 포함해 줘.
시각 자료 중심으로, 초등학생도 이해하기 쉽게 만들어 줘. 관련 근거는 링크로 카드에 넣어줘.

'중학생을 위한 'MBTI 성격 유형에 따른 건강한 생활 습관' 프레젠테이션을 만들어 줘.

'중학생을 위한 'MBTI 성격 유형에 따른 건강한 생활 습관' 프레젠테이션을 만들어 줘.
- MBTI가 무엇인지 간단히 소개한 후
- 각 성격 유형(E/I, S/N, T/F, J/P)의 특징을 학생 눈높이에 맞게 쉽게 설명해 줘.
- 유형별로 추천하는 스트레스 해소법, 공부 습관, 친구와의 소통 방법을 안내해 줘.
- 마지막에는 MBTI 성격 유형 체크리스트와 '내 유형에 맞는 건강 습관 실천 계획' 활동지를 넣어줘.
- 시각 자료를 많이 포함하고 중학생 발표용으로 구성해 줘.

4) 감마 프롬프트 작성 팁

핵심 요소	작성 팁	예시 프롬프트 문장
대상 명시	연령과 이해 수준을 구체적으로	"초등 3~4학년 대상 수업 자료 만들어 줘."
주제 설정	주제를 명확하게	"감염병 예방 교육 자료" "청소년 흡연의 문제점 교육 자료" "초등학교 5-6학년을 위한 기본 응급처치 교육. 코피, 상처, 화상 등 자주 발생하는 상황의 대처법" "초등학교 4학년을 위한 사춘기와 성장 교육. 몸의 변화와 감정 변화에 대해 건전하고 과학적으로."
형식 구조 제안	슬라이드 수나 흐름 지정	"도입-전개-마무리로 구성해 줘." "도입에서 주제 소개, 전개에 예시와 설명, 정리에는 요약과 퀴즈 넣어줘." "마지막 슬라이드에 '오늘부터 실천할 3가지' 제시해 줘."
시각 자료 요청	이미지·도표 등 시각 요소 요청	"이미지를 포함해 쉽게 설명해 줘." [캐릭터, 만화풍, 인포그래픽, 순서 도식화, 단계별 그림, 그래프]
교육용 추천 테마	원하는 디자인 요청	Playful: 아이들이 좋아하는 밝고 경쾌한 디자인 Clean: 깔끔하고 읽기 쉬운 레이아웃 Colorful: 다채로운 색상으로 시선을 끄는 디자인 Friendly: 부드럽고 친근한 느낌의 구성
참여 유도 요소 포함	퀴즈, 질문 등 학생 참여 유도	"마지막에 OX 퀴즈 3개 넣어줘." [생각해 보기 질문, 미니 투표, 역할극 제안, 토론 주제 포함 등]
교육적 톤 요청	따뜻하고 친근한 말투 지시	"친근하고 따뜻한 말투로 구성해 줘."
정확성 강조	신뢰할 수 있는 출처 요청	"보건복지부 최신 자료 바탕으로 작성해 줘." "관련 근거 링크를 넣어줘."

감마 활용 예시

초등 고학년을 위한 생활 속 응급처치 배우기
- joo.is/감마-응급처치

3. 멀티미디어 도구

가. 수노AI(Suno AI)로 교육 주제곡 만들기

"어떻게 하면 아이들이 재미있게 수업에 참여할 수 있을까?"

수업을 준비할 때면 항상 이런 고민이 생긴다. 음악은 아이들의 감정과 행동을 동시에 자극하기 때문에 교육에 활용하기 좋다. 멜로디는 머릿속에 오래 남고, 가사를 따라 부르면 배운 내용이 행동으로 이어지기도 쉽다.

하지만 매 수업마다 새로운 주제곡을 만들거나, 교육 내용과 정확히 맞는 노래를 찾는 일은 교사에게 큰 부담이 된다. 이때 활용해 볼 수 있는 도구가 바로 수노 AI다.

수노 AI는 텍스트만 입력하면, 멜로디와 목소리가 자동으로 생성되어 '노래'로 만들어 준다. 수업 때 외우고 싶은 주제를 간단한 문장으로 입력하면, 하나의 '교육 주제곡'이 만들어진다.

1) 수노 AI

수노 AI에 텍스트(문장, 키워드, 가사)를 입력하면, 곡의 가사, 멜로디, 목소리(보컬)를 모두 자동으로 만들어 준다. 가사를 직접 입력하거나, 키워드를 입력하면 AI가 곡의 분위기와 스타일에 맞게 노래를 생성한다.

교육 노래 프롬프트 예시

 경쾌한 팝 스타일의 교육 노래를 만들어 줘.
주제는 '청소년기 구강 건강을 지키는 양치 습관'이야.
1절에는 양치가 충치와 입냄새를 예방하는 이유를 알려 주고,
2절에는 하루 3회, 3분 이상, 올바른 칫솔질 순서를 소개해 줘.
후렴에는 "치카치카 내 입속 히어로, 오늘도 상쾌하게" 같은 문장을 반복해 줘.
청소년이 따라 부르기 쉬운 멜로디와 단어로 구성해 줘.

2) 수노 AI 가입 및 이용 방법

① 수노 AI 공식 홈페이지(https://suno.ai)에 접속하여 [Sign up] 버튼을 클릭한다.

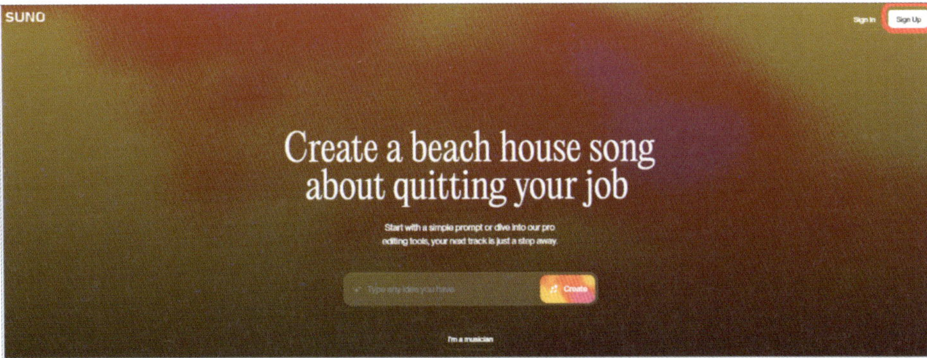

구글, 마이크로소프트, 이메일 중 원하는 방식으로 회원 가입 후 로그인한다.

무료 플랜 사용자는 매일 50크레딧이 자동으로 충전되며, 하루 최대 10곡까지 무료로 제작할 수 있어 교사에게도 매우 유용하다.

② 좌측 상단 메뉴에서 [Create] 또는 [노래 만들기] 를 선택한다.

원하는 가사나 문장 입력 → 음악 스타일과 목소리 등 옵션 선택 → 하단의
[Create] 버튼을 클릭하면 AI가 자동으로 노래를 생성한다.

③ 생성된 노래는 바로 재생하거나 다운로드할 수 있다.

수노 AI의 저작권

- 유료(Pro·Premier) 구독 중 생성한 곡: 이용자에게 권리가 있으며, 상업적 사용이 허용(스트리밍 유통, 수익 채널 영상 배경음악, 판매/싱크 등)된다.
  단, "기계학습의 성질상, 해당 출력물에 저작권이 실제로 성립한다는 보장을 하지 않는다"는 면책조항이 있다.
- 무료(Basic) 플랜 생성 곡: 비상업적 사용만 가능(감상·공유 등)하고, 유료로 나중에 업그레이드해도 무료 시절에 만든 곡에는 소급 상업 라이선스가 부여되지 않는다.

따라서, 수익·유통 계획이 있다면 반드시 유료 구독 상태에서 생성해야 하고, 무료로 만든 곡은 상업화 금지다.

[유료 플랜] 상업적 사용	· 배포: Spotify, Apple Music 등에 음악 업로드 · YouTube 콘텐츠: 수익 창출 채널의 콘텐츠에 노래 추가 · 직접 판매: 소비자에게 직접 노래 판매 · 동기화 라이선스: TV, 영화 또는 비디오 게임에 노래 배치
[기본플랜] 비상업적 사용	· 수노에서 노래 듣기 · 노래를 다운로드하여 모든 기기에서 듣기 · 링크 또는 다운로드한 파일을 친구와 공유하기 · 수익을 창출하지 않는 다른 플랫폼에서 음악 사용

3) 보건수업과 업무 실전 활용

가) 보건 수업 활용

구분	내용
도입 활용	학습 주제에 맞는 맞춤형 노래(예: 손 씻기 송, 양치 송, 스트레스 해소 송 등)로 학생들의 흥미와 집중도를 높인다.
주요 개념 설명	감염병 예방법, 양치 실천, 기침 예절 등을 쉽게 기억할 수 있다. 핵심 문장이나 내용을 담은 짧은 노래를 학생들이 따라 부르기 쉽게 반복적인 가사로 구성하여 제공한다.
수업 마무리 및 복습	오늘 배운 내용을 요약한 노래를 함께 부르며 정리한다.
실천 활동	쉬는 시간, 점심시간 등 반복적으로 노래를 틀어 생활 속 건강 습관이 정착되도록 한다.

나) 보건 업무 및 학교 행사 활용

구분	내용
건강 캠페인·행사	구강보건의 날, 점심 식사 후 양치 실천 주간, 손 씻기 주간 등 각종 캠페인에 맞는 홍보송을 제작해 전교생이 듣고 실천할 수 있도록 한다.
가정통신문·홍보자료	가정통신문 QR코드를 넣어 가정에서도 학생과 보호자가 함께 노래를 듣고 실천할 수 있도록 한다.
동아리·자율 활동	보건 동아리, 방송반 등과 연계해 학생들이 직접 보건송을 기획·작사·활용해 보는 프로젝트 수업을 진행한다. 학생이 건강 주제를 정해 가사를 쓰고, 수노 AI로 노래를 만들어 발표한다.

4) 수노 AI 활용 시 주의사항

구분	내용
학습 목표	가사·주제가 학습목표/성취기준·연령 적합 여부 점검하기
플랜과 권리 확인	상업·대외 배포 계획이 있으면 유료 플랜에서 생성하기 무료 플랜 곡은 비상업용(소급 상업화 불가)
배포 시 고지	공유할 때 사용 범위(상업/비상업)·출처·저작권 안내 표기하기
정책 변경 상시 확인	배포·수익화 전 Suno 약관/도움말 최신 버전 재확인하기
대안 선택 기준	기존 동요 개사는 퍼블릭 도메인/사용 허락 곡만 사용 그 외엔 원창작 가사로 Suno로 제작해 안전하게 운영

수노 AI 대신 기존 동요의 가사를 교육적 목적에 맞게 개사하여 활용할 수 있다. 학생들에게 익숙한 멜로디를 활용함으로써 학습 효과를 높이고, 수업 참여도를 이끌어 낼 수 있다.

나. 브루(Vrew)로 영상 자료 편집하기

브루는 영상 전문가가 아니어도 AI의 힘을 빌려 고품질 영상을 제작할 수 있게 해주는 도구다. 기술에 대한 부담 없이, 학생들과 학부모에게 영상으로 건강 정보를 알려주고 싶은 보건교사에게 브루는 든든한 파트너가 될 수 있다.

주요 기능

- 강의, 홍보, 안내 영상에 자막을 손쉽게 추가할 수 있다.

- 영상 속 대사를 텍스트로 변환하여 편집할 수 있어 시간을 절약할 수 있다.

- 말이 어눌하거나 음질이 고르지 않아도 AI가 자연스럽게 보정한다.

- 영상에 사용할 자막 스타일, 아이콘, 배경음 등 기본 기능을 제공한다.

1) 브루 설치 및 로그인

브루 공식 홈페이지(https://vrew.ai/ko/)에 접속 후 무료 다운로드한다. 회원 가입 후 구글 계정으로 로그인한다.

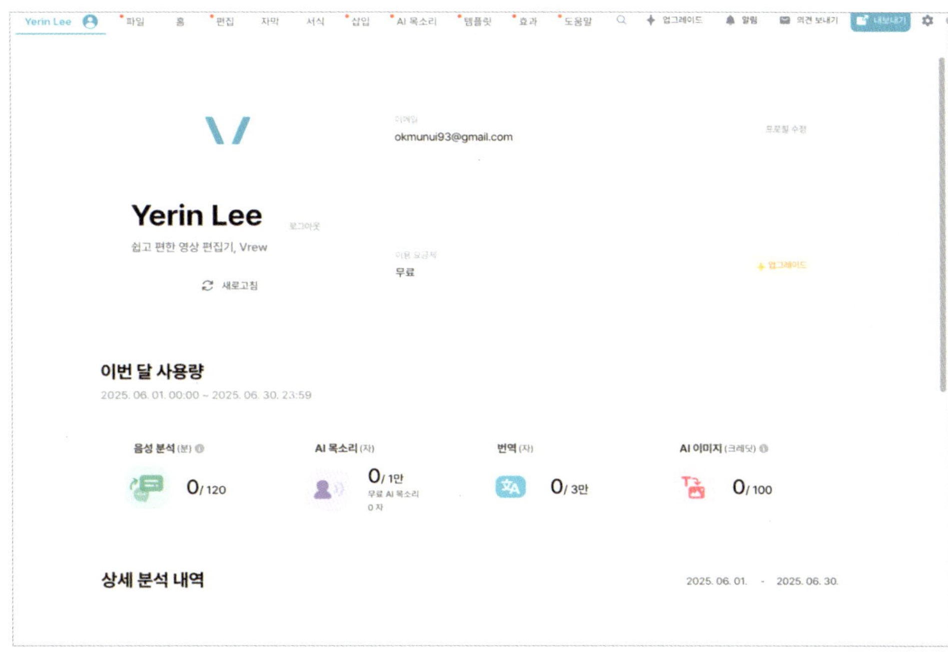

로그인 후 첫 화면 구성

① 상단 메뉴바 (기능 선택 영역)

　　파일 / 홈 / 편집 / 자막 / 서식 / 삽입 / AI 목소리 / 템플릿 / 효과 / 도움말

　　→ 영상 편집 전반에 필요한 기능들이 상단에 탭 형식으로 나열되어 있다.

　　→ 예: '자막'을 누르면 자동 생성된 자막을 편집할 수 있다.

② 프로필 정보 영역

이름 / 이메일 / 계정 유형

→ 프로필 수정 버튼으로 정보를 변경 가능하다.

③ 계정 요약

- 새로 고침: 사용량 정보를 갱신한다.

- 현재 이용 요금제: 무료(유료 기능 사용 시 업그레이드 필요)

④ 이번 달 사용량 요약

→ 영상 업로드 및 편집을 시작하기 전, 현재 남아 있는 사용 가능량을 확인할 수 있어 계획적인 활용이 가능하다.

2) 브루 영상 편집 실습

① 영상 편집을 시작하려면 상단 메뉴에서 [파일] - [새로 만들기] - [PC에서 비디오·오디오 불러오기]를 클릭한다.

② 촬영해 놓은 영상을 불러오면 음성 분석 및 편집에 용이한 설정들을 선택할 수 있다.

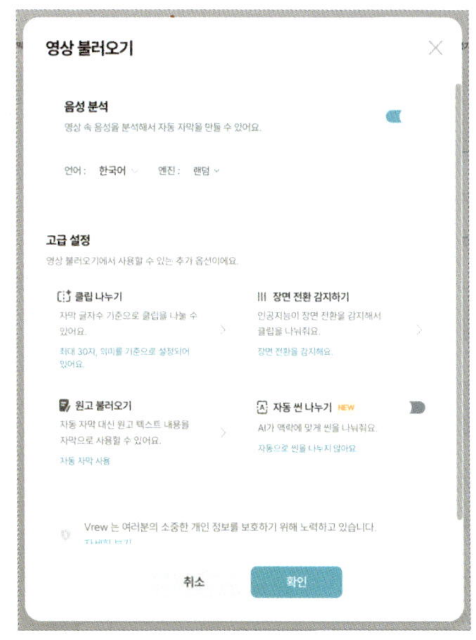

▶음성 분석

- 영상 속 음성을 AI가 인식해 자막을 자동 생성
- 언어 설정: '한국어'로 기본 설정되어 있음(영어·일본어·중국어 등도 선택 가능)
- 엔진 선택: '랜덤' 또는 특정 AI 엔진으로 자막 생성 가능

▶고급 설정

항목	설명
대사 클립 나누기	자막 길이나 의미 단위로 클립을 자동 분할 → 영상 자막이 너무 길지 않게 분리되어 가독성 향상
장면 전환 감지하기	인공지능이 화면이 바뀌는 지점을 감지해 클립을 나눔 → 장면 기준 편집 시 유용
원고 불러오기	미리 작성해 둔 원고(텍스트)를 자막으로 자동 대체 → 강의 스크립트가 있는 경우, 자막 일치율 100% 확보 가능
자동 씬 나누기 (NEW)	이야기 흐름에 따라 장면을 자동으로 나눠줌 → 스토리텔링형 교육 영상에 적합, 자동 OFF가 기본

③ [확인] 버튼을 클릭하여 영상 분석 및 편집 전 작업을 마친다.

"○○분의 음성을 분석하고 있습니다."라는 문구는 업로드된 영상의 길이를 기준으로 현재 자동 자막 생성을 위한 분석이 진행 중임을 나타낸다.

현재까지 누적된 음성 분석 사용 시간도 함께 표시된다. 아래 예시에서는 총 16분이 분석에 사용되었고, 이는 무료 사용 한도 내에서 차감된다.

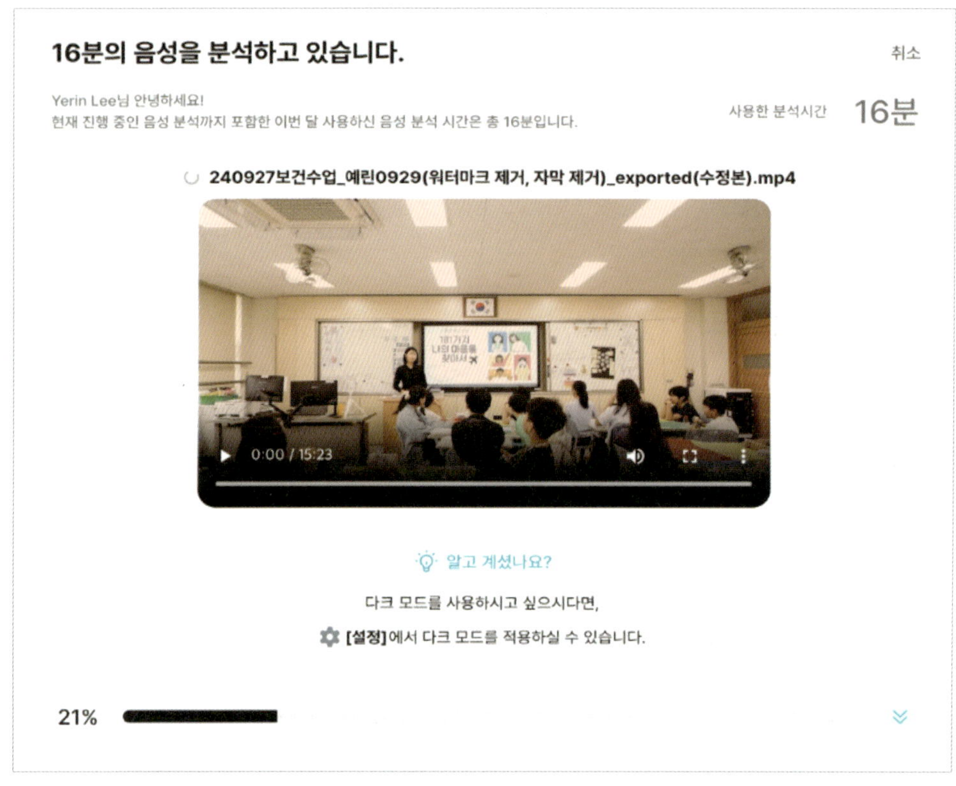

④ 전체 분석이 완료되면 브루는 영상의 음성을 텍스트 자막으로 자동 변환하며, 이후 편집 단계로 진입할 수 있다.

활용 TIP

영상 길이가 길수록 분석 시간도 다소 소요되므로, 수업 전후 시간이나 행정 업무 중간에 분석을 진행시켜 두는 것이 시간 활용에 효율적이다.

⑤ 분석이 끝나면 아래와 같은 화면이다.

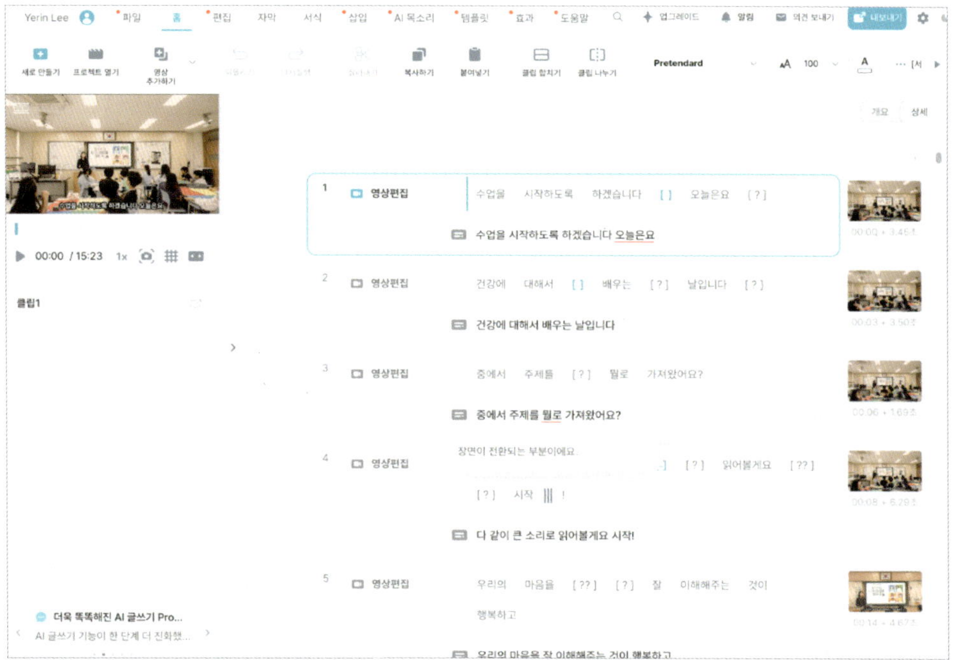

▶ 좌측 영상 미리보기 영역

• 현재까지의 편집이 반영된 영상이 재생되며, 자막 편집 결과가 실시간으로 반영된다.

• 재생 시간, 배속 조정(1x), 자막 미리보기 모드, 화면 구성 조절 등을 조정한다.

• 재생하면서 자막 타이밍과 싱크가 어긋나지 않는지 확인 가능하다.

▶ 중앙 자막 편집 패널 (텍스트 기반 클립 편집)

• 자막은 각 문장 단위로 '클립'으로 구성되며, 각 클립은 다음과 같은 요소를 포함한다.

구성 요소	기능
영상편집 아이콘	해당 자막이 연결된 영상 클립임을 나타냄
텍스트 박스	자동 생성된 자막 내용을 확인하고 직접 수정 가능
연결 아이콘	텍스트가 해당 영상 구간과 잘 연결되어 있음을 표시
시간 표시 (우측 썸네일 옆)	클립의 시작 및 종료 시간 확인 가능
우측 미리보기 썸네일	클립에 해당하는 영상 프레임을 보여줌

AI가 정확히 감지하지 못한 음성은 [?] 기호로 표시되며, 사용자가 영상을 보고 자막을 수정해야 한다.

클립 1에서는 "수업을 시작하도록 하겠습니다 오늘은요"라는 자막이 생성되어 있다. Shift 키를 누른 상태로 '오늘은요', '[?]' 블록을 함께 선택한다.

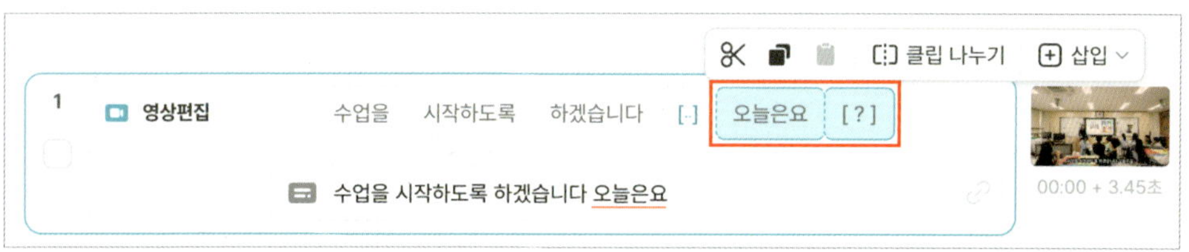

⑥ 선택한 텍스트 블록을 마우스 왼쪽 버튼으로 드래그하여 영상 클립2의 텍스트 블록 맨 앞에 드롭한다.

⑦ 좌측 영상 미리보기 영역 재생 아이콘을 클릭하여 [?] 부분을 재생하여 들어보고 텍스트 박스에서 자막을 알맞게 수정한다.

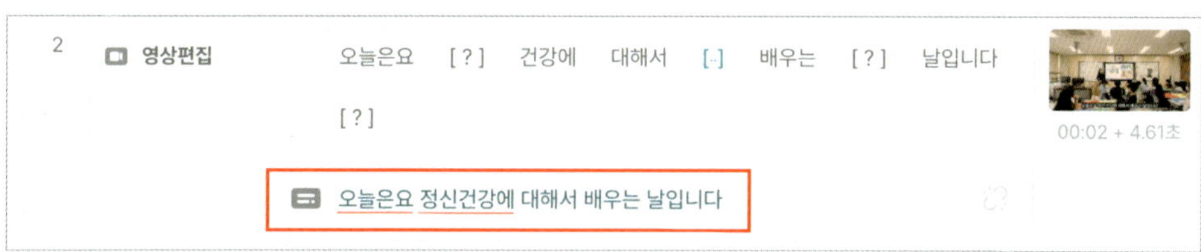

⑧ 클립 3에서 '중에서'와 같은 불필요한 텍스트 블록을 클릭하여 선택한 후 ✕아
이콘을 클릭하여 삭제한다. 텍스트 블록 뒤에 마우스 커서를 두고 키보드 Back
space를 눌러 삭제할 수도 있다.

⑨ 각 클립 사이에 마우스 커서를 올려 두면 [클립 추가] 버튼이 나타난다. 클릭하
여 AI 목소리 클립, 빈 클립, 이미지 클립, 비디오 클립을 삽입할 수 있다. 영상
맨 앞에 들어갈 이미지를 삽입하기 위해 [이미지 클립]을 클릭한다.

⑩ PC에 저장된 이미지를 불러오려면 [PC에서 불러오기]를 클릭한다. PC에 저장되어 있는 이미지 파일(PNG, JPEG 등)을 업로드한다.

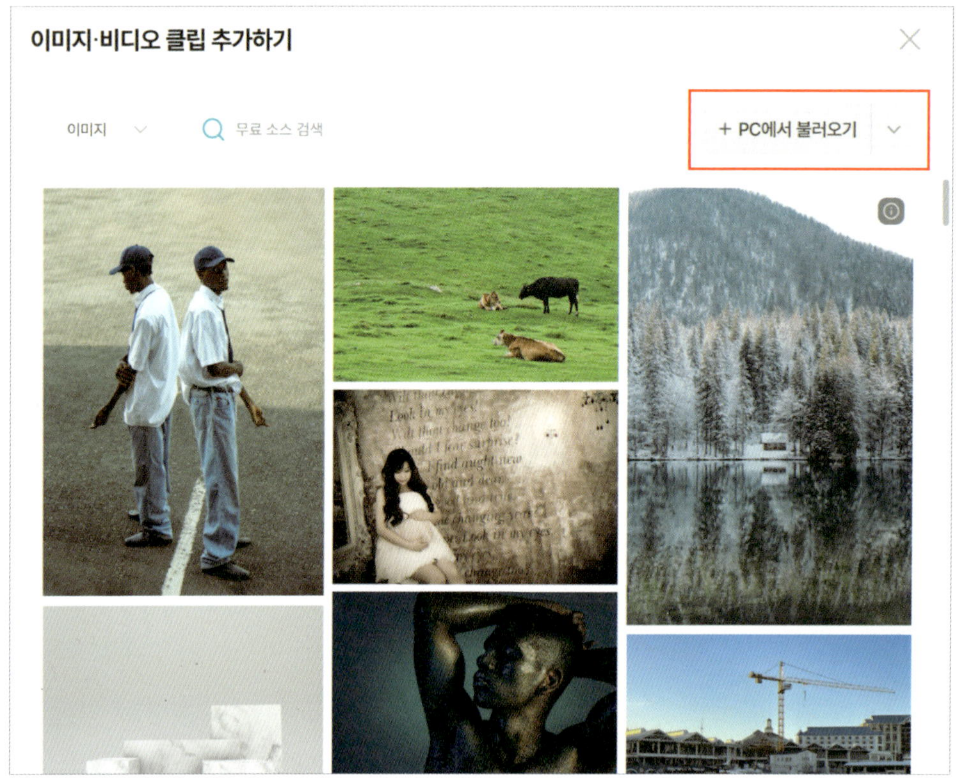

⑪ 영상의 시작 부분(클립 1)에 이미지가 삽입된 상태이다. 좌측 영상 화면의 '선택된 애셋' 아래에는 클립에 사용된 이미지 썸네일이 표시되며, 이미지가 영상 내에 삽입된 것을 볼 수 있다.

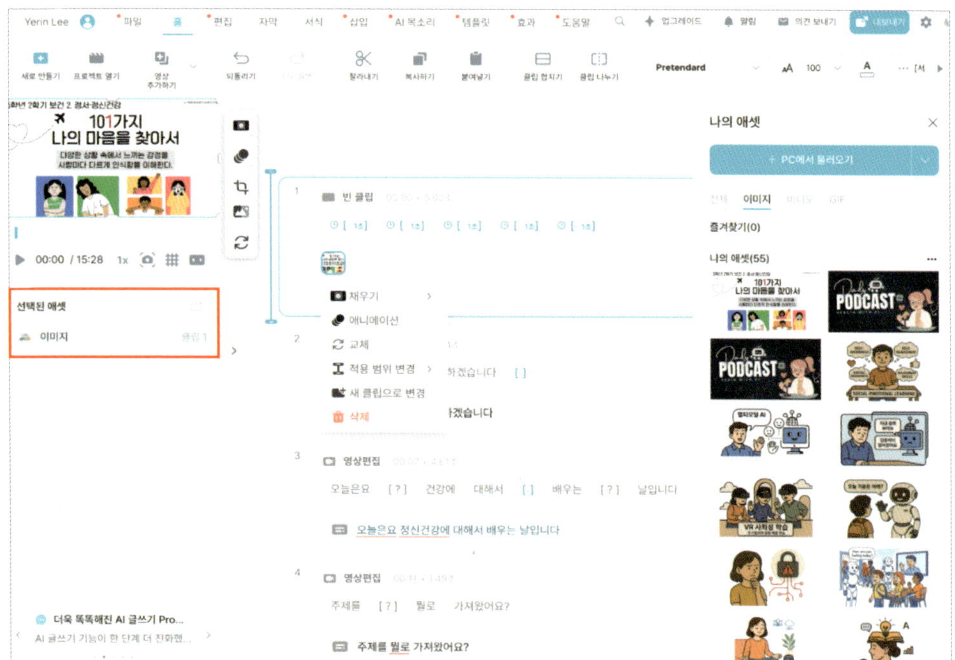

⑫ 애셋을 선택하면 다양한 조정 옵션이 나타난다.

기능명	설명
채우기	이미지의 크기를 클립 크기에 맞춰 자동 조정
애니메이션	이미지에 등장·이탈 등의 전환 효과 추가 가능
교체	다른 이미지로 빠르게 변경
적용 범위 변경	클립 길이나 삽입 타이밍 조절 가능
새 클립으로 변경	자막 클립이 아닌 독립적인 이미지 클립으로 분리
삭제	현재 삽입된 이미지를 제거함

'나의 애셋' 패널은 사용자가 직접 업로드한 이미지, 비디오, GIF 자료들을 보관하는 공간이다. '나의 애셋'에서 드래그&드롭 방식으로 손쉽게 영상에 삽입 가능하다.

⑬ [···1초] 블록을 삭제하거나 추가하여 클립의 길이를 조절할 수 있다.

⑭ 클립2를 클릭한다. 메뉴 상단의 [삽입] – [기본 텍스트]를 클릭하여 영상에 텍스트를 입력할 수 있다.

⑮ 텍스트 클릭 후 [효과]를 클릭하여 텍스트에 적용하고자 하는 효과를 클릭한다.

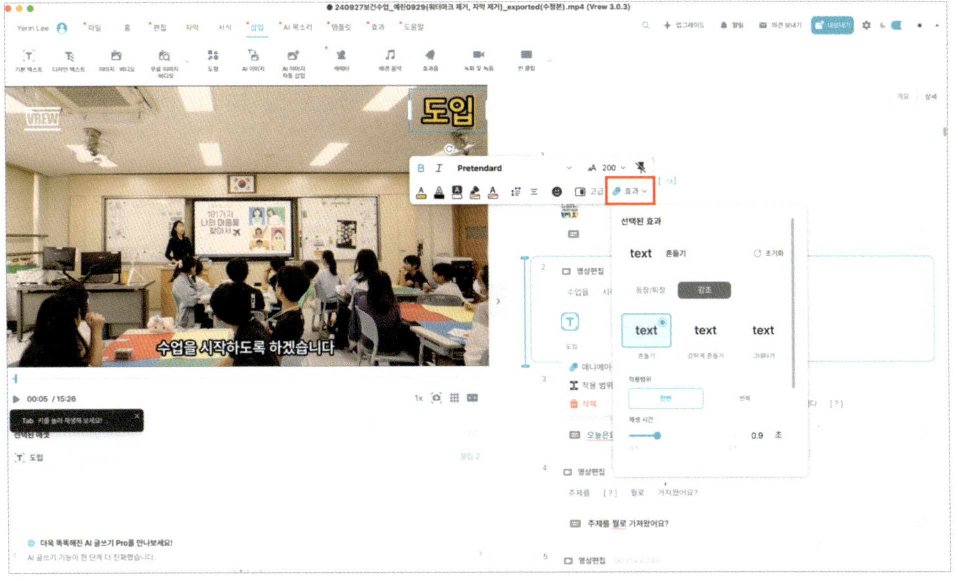

⑯ 영상에 표시될 텍스트 적용 범위를 사이드바를 위-아래로 드래그&드롭하여
조절하여 적용한다.

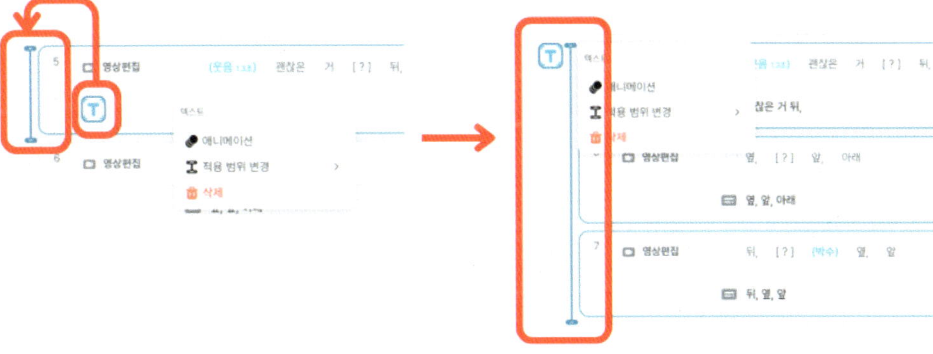

⑰ 메뉴 상단의 [삽입] – [캐릭터] – 캐릭터 삽입에서 원하는 캐릭터를 선택하면, 소리에 따라 입 모양이 움직이는 캐릭터를 삽입할 수 있다. 마찬가지로 영상에 표시될 캐릭터의 적용 범위를 사이드바를 위–아래로 드래그&드롭하여 조절하여 적용한다.

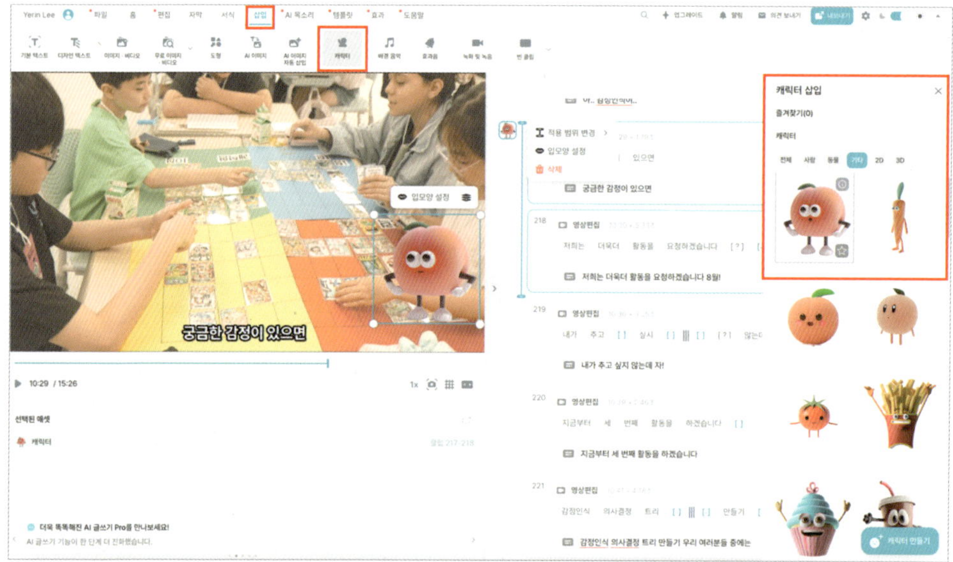

⑱ 영상 내 자막을 클릭하여 폰트, 크기, 색깔 등을 변경할 수 있다.

⑲ [고급] – 여러 클립을 선택하여 동일한 스타일을 적용할 수 있다.

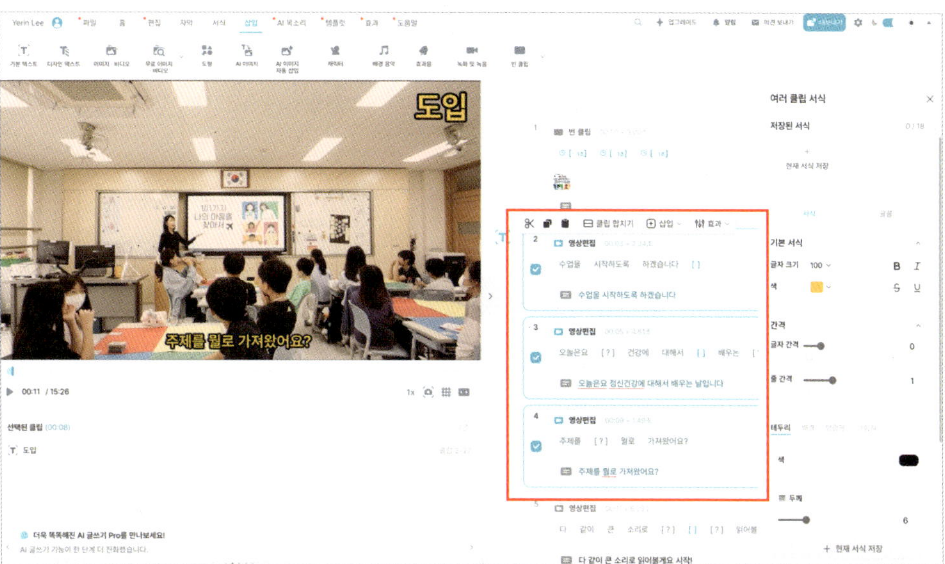

⑳ 메뉴 상단에 [내보내기] - [영상 파일(mp4)] - 모든 씬, 모든 클립 선택 -
FHD(1920×1080) 수준 선택 - [내보내기]를 클릭한다.

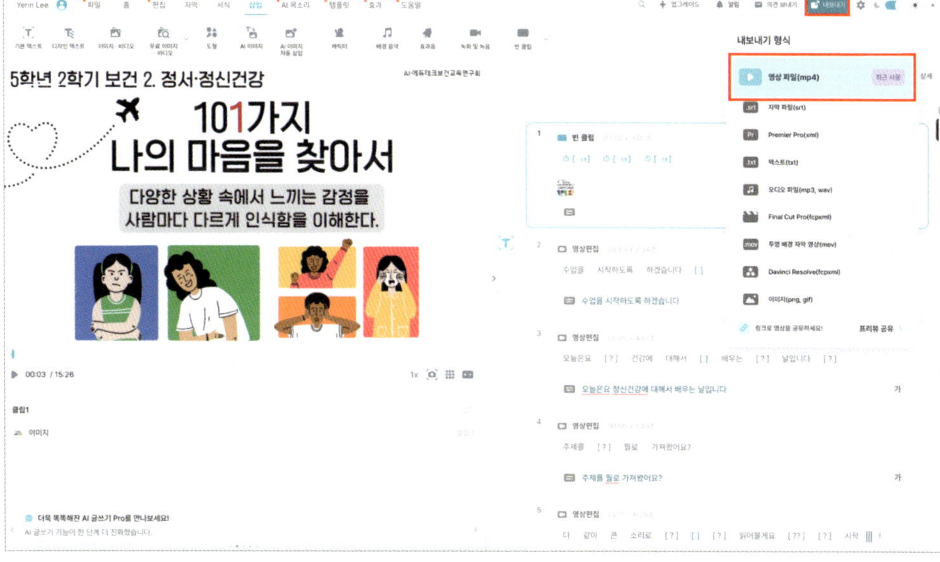

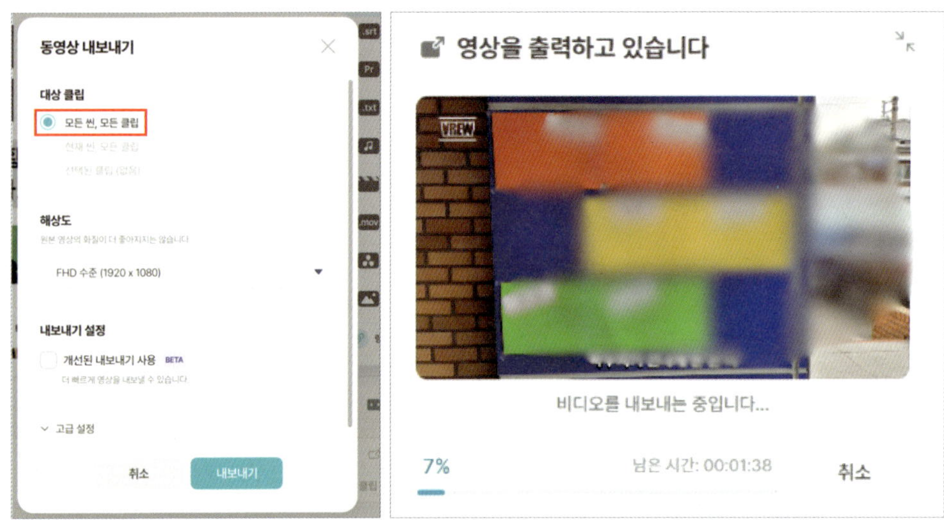

㉑ 내보낸 영상은 [모바일로 전송하기]가 가능하다.

상단 메뉴 중 [파일] - [모바일로 전송하기] - [파일 선택하기] - [전송하기]를 누르면 모바일로 영상을 전송할 수 있다.

모바일 전송하기 후 스마트폰으로 QR코드를 찍으면 모바일로 영상을 간편하게 가져올 수 있다. 영상 전송 완료 후 스마트폰에서 '파일' APP을 열어 가져온 영상의 확인이 가능하다.

[응용] PDF 파일을 영상으로 만들기(NotebookLM, Canva, ChatGPT, Vrew)

PDF 자료를 손쉽게 영상으로 만드는 방법을 알아보자. 어렵거나 영어로 된 논문, 방대한 양의 KERIS의 보고서도 쉽게 해석할 수 있도록 우리를 도와줄 것이다.

① 노트북LM 공식 홈페이지(https://notebooklm.google.com/) 접속 후 로그인 - [새로 만들기]를 클릭한다. 좌측 상단에서 내가 만든 노트북과 추천 노트북을 확인할 수 있다.

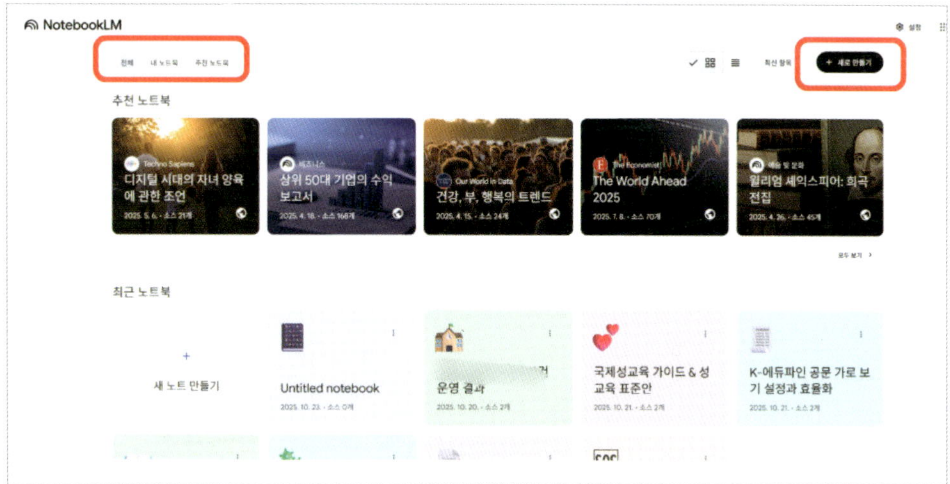

② [소스 업로드]를 통해 영상으로 만들고 싶은 내용의 파일을 업로드한다.

③ [AI 오디오 오버뷰]를 선택한다.

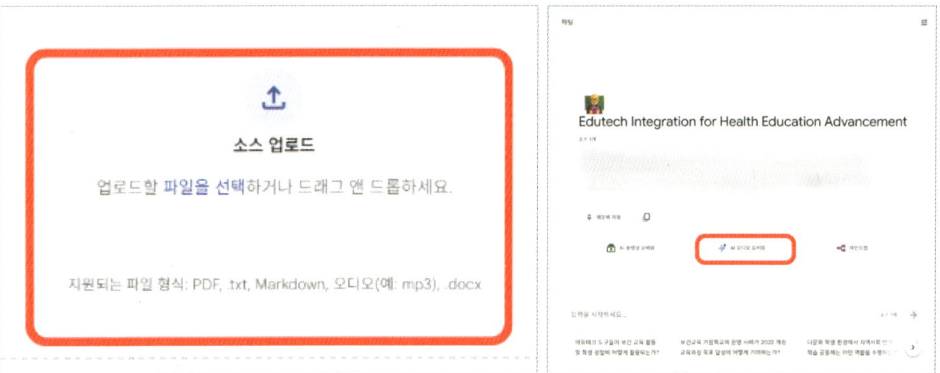

④ 'AI 오디오 오버뷰 생성 중…'이라
고 뜨며 AI 오디오 오버뷰가 생성
되고 있다.

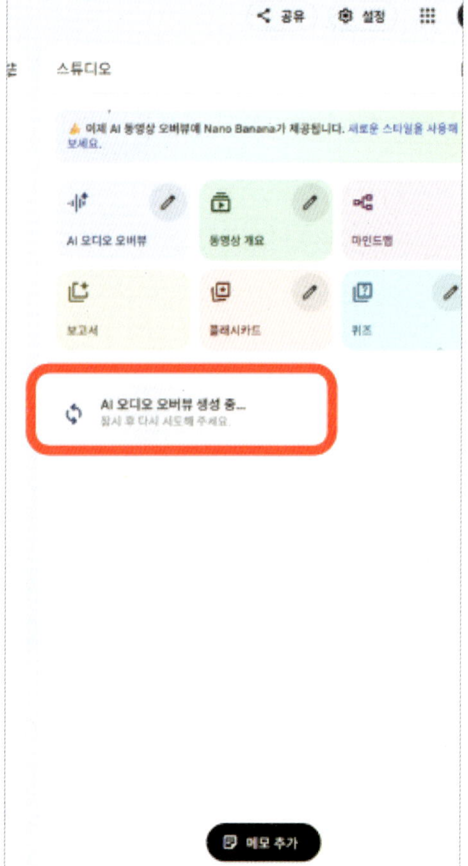

⑤ 재생 버튼을 클릭하여 생성된 오디오를 들어 볼 수 있다.

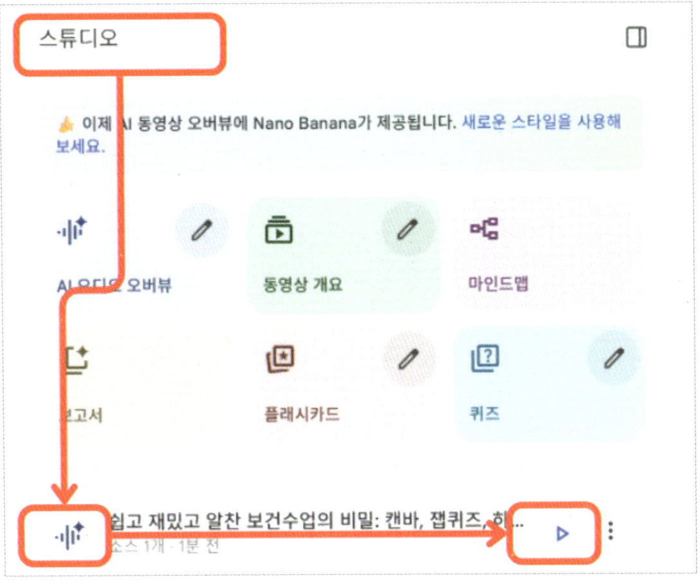

⑥ 우측 상단의 점 세 개 모양 아이콘
   클릭 - [다운로드]를 클릭하면 .m4a
   확장자 파일로 다운로드된다.

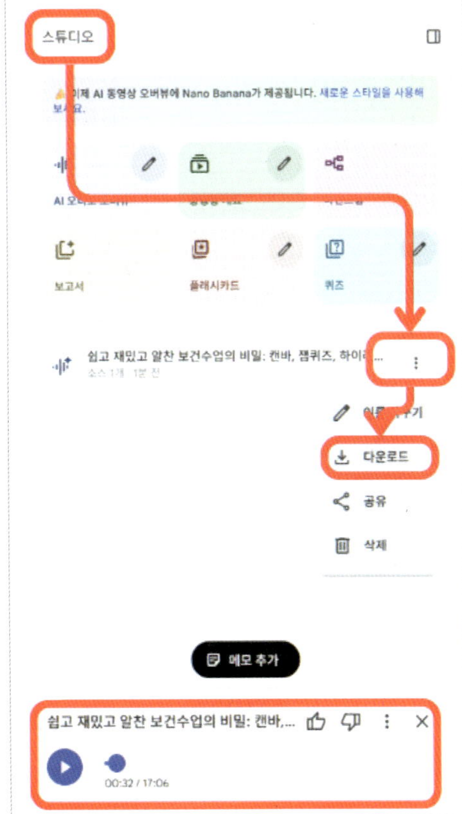

⑦ 이제 이 음성 파일을 브루로 불러와 영상으로 제작해 보자. 브루 접속 후 로그인 – [파일] – [새로 만들기] – [PC에서 비디오 오디오 불러오기] – 다운로드한 오디오 파일(.wav)을 불러오기 한다.

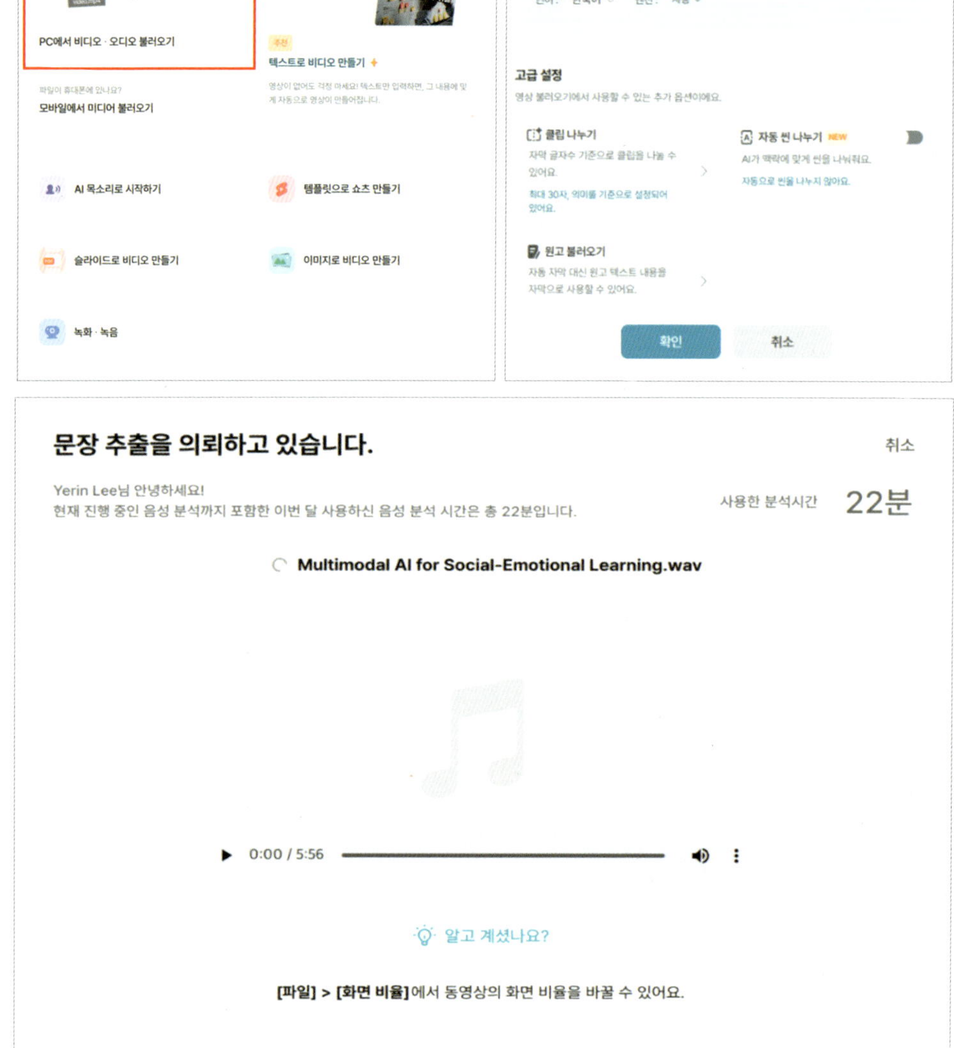

⑧ 노트북LM이 만들어 준 오디오 오버뷰를 자동으로 자막 형태로 불러오기 한
것을 확인할 수 있다.

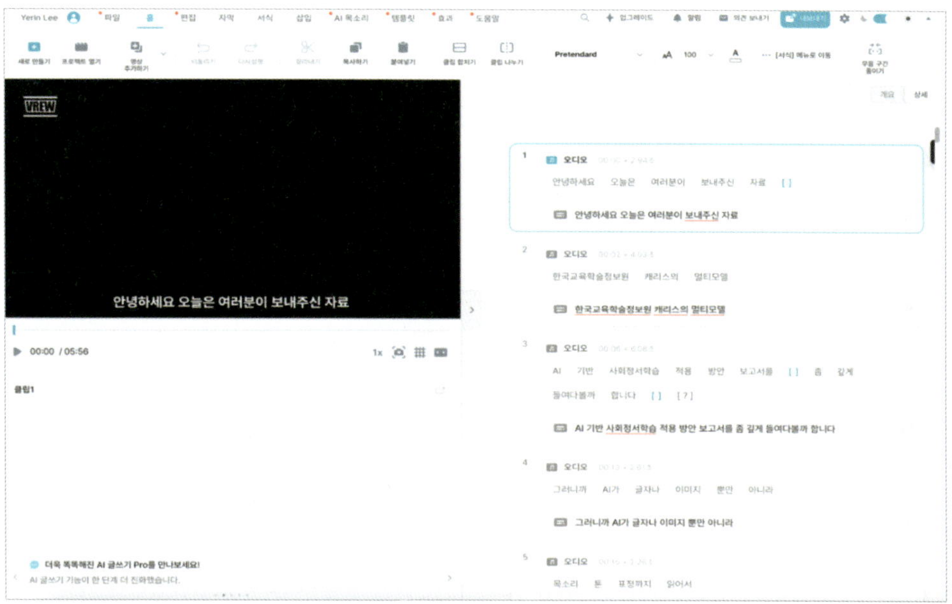

⑨ 앞에서 학습한 캔바를 활용해 브루에 삽입할 이미지들을 제작해 보자. 캔바
(www.canva.com)에 로그인 후 템플릿 '팟캐스트' 검색 - 마음에 드는 디자인을
선택한다.

⑩ [이 템플릿 맞춤 편집하기]를 클릭한다.

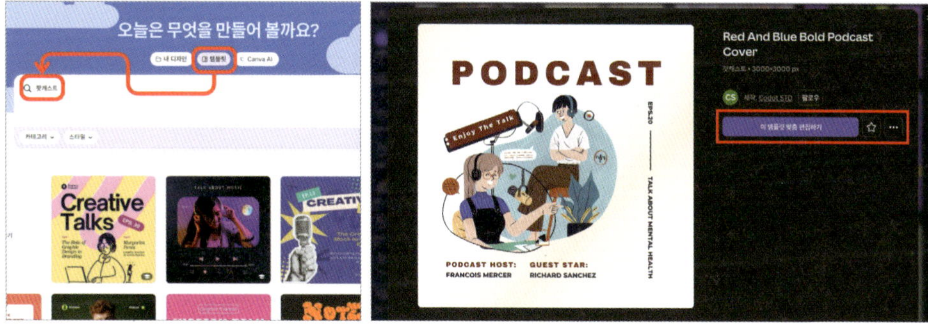

⑪ [크기 조정] – [프레젠테이션] – 프레젠테이션(16:9) 체크 – [이 디자인의 크기 조정]을 클릭한다.

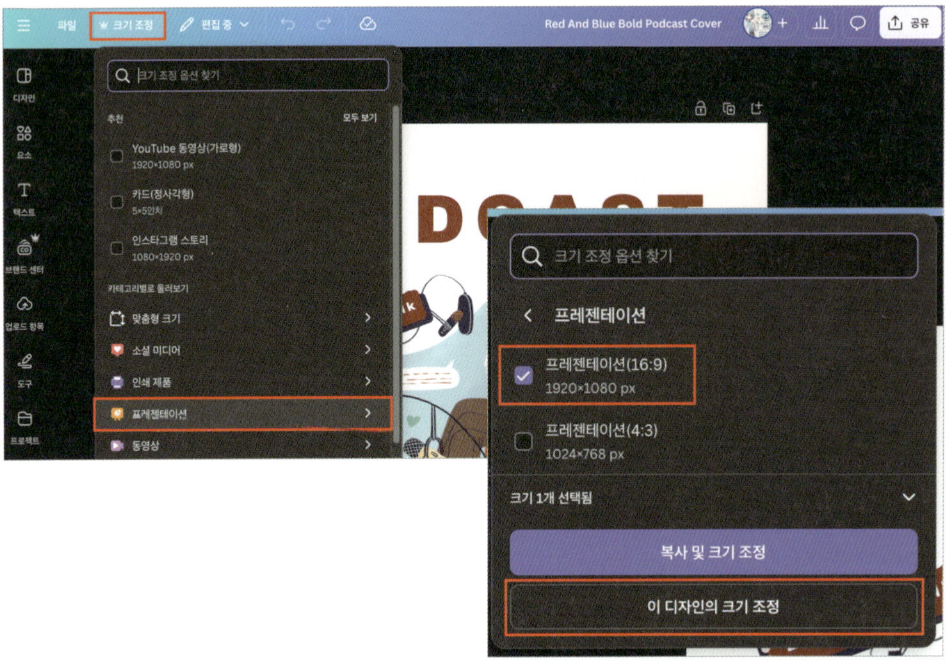

⑫ [페이지 추가]를 클릭하여 영상 내용에 맞는 이미지들을 계속 삽입해 보자. 챗 GPT의 이미지 생성 기능을 활용한다.

⑬ 챗GPT(https://chatgpt.com)에 접속 후 로그인하여 영상에 삽입할 이미지를 생성한다.

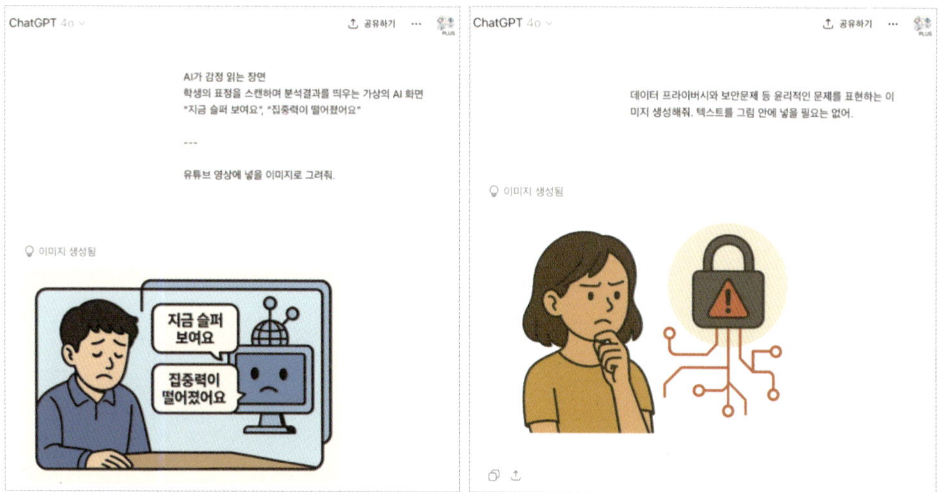

⑭ 영상 내용을 참고하여 프롬프트를 작성하고 이미지를 생성한다. 이미지를 다운로드하여 캔바 페이지에 업로드한다. 영상에 어떤 이미지를 넣을지 선택하고 내용에 맞게 순서를 배열한다.

⑮ 우측 상단 [공유] 클릭 - 파일 형식은 'PNG'로 선택하여 [다운로드]를 클릭한다.

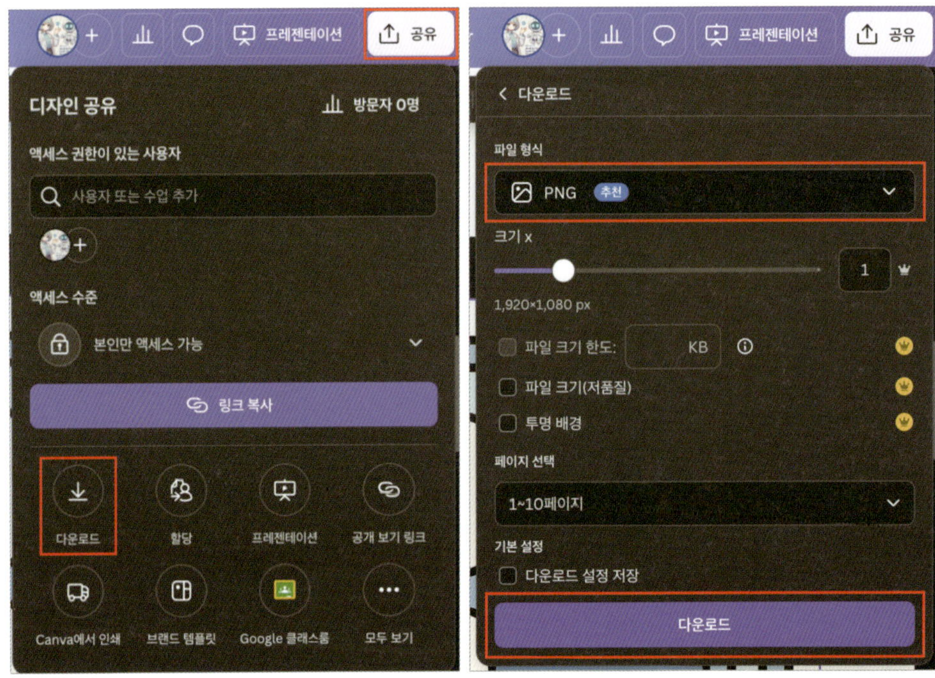

⑯ 다운로드한 이미지를 브루에 업로드한다. 브루 접속 후 로그인 - [삽입] - [이미지·비디오]를 선택한다.

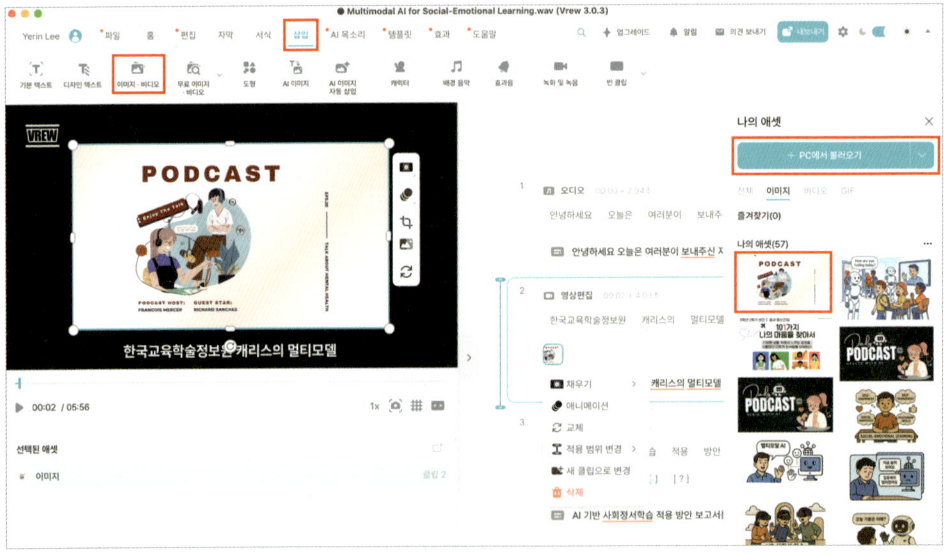

⑰ 이미지를 영상 화면에 맞게 크기를 조절한다. 영상에서 해당 이미지가 보여질 범위를 정한다. 재생하여 소리를 듣고 자막을 수정한다. 편집 작업을 끝낸 후 내보내기로 영상을 저장한다.

샘플 영상

샘플 영상
- https://joo.is/LM

다. 릴리스AI(Lily's AI)로 유튜브 요약하기

릴리스 AI는 영상, 콘텐츠 등을 요약 정리해 주는 도구이다. PDF 파일이나 영상 링크를 붙여 넣으면 중요한 내용을 요약해 주고 마인드맵을 그려 준다.

① 릴리스 AI 공식 홈페이지(https://lilys.ai/)에 접속한다.

② 요약하고 싶은 유튜브 영상 링크를 복사한다. 유튜브에서 수업에 쓰고 싶은 영상을 찾았다면 '공유' 버튼을 눌러 '링크'를 복사한다.

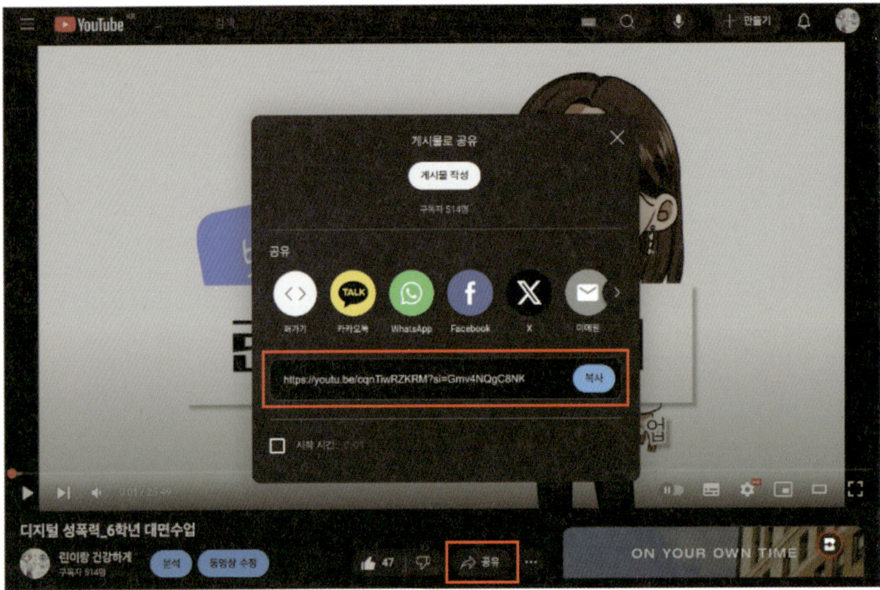

③ 릴리스 AI 사이트에서 입력창에 링크를 붙여넣으면 아래쪽 '선택한 소스'창에 추가된다. [만들기] 버튼을 클릭하면 끝! 몇 초 안에 영상 속 핵심 내용이 요약된다.

④ 요약된 내용을 다른 사람에게 공유하고 싶다면 우측 상단의 '공유' 버튼을 누른다. 노트 보기 권한을 선택하고 '문구 포함 복사' 버튼을 누른다. 복사한 링크를 'Ctrl+V' 키로 원하는 곳에 '붙여넣기' 하면 링크를 공유받은 사람도 요약 내용을 바로 볼 수 있다.

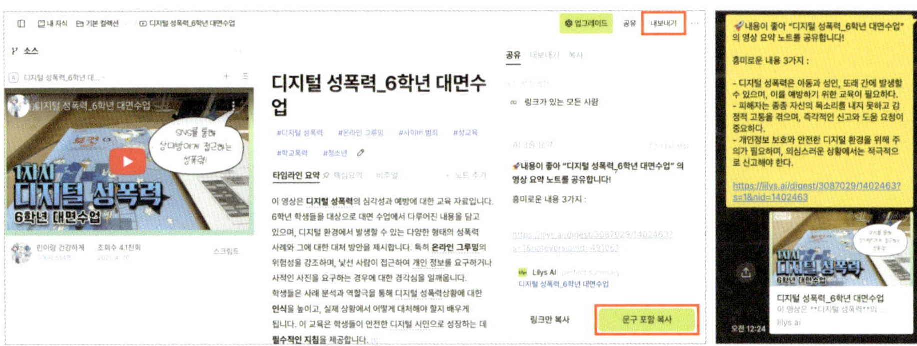

요약한 내용을 캔바에 붙여 넣어 PPT나 카드뉴스로 제작해 볼 수 있다.

연간 보건 업무 스마트하게 관리하기

1. 학기 초 업무

가. 학교 보건 계획 검토

새 학기를 맞아 교육청의 새로운 보건 지침이나 매뉴얼이 공문으로 내려오면, 기존에 작성해 두었던 보건 업무 계획을 다시 조정해야 하는 일이 자주 생긴다. 하지만 일일이 비교하며 수정하는 데에는 시간이 많이 들고, 실수하기도 쉽다. 이럴 때 챗GPT는 "기존 문서에 기반한 수정 요청"을 도와줄 수 있다. GPT는 새로운 내용을 반영해 기존 문장을 매끄럽게 고쳐 주고, 누락된 항목도 제안해 준다.

 너는 초등학교 보건교사야. 20XX 학생 건강증진을 위한 보건 업무 관리 계획을 20XX학년도 학교보건 기본방향에 맞게 수정해 줘. 추가할 업무나 빼야 할 항목이 있으면 알려줘.

첨부 파일:

 20⬛⬛ 학생 건강증진을 위한 보건업무 관리 ...
PDF

 20⬛⬛학년도 학교보건 기본방향(학교 보건 ...
PDF

 두 문서를 종합 비교 분석한 결과, 「20XX학년도 학교보건 기본방향(서울특별시 교육청)」의 주요 변경사항에 따라 기존 「20XX 학생 건강증진을 위한 보건 업무 관리 계획」에 다음과 같은 수정을 반영할 것을 권고드립니다.

☑ **수정 및 추가가 필요한 항목 요약**

1. 감염병 예방 및 교육 강화
- **추가 사항:**
  - 전 교직원 대상 **감염병 예방 교육** 연 1회 이상 필수 이수(법정의무교육, 최소 1시간)
    → 보건 업무 연간 계획, 교직원 연수, 보건 업무 세부 계획 항목에 명시 필요
  - **학생 대상 연간 10시간 이상** 보건위생관리 교육 실시 의무화
    → 창의적 체험활동 연계 수업으로 포함 권장
  - **모의훈련:** 감염병 대응 실습형 훈련 연 1회 실시 (교육지원청 또는 자체 훈련) 명시

2. 의약품 관리 기준 정비
- **강화 사항:**
  - 보건교사 부재 시 일반 교직원은 '의약외품'만 취급 가능
  - 의약품과 의약외품은 **분리 보관** 및 사용기한 준수 필수
    → 약품, 비품관리 항목에 해당 기준을 명확히 반영

-중략-

필요한 경우 수정된 파일로 제공받을 수 있다. 다만, 챗GPT는 한글(.hwp) 대신 워드(.docx)만 생성 가능하다.

 워드 파일로 제공해 줘.

 아래 링크에서 수정된 워드 파일을 다운로드하실 수 있습니다.
📄 20XX_보건 업무_관리 계획_수정안.docx
더 보완하거나 기존 계획서에 반영할 형태로 편집해 드릴 내용이 있다면 알려 주세요.

나. 요보호 학생 관리 시스템 구축

1) 설문 문항 만들기- 챗GPT, 구글 폼

요보호 학생을 효과적으로 선별하고 지원하기 위해서는 건강 취약 학생을 조기에 식별할 수 있는 간단하고 핵심적인 건강 설문지가 필요하다.

그러나 설문 문항을 일일이 만들기엔 시간이 부족하고, 문항이 너무 많거나 어렵다면 응답률이 떨어질 수 있다. 이럴 때 챗GPT를 활용하면 학생 눈높이에 맞고 명확한 목적을 가진 문항을 빠르게 생성할 수 있다.

너는 초등학교 보건교사야. 학기 초 요보호 학생을 선별하기 위해 건강 설문을 만들려고 해. 다음 조건을 반영해서 5~7문항으로 구성해 줘.

[조건]
대상: 초등학생 전 학년
목적: 건강 취약 아동(만성 질환, 잦은 결석, 심리적 어려움 등) 파악
문항 유형: 체크리스트 또는 객관식 중심
표현: 초등학생이 이해하기 쉬운 문장
응답 형식: '예/아니오', '자주/가끔/전혀' 등

[출력 형식]
문항 번호
문항 내용
- 응답 유형 예시 포함

요즘 자주 아프거나 피곤한 느낌이 드나요?
→ 예 / 아니오
감기, 복통, 피부 가려움증 같은 증상이 자주 있나요?
→ 자주 / 가끔 / 전혀
하루 세 끼 식사를 잘 챙겨 먹고 있나요?
→ 예 / 아니오
요즘 따라 기분이 자주 가라앉거나 슬퍼지나요?
→ 자주 / 가끔 / 전혀
학교에 오고 싶지 않다는 생각이 자주 드나요?
→ 자주 / 가끔 / 전혀

- GPT와의 대화를 통한 문항 보완

 좋아, 위 설문에 '만성 질환 관리 중인 학생(당뇨, 천식 등)' 항목을 추가해 줘.
예시 질환을 괄호 안에 적어줘.
- 학부모 대상 설문으로도 쓸 수 있도록 문장을 조정해 줘.

 자녀가 현재 치료 중인 만성 질환이 있나요? (예: 당뇨, 천식, 아토피 등)
→ 예 / 아니오
※ 해당되는 경우 질환명을 간단히 적어 주세요: __________

⭐ 구글 폼 연계 Tip!

- GPT가 생성한 문항을 그대로 구글 폼에 붙여넣기만 해도 설문지 제작이 완료된다.

- 설문지 링크를 학급별로 공유하면 간편하게 응답 데이터를 수집할 수 있다.

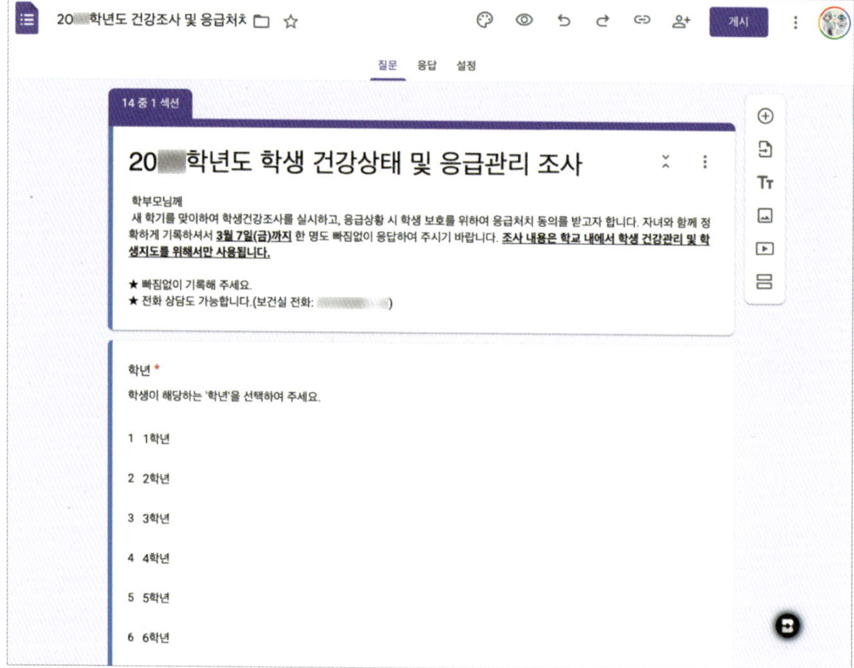

예시용 구글 설문 링크
- joo.is/구글폼설문링크

2) 요보호 학생 선별하기 - 챗GPT, 구글 폼

수집된 데이터를 Excel로 내려받아 익명 혹은 가명 처리 후 GPT에 분석을 요청하면 요보호 대상 학생을 자동으로 분류하거나 요약 정리도 가능하다.

① [응답] – [Sheets에서 보기]를 클릭한다.

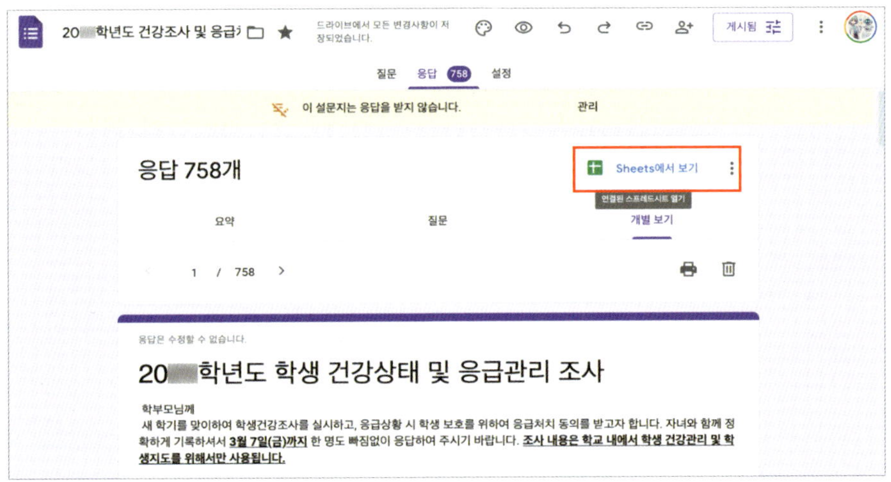

② 생성된 설문지 응답 시트를 다운로드하거나 사본 만들기를 한 후 익명 처리하여 GPT를 활용한 요보호 학생 선별 용도로 활용한다.

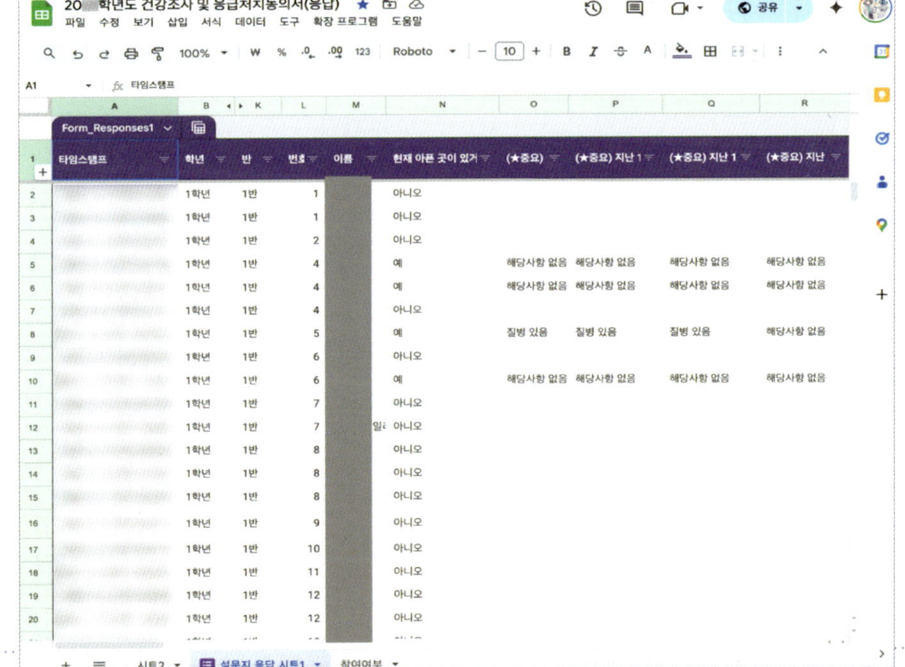

③ [파일] - [다운로드] - [Microsoft Excel(.xlsx)]을 클릭한다.

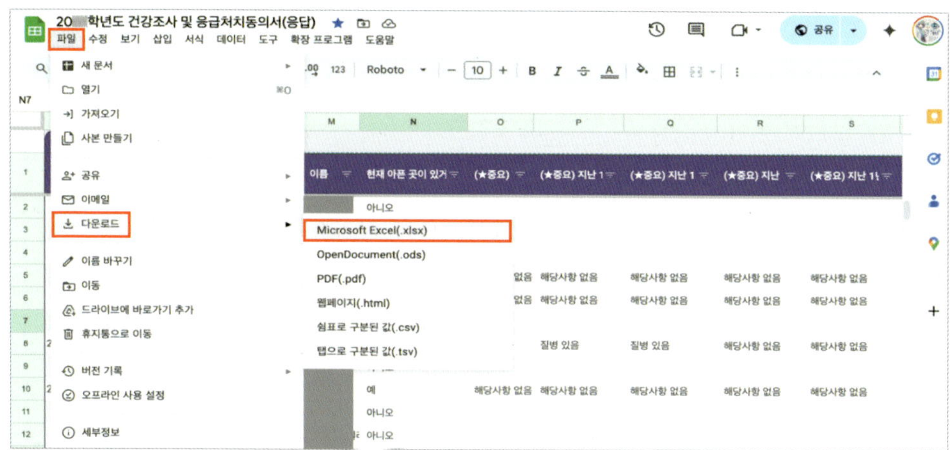

④ [파일] – [사본 만들기]를 클릭한다.

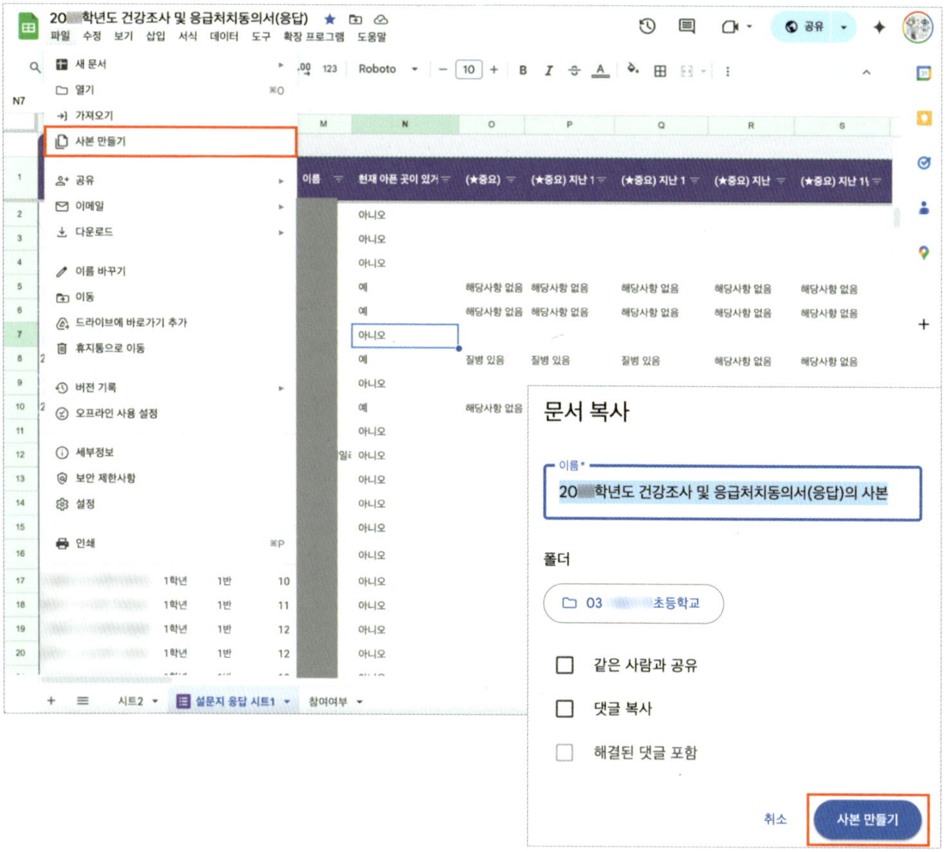

⑤ [설문지 응답 시트]에 커서를 대고 마우스 오른쪽 버튼 클릭 – [설문지 연결 해제] – [연결 해제]를 클릭한다.

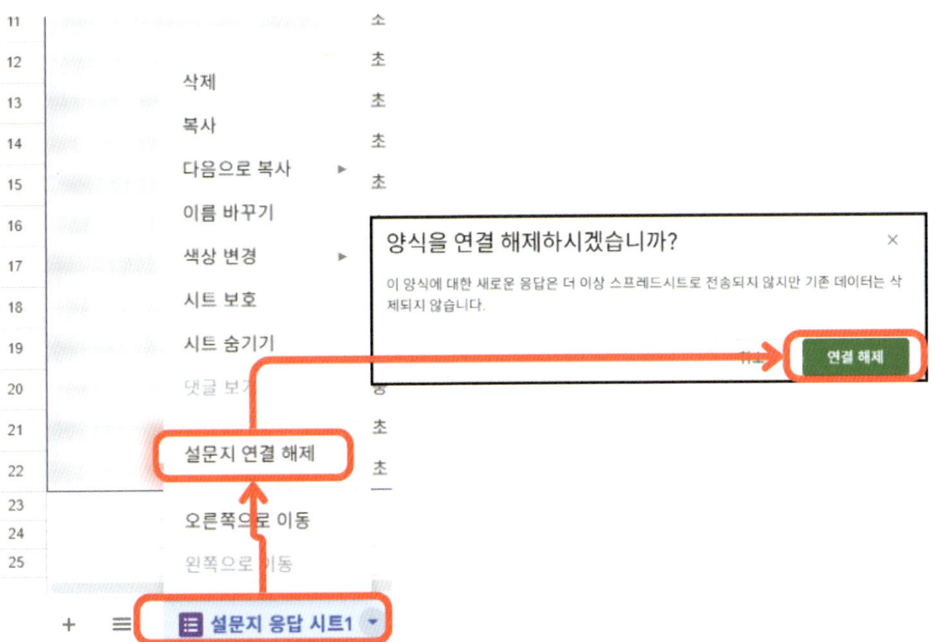

⑥ 가명 처리를 위해 이름 대신 무작위 숫자 또는 문자열로 '가명 코드'를 생성한다. (예: A001, A002, …)

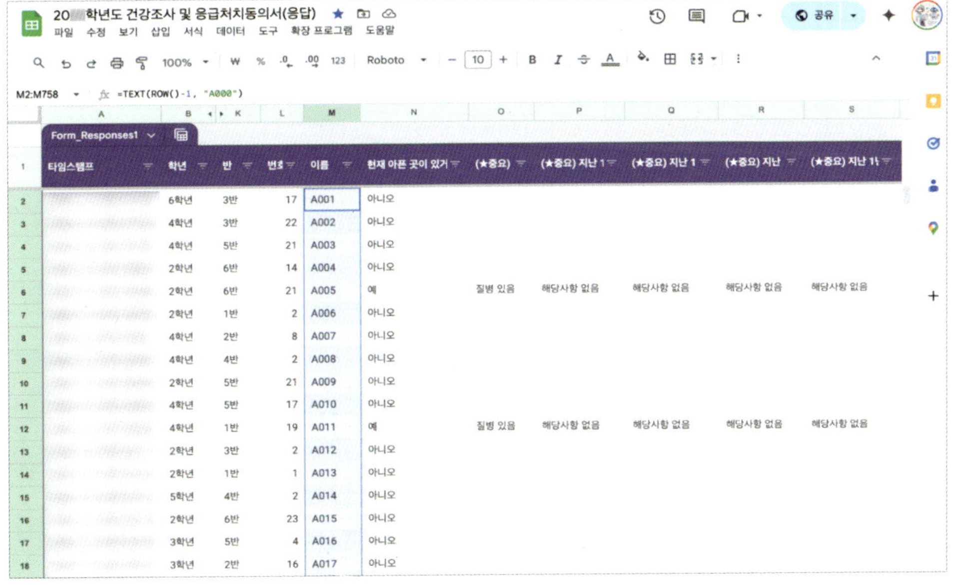

타임스탬프	학년	반	번호	이름	현재 아픈 곳이 있거	(★중요)	(★중요) 지난 1	(★중요) 지난 1	(★중요) 지난	(★중요) 지난 1
	6학년	3반	17	A001	아니오					
	4학년	3반	22	A002	아니오					
	4학년	5반	21	A003	아니오					
	2학년	6반	14	A004	아니오					
	2학년	6반	21	A005	예	질병 있음	해당사항 없음	해당사항 없음	해당사항 없음	해당사항 없음
	2학년	1반	2	A006	아니오					
	4학년	2반	8	A007	아니오					
	4학년	4반	2	A008	아니오					
	2학년	5반	21	A009	아니오					
	4학년	5반	17	A010	아니오					
	4학년	1반	19	A011	예	질병 있음	해당사항 없음	해당사항 없음	해당사항 없음	해당사항 없음
	2학년	3반	2	A012	아니오					
	2학년	1반	1	A013	아니오					
	5학년	4반	2	A014	아니오					
	2학년	6반	23	A015	아니오					
	3학년	5반	4	A016	아니오					
	3학년	2반	16	A017	아니오					

* 가명 처리: 개인정보의 일부를 삭제하거나 일부 또는 전부를 대체하는 등의 방법으로 추가 정보(이하 '추가 정보'라 함)가 없이는 특정 개인을 알아볼 수 없도록 처리하는 것

⑦ Google Sheets에서 '이름' 열의 첫 번째 행과 두 번째 행에 "A001, A002"을 입력 후 두 셀을 동시에 드래그하면 우측 하단에 채우기 핸들이 나타난다. 채우기 핸들을 아래로 드래그하면 이름을 가명처리할 수 있다.

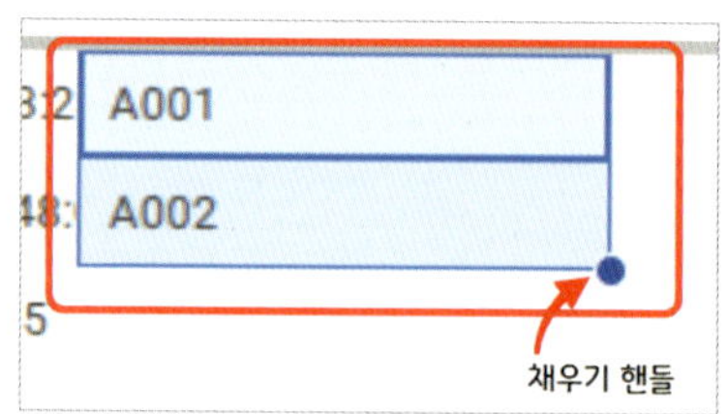

⑧ '번호' 열의 필터 모양 – 정렬, 오름차순

'반' 열의 필터 모양 – 정렬, 오름차순

'학년' 열의 필터 모양 – 정렬, 오름차순

순서대로 클릭하면 학년, 반, 번호 순서대로 학생 명단이 정렬된다. 학년, 반, 번호, 이름(가명)을 복사하여 새로운 시트에 저장한다.

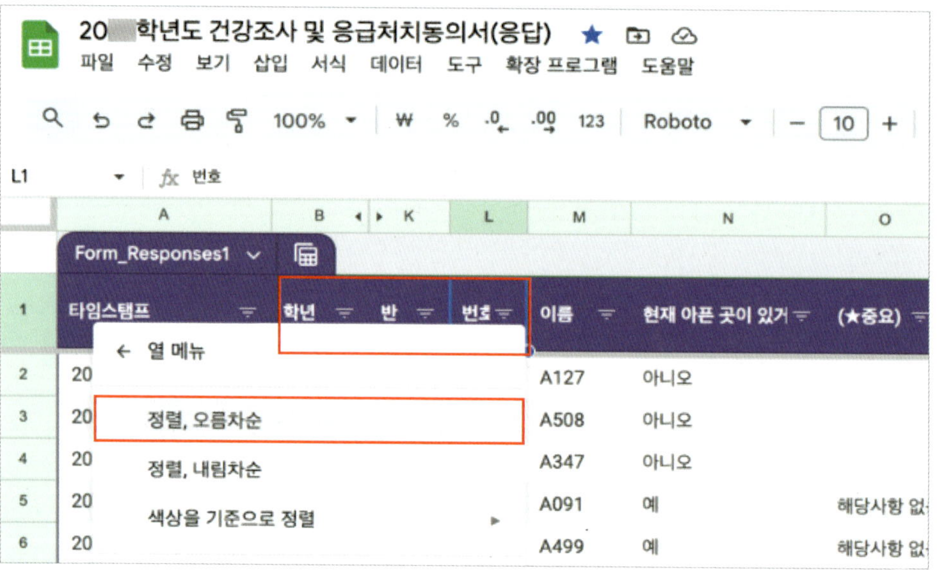

⑨ 학년 – 반 – 번호와 가명 대응표로 활용한다.

(암호화하거나 타인에게 공유하지 않는다.)

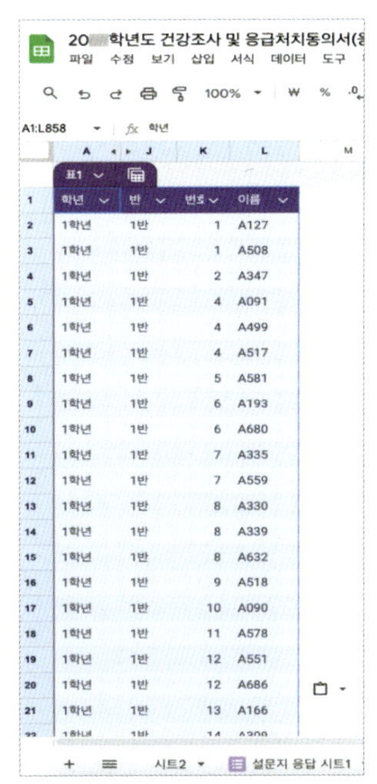

이렇게 학년, 반, 번호 열을 삭제하여 가명 처리된 건강 조사 데이터로 GPT를 활용한 보건 업무에 활용할 수 있다.

이제 가명 처리된 파일을 기반으로 요보호 학생을 선별해 보자. 건강 문제가 있나요? 항목에 '예'라고 응답한 학생만 필터링하여 표시한다. 보호자 연락처 등 개인정보가 적힌 열을 삭제한다.

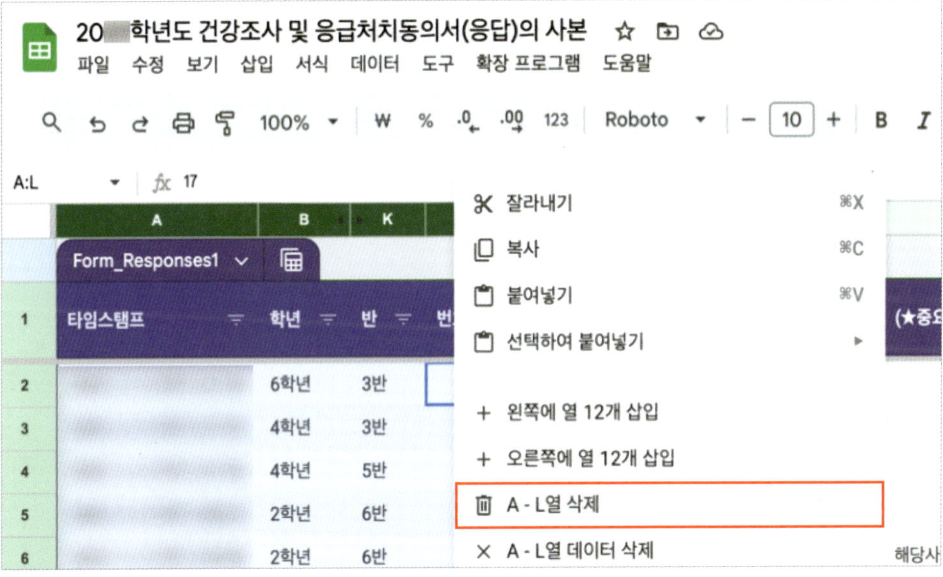

(가명 처리 및 식별 가능한 개인정보(학년, 반 번호, 연락처 등)가 삭제된 건강 조사 엑셀 파일)

이 파일을 기반으로 요보호 학생을 선별해 줘.

업로드하신 '설문지 응답 시트1'에서 요보호 학생으로 분류할 수 있는 기준에 따라 데이터를 선별하겠습니다. ○○선생님이 주신 기준은 다음과 같습니다:

📌 요보호 학생 분류 기준

• 현재 질병이 있거나 건강 상태에 영향을 주는 질환이 있는 경우
• 지난 1년간 중대한 질병 경험(천식, 알레르기, 아토피, 정신과적 질환, 당뇨 등)이 있는 경우
• 장애가 있는 경우
• 현재 약을 복용 중이거나, 수술 또는 입원 이력이 있는 경우
• 학교생활에서 특별한 배려가 필요한 경우(무지외반증, 발달 지연, 뇌전증 등)

이 기준에 따라 요보호 학생에 해당하는 응답자를 선별한 후, 가명(ID)과 주요 사유를 정리해 드리겠습니다. 지금 작업을 진행하겠습니다.

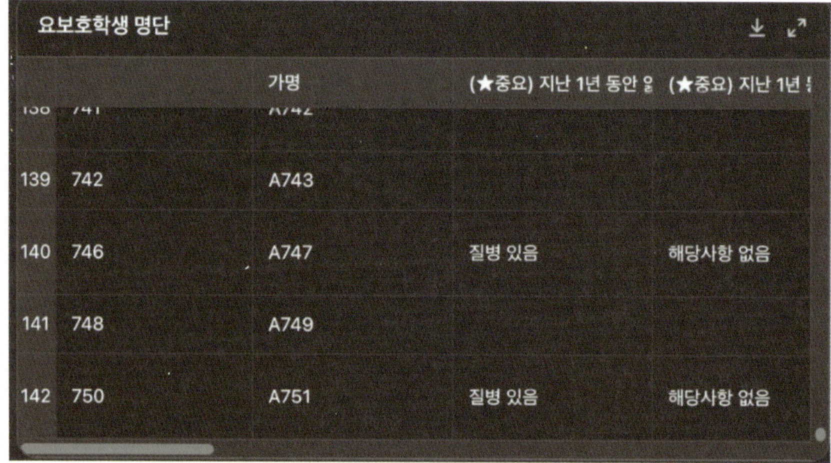

다음은 요보호 학생으로 분류된 학생들의 명단입니다.

이 명단은 다음의 기준을 모두 반영하여 추출되었습니다:

• 현재 건강 상태에 영향을 주는 질병 보유 여부
• 지난 1년간 주요 질환(알레르기, 아토피, 천식, 당뇨 등) 경험
• 약 복용, 수술/입원 이력
• 학교생활 시 건강상 배려 필요 여부

요보호 학생 기준을 충실히 반영하여 최종 선별된 명단을 완성하였습니다. 위에서 확인하신 표를 기반으로 확인하거나, 아래 버튼을 통해 엑셀 파일을 다운로드하실 수 있습니다.

📁 요보호 학생_선별_명단_최종.xlsx

필요시 이 명단을 기반으로 통계 요약이나 추가 정리가 가능합니다. 원하시면 다음 단계로 도와드리겠습니다.

3) 특정 질환 학생을 공문 양식에 맞게 보고해야 할 때

학교 보건교사는 학기 초나 분기별로 특정 질환(당뇨, 희귀난치성 질환 등)을 앓고 있는 학생의 현황을 교육청에 보고해야 한다.

구글 설문이나 스마일 보건 시스템을 통해 가명 처리된 건강 정보가 수집된 이후, 이 데이터를 공문 양식에 맞는 표 형식으로 정리하여 보고문 형태로 제출해야 한다.

이 과정을 수작업으로 처리하면 시간이 많이 걸리므로, GPT를 활용해 보고용 표와 공문 초안을 만들면 업무를 훨씬 간소화할 수 있다.

(가명 처리 및 식별 가능한 개인정보(학년, 반 번호, 연락처 등)가 삭제된 건강 조사 엑셀 파일)
위 리스트는 우리 학교 아이들의 요보호 학생들의 질환에 대한 정보야.

(공문 내용)
위와 같은 공문이 왔어.

[조건]
(당뇨병 학생 재학 및 지원 현황 서식 내용)
당뇨병 학생 재학 및 지원 현황 서식에 따라 작성해 줘.

안녕하세요! 요청하신 「20XX년도 당뇨병 학생 재학 및 지원 현황」서식을 아래와 같이 정리해 드릴게요. 지금까지 주신 요보호 학생 정보 중 당뇨병 학생은 확인되지 않았기 때문에 "해당 없음"으로 제출하는 서식 기준으로 작성해 드릴게요.

20◼◼년도 당뇨병 학생 재학 및 지원 현황

(제출기한: 20◼◼. 4. 4. / 기준일: 20◼◼. 4. 1.)

교육지원청명	학교급	설립별	학교명	보건교사수 (기간제, 2인 포함)	제1형 당뇨병 학생수	제2형 당뇨병 학생수
서부교육지원청	초등	공립	○○초등학교	1명	0	0

학교명, 교육지원청명, 보건교사 수는 실제 귀 학교 기준으로 수정하시면 돼요.
학생 수가 없는 경우에도 '해당 없음'으로 반드시 제출해야 함을 잊지 마세요!

보고 표의 양식이 기관마다 다를 경우, "○○교육지원청 공문 양식에 맞게 수정해 줘"라는 후속 프롬프트로 조정 가능하다. 표 대신 서술형 요약을 요청할 경우에도 GPT가 요점을 추출하여 간결한 보고문을 생성한다.

보고 내용 중 중복 질환, 중복 학년, 중복 지원 항목 등이 있을 경우 GPT에 "중복 항목은 하나로 묶어 정리해 줘"라고 요청할 수 있다.

(희귀난치성 질환 등 건강장애 학생 현황 서식)
이 서식에도 작성해 줘.

요보호 학생 정보 중 희귀난치성 질환 또는 건강장애로 보고 대상이 되는 사례들을 검토해 본 결과, 다음 학생들이 보고대상에 해당해요.

✅ **보고서식: 20███년도 희귀난치성 질환 등 건강장애 학생 현황 (4.1. 기준)**

교육지원청명	학교급	설립별	학교명	희귀난치성 질환 재학 현황	석션(기도흡인) 재학 현황	인공도뇨 재학 현황
서부교육지원청	초등	공립	○○초등학교	희귀난치성 질환 학생수: 4명 학교의 지원을 받는 학생수: 0명 보호자가 지원을 요청한 학생수: 0명 학교가 지원하고 있는 학생수: 0명	석션 필요 학생수: 0명 학교의 지원을 받는 학생수: 0명 보호자가 요청한 학생수: 0명 학교가 지원 중인 학생수: 0명	인공도뇨 필요 학생수: 0명 학교의 지원을 받는 학생수: 0명 보호자가 요청한 학생수: 0명 학교가 지원 중인 학생수: 0명

포함된 학생 예시 (희귀난치성 질환/건강장애로 판단된 사례)
모야모야병: 뇌혈관 질환 (난치성, 운동기능 저하 증상 존재)
특발성 혈소판 감소증 자반: 출혈 주의 필요
뇌전증(경련): 약 복용 및 과거 경련 이력
양하지 마비/뇌병변/휠체어 사용 학생: 장애 등록 및 이동 제한 있음
모두 가정에서 치료 또는 보조기구 사용하며, 보호자 요청에 따른 학교 직접 지원 사항은 현재 없음으로 분류돼요.

희귀난치성 질환 기준에 맞는지 한 번 더 검토해 줘.

희귀난치성 질환 및 건강장애 학생 보고 기준 (요약)
건강장애 학생이란?
「장애인 등에 대한 특수교육법」 제15조에 따른 '건강장애'에 해당하며, 만성 질환으로 인해 장기 입원, 통원 치료 등 지속적인 치료와 보호가 필요한 학생이에요.

희귀난치성 질환 학생이란?
「희귀질환관리법 시행령」에서 정한 질환으로, 대표적인 예는 다음과 같아요:
모야모야병, 루푸스, 크론병, 혈우병, 당뇨병, 뇌전증 등

기타 소아암, 면역 결핍, 심각한 혈액 질환, 만성 신장병 등

보고 대상 해당 여부 재검토
진단명 보고 대상 해당 여부 사유

모야모야병  해당 희귀난치성질환법상 등록 가능 질환 (뇌혈관 희귀 질환)

특발성 혈소판감소증 자반  해당 희귀 혈액 질환으로 인정되는 경우가 있음

뇌전증(경련) ✅ 해당 난치성 신경계 질환이며 지속적 치료 필요

양하지 마비 / 뇌병변 / 휠체어 사용 ✅ 해당 「장애인 등에 대한 특수교육법」에 따라 건강장애로 분류 가능

CKD (만성신장병) ✅ 해당 신장질환으로 건강장애에 해당 가능 (장기 치료 필요 시)

◦ 이외에도 치료 중인 만성 질환이 정기적인 치료·약물 복용·의학적 관찰이 필요한 경우 → 해당 가능 (단, 진단명만으로는 판단 어려운 경우도 있음)

총 5명 이상이 '희귀난치성 질환 또는 건강장애 학생 현황' 보고대상에 해당합니다.

다만, **"학교의 지원을 받고 있는지 여부"**는 해당 없음으로 작성 가능하며, 보고 누락 방지를 위해 보호자가 요청하지 않아도 해당 학생은 보고해야 해요.

자세한 기준 확인이 필요해.

[건강장애 학생 기준 (특수교육법 기준)]
출처: 「장애인 등에 대한 특수교육법」 제15조

건강장애의 정의
만성 질환으로 인해 3개월 이상 치료가 필요하고, 장기 입원, 통원치료 등으로 교육과정 이수에 어려움이 있는 학생

대표 질환 예시:
백혈병, 소아암
당뇨병
심장병
간질(뇌전증)
천식, 신장병
류마티스 관절염
기타 만성 질환으로 지속적 치료가 필요한 질환 등
건강장애는 질병명보다는 "지속적 치료 + 학업 어려움"이라는 상황이 중요해요.

희귀질환 기준 (「희귀질환관리법 시행령」 별표)
보건복지부 고시 '희귀 질환 산정특례 대상 질환 목록' 참고
(https://www.kdca.go.kr/ → 질병관리청 누리집에서 최신 목록 제공)

[희귀질환 정의]:

유병 인구가 2만 명 미만인 질환
또는 진단이 어렵고 치료법이 없거나 고가인 질환

주요 예시 질환:
분류　　　주요 희귀 질환
신경계　　모야모야병, 근이영양증, 루게릭병, 헌팅턴병 등
혈액 질환　특발성 혈소판감소성 자반증, 재생불량성 빈혈, 혈우병 등
신장 질환　만성 신장병(CKD), 신증후군, 사구체신염 등
내분비　　1형 당뇨병, 부신피질 기능저하증 등
면역　　　원발성 면역결핍증 등
간질/경련성 질환, 뇌전증, 드라벳 증후군 등

[보고 기준 요약 정리]
구분　　　　　　　포함 조건
건강장애 학생　　- 만성 질환 (3개월 이상 치료)
학업 수행에 어려움
희귀 질환 학생　　- 희귀질환관리법상 질환
산정특례 대상 가능성 높음
보고 포함 여부　　보호자 요청 없이도 포함 가능
※ 보고 목적은 '지원 여부 파악'이므로 "학교 지원 없음"이라도 보고

[선생님 참고 Tip]
단순 약 복용이나 외래 진료만으로는 보고 제외될 수 있어요.
"정기적인 검사 + 장기 약 복용 + 증상으로 인한 교육 활동 어려움"이 핵심이에
요!

4) 맞춤형 건강 상담하기

요보호 학생으로 선별된 이후에는 학생 개별 상황에 맞는 맞춤형 건강 상담이 필

요하다. 하지만 모든 학생의 질환, 생활 습관, 심리적 상태를 고려하여 상담 내용을

일일이 작성하고 말로 설명하는 것은 많은 시간과 에너지를 요구한다.

이때 챗GPT를 활용하면 사전 정보(증상, 질환명, 생활 패턴 등)를 바탕으로 개별 상담

문안을 자동 생성할 수 있어 상담 준비 부담을 줄이고, 학생 특성에 맞는 정서적이

고 구체적인 피드백을 제공할 수 있다.

 너는 초등학교 보건교사야. 만성 질환을 가진 요보호 학생과 건강 상담을 진행하려고 해.
학생의 상태와 생활 습관에 맞춘 개별 맞춤형 상담 문장을 작성해 줘.

[입력 정보 예시]
학년: 6학년
질환: 천식
생활 습관: 실외 활동 후 기침 잦음, 밤에 호흡 곤란 있음
최근 방문 사유: 체육활동 후 숨이 차서 보건실 방문
상담 목적: 증상 조절 방법 교육 및 심리적 안심 유도

[조건]
상담 문장은 학생과 1:1 대화하는 말투로 작성
너무 무겁지 않게, 따뜻하고 차분한 어조
증상 설명 + 생활 팁 + 정서적 지지 포함
- 5문장 이내로 요약

 "○○야, 체육 시간 이후에 숨이 차고 기침이 나서 많이 불편했지? 이럴 땐 무리하지 말고 먼저 숨을 천천히 쉬면서 몸을 쉬게 해주는 게 중요해. 밤에도 호흡이 힘들 때가 있다면, 베개를 조금 높게 해서 자거나 실내 공기가 너무 건조하지 않게 해 보자. 천식은 조절이 가능한 질환이니까, 불안해하지 않아도 괜찮아. 필요할 땐 언제든 보건실로 와서 선생님이랑 같이 이야기하자."

추가 정보가 생기면 다음과 같은 후속 프롬프트로 상담문을 보완할 수 있다.

 좋아, 위 상담문에 보호자에게 안내할 수 있는 짧은 문장도 추가해 줘.
보호자용 문장은 정중하고 간결한 어조로 작성해 줘.
질환 관리에 도움이 되는 생활 팁이 포함되었으면 좋겠어.

 "○○ 학생은 실외 활동 후 천식 증상이 나타나고 있어 무리한 운동을 피하고, 실내 공기 관리에 유의할 것을 권장드립니다. 필요 시 병원 진료를 통한 약물 조정도 검토해 주시기 바랍니다."

★ GPT 활용 Tip!

- 유형별 상담문 템플릿을 저장해 두면 유사 상황에 반복 활용 가능하다.
- 학생의 반응이나 상담 이후 경과를 GPT에 요약하도록 요청하면 추가 상담 기록이나 상담 일지 작성에도 유용하다.
- "○○ 상황에서 학생이 이런 반응을 보였는데 어떻게 도와주면 좋을까?"처럼 정서적 접근에 대한 피드백도 요청 가능하다.

5) 요보호 환자 관리 계획서 작성하기

학교 보건 업무에서 요보호 학생을 식별한 이후에는, 해당 학생의 건강을 지속적으로 관리하기 위해 '요보호 환자 관리 계획서'를 작성해야 한다.

이 문서는 학생의 질환명, 증상, 응급 시 대처 방안, 보호자 협조 사항 등을 정해진 양식에 따라 체계적으로 정리해야 하며, 학기 초나 보건 업무 점검 시 반드시 준비되어 있어야 하는 문서다.

챗GPT를 활용하면 기존 학교 양식의 구조를 반영하여 빠르고 정확하게 작성할 수 있으며, 학생 개별 정보에 따라 맞춤형 문구를 자동 생성할 수 있다.

너는 초등학교 보건교사야. 요보호 학생 관리 계획서를 작성하려고 해.
우리 학교에서 사용하는 양식은 다음과 같은 항목으로 구성되어 있어.
학생 개별 건강 정보를 기반으로 이 양식에 맞는 관리 계획서를 작성해 줘.

[양식 항목]
학생 정보: 학년, 반, 번호, 성명(가명 가능)
질환명 및 상태
증상 및 주의할 상황
일상 관리 방안
응급 시 대처 방법
보호자 및 담임교사 협조 사항
보건교사의 지도 계획

> [입력 정보 예시]
> 질환: 제1형 당뇨병
> 상태: 매일 인슐린 주사, 저혈당 증상 있음
> 증상: 어지럼증, 식은땀, 창백함
> 일상 관리: 식사 전 혈당 체크, 체육 전 간식 섭취
> 응급 시: 혈당 수치 측정 후 필요 시 단당류 제공
> 보호자 요청: 저혈당 발생 시 즉시 연락
> - 보건교사 계획: 월 1회 상담, 급식 전 혈당 체크 확인

 요보호 학생 관리 계획서 (20XX학년도)

- 질환명 및 상태: 제1형 당뇨병 / 인슐린 자가주사 중
- 증상 및 주의할 상황: 저혈당 시 어지럼증, 식은땀, 창백함 발생 가능
- 일상 관리 방안: 아침, 점심 식사 전 혈당 체크 / 체육활동 전 간식 섭취 지도
- 응급 시 대처 방법: 혈당 수치 확인 → 70mg/dL 미만 시 단당류(포도당 캔디 등) 제공 → 보호자 연락
- 보호자 및 담임교사 협조 사항: 수업 중 이상 증상 관찰 시 보건실 즉시 인계 / 저혈당 발생 시 보호자 연락 필수
- 보건교사의 지도 계획: 매월 1회 상담 실시 / 급식 전 혈당 측정 여부 확인 기록

★ GPT 활용 Tip!

- 양식 항목이 학교마다 다를 수 있으므로 처음 프롬프트에 반드시 "우리 학교에서 사용하는 양식은 다음과 같다"라는 구체적 항목 제공이 중요하다.
- 관리 계획서를 여러 명에게 동시에 적용하고자 할 경우, "아래 3명의 학생에 대해 각각 요보호 학생 관리 계획서를 작성해 줘"라고 요청하면 일괄 생성도 가능하다.

6) 학생 방문 현황 보고 및 전체 메시지 보내기

학교 보건실에는 하루에도 수십 명의 학생이 방문하며, 그중 일부는 감염병 의심, 부상, 반복적 증상, 특이 질환 등 특별 관리가 필요한 경우에 해당한다.

　보건교사는 이러한 상황을 담임교사에게 정리하여 간단한 보고를 하거나, 전체 학년 또는 전 교직원 대상 메시지를 통해 협조 요청을 해야 한다. 챗GPT를 활용하면 보건실 방문 기록을 요약하고, 목적에 맞는 메시지를 빠르게 생성할 수 있다.

 너는 초등학교 보건교사야. 이번 주 보건실 방문 학생 기록을 요약해서 담임교사에게 전달할 메시지를 만들려고 해.
다음 조건을 반영해서 메시지를 간단히 정리해 줘.

[입력 정보 예시]
기간: 5월 13일 ~ 5월 17일
총 방문 학생 수: 48명
주요 증상: 복통(12명), 기침/인후통(9명), 경미한 상처(8명), 두통(7명), 피로/기운 없음(6명)
감염병 의심 학생: 5명 (모두 인후통 + 발열)
조치: 3명 귀가 조치, 2명 담임 통보 후 가정 모니터링

[조건]
메시지 형식: 주간 보고용 공지 스타일
문장 수: 4~6문장
- 말투: 간결하고 정중하게

 📌 5월 13일(월)~17일(금) 보건실 이용 현황 안내

이번 주 보건실에는 총 48명의 학생이 방문하였으며, 주요 증상은 복통(12명), 기침 및 인후통(9명), 경미한 상처(8명), 두통(7명) 등이었습니다.
이 중 감염병 의심 증상(인후통+발열)을 보인 학생은 5명이며, 3명은 귀가 조치되었고 2명은 담임 선생님께 안내 후 가정 모니터링 중입니다.
특정 증상이 반복적으로 발생하는 학생은 보건실에서 별도 상담을 진행하였습니다.
학급 내 유사 증상 발생 시 보건실로 바로 안내해 주시면 감사하겠습니다.
협조에 늘 감사드립니다.

○○초등학교 보건교사 ○○○ 드림

　전체 메시지 또는 학년 공지를 위한 프롬프트는 다음과 같이 작성할 수 있다.

 위 내용을 전 학년 담임교사 단톡방 또는 학부모 대상 알림장에 보낼 수 있도록 메시지를 다시 작성해 줘.
감염병 유행 가능성에 대해 부드럽게 경고
학급 내 유사 증상 발견 시 보건실로 즉시 안내하도록 요청
- 문장 수: 3~5문장

 "최근 보건실에 인후통과 발열을 동반한 증상으로 방문하는 학생들이 다수 발생하고 있습니다.
학급 내 유사 증상이 있는 경우, 빠르게 보건실로 안내해 주시고, 가정에서도 건강 상태를 면밀히 확인해 주시길 부탁드립니다.
학생들의 건강한 학교생활을 위해 지속적인 관심과 협조 부탁드립니다."

★ GPT 활용 Tip!

"이번 주 감염병 의심 학생만 추려서 요약해 줘.", "복통이 가장 많았던 요일이 언제인지 알려줘." 같은 요청으로 데이터 기반 인사이트 도출도 가능하다. 기존의 보건일지 프로그램 내의 통계 자료나 Excel로 수집한 기록에서 특정 키워드 추출 후 GPT에 입력하면 학급별, 성별, 요일별 패턴 분석까지 가능하다.

2. 정기 업무

가. 학생 건강검사 운영

1) 학생 건강검사 계획

학생 건강검사 계획은 보건교사가 새 학년이 시작되면 가장 먼저 수립해야 하는 연간 계획 중 하나이다. 학교보건법 제7조에 따라 학교는 매년 1회 이상 학생 건강검사를 실시해야 하며, 검사 항목과 대상, 시기, 방법, 위탁 병원 여부 등을 포함한 세부 계획서를 사전에 학교장 결재를 거쳐 수립한다.

이때 챗GPT를 활용하면, 기존 계획서를 기반으로 새 학년도 지침에 맞춰 구조를 빠르게 수정하거나, 학년별 검사 항목을 정리한 표 형태의 계획서 초안을 자동으로 생성할 수 있다.

또한, 계획서에 들어갈 행정 문구나 목적·의의·추진 절차 등 설명 문단도 GPT가 정리해 주어 업무 부담을 줄일 수 있다.

 너는 서울 ○○지역의 도시형 소규모 초등학교 보건교사이며, '20XX 한눈에 보는 보건 업무 길라잡이'와 교육청 가이드라인을 참고하고 있다.

아래 조건을 모두 반영하여 **학교보건 연간 운영계획 초안을 표 형식**으로 작성해 줘.

● 학교 특성: ○○지역 / 도시형 / 소규모(전교생 100명 이하)

● 작성 기준: **작년에 사용한 학교보건 연간 계획서 양식 형식을 그대로 유지**

● 표 구성: 월 / 주요 업무 / 세부 내용 / 비고

● 반드시 포함할 항목:

· 보건실 운영 및 정비

· 학생 건강검사(구강, 시력, 소변 등), 감염병 예방 및 대응

· 예방 접종 확인 및 안내

· 요보호 학생 파악 및 관리

· 응급환자 관리, 보건 교육 수업, 계절별 건강 이슈 대응

· 학부모 소통, 교직원 대상 교육 및 연수

● 내용은 **'20XX 한눈에 보는 보건 업무 길라잡이'의 지침과 권장사항을 기반으로 구성**

● 실무에서 자율 조정 가능한 부분은 "학교 상황에 따라 조정 가능" 또는 "추측입니다"로 표시해 줘

● 마지막 열(비고)에는 **특기사항이나 주의 사항, 예산 연계 필요 여부** 등을 간단히 적어줘

첨부 파일:
| (수정2)20▧▧ 한눈에 보는 보건업무 길라잡... PDF | 20▧▧학년도 학교보건 기본방향(학교 보건 ... PDF |
| 20▧▧학년도 보건교육 및 학생건강증진 계획... PDF | 20▧▧ 학생 건강증진을 위한 보건업무 관리 ... 파일 |

 아래는 '20XX 한눈에 보는 보건 업무 길라잡이'와 교육청 지침을 기반으로, ○○ 지역 도시형 소규모 초등학교(전교생 100명 이하)의 실정을 반영하여 작성한 학교보건 연간 운영계획 초안입니다.

☑ 문서 형식은 작년 연간계획서 양식(월/주요 업무/세부 내용/비고)에 맞추었고, 각 항목은 공식 지침에 기반하되 학교 자율 조정이 필요한 부분은 "학교 상황에 따라 조정 가능" 또는 "예산 연계 가능" 등으로 명시하였습니다.

☑ 필요 시 수정하거나 교무협의회 안건으로 상정 가능한 형식으로 구성되어 있습니다. 추가 요청 시 워드 문서로도 정리해 드릴 수 있습니다.

ChatGPT 4o ⌄   ✕   20▨ 학교보건 연간계획 ⌄

되어 있습니다. 추가 요청 시 워드 문서로도 정리해 드릴 수 있습니다.

[>-]

문서로 정리해줘.

📄 20▨ 학교보건 연간계획

대신 채팅에서 답합니다 >

요청하신 내용을 바탕으로 「20▨학년도 학교보건 연간 운영계획 초안」을 문서로 정리했습니다. 문서 제목은 **'20▨ 학교보건 연간계획'**이며, 향후 수정이나 추가 요청 시 이 문서를 계속 활용할 수 있습니다. 필요하시면 워드 파일 형식으로도 제공해드릴 수 있어요.

20▨학년도 학교보건 연간 운영계획 초안 (○○지역 도시형 소규모 초등학교 기준)

월	주요 업무	세부 내용	비고
3월	보건실 운영 및 정비	보건실 환경 점검 및 비품 정비, 의약품 유효기간 확인	예산 연계 가능
3월	학생건강검사 계획 수립	시력·구강·소변검사 계획 수립 및 기관 선정	검사기관과 일정 조율 필요
3월	요보호학생 파악 및 관리	건강실태조사 및 요보호학생 선별	교직원 안내 병행
3월	응급환자 관리 계획 수립	응급환자 대응 매뉴얼 마련 및 교직원 연수	심폐소생술 교육 일정 포함
3월	보건교육 수업 시작	교육과정 편성에 따라 수업 운영 시작	학교 상황에 따라 조정 가능
4월	학생건강검진 실시(구강)	검진기관 방문 또는 학교 내 실시	보건소 연계 필요 시 협조 요청
4월	보건의 날 행사(4.7)	건강생활습관 교육 및 캠페인	소규모 운영 권장
5월	신체발달상황 검사 및 추후관리	검사 및 이상소견자 가정통신 발송	학생별 추후관리 포함
5월	신입생 예방접종 확인	예방접종 미완료자 확인 및 가정 안내	예방접종도우미 활용
5월	교직원 응급처치 연수	심폐소생술 등 응급대응 훈련	보건교사 학무 확인

무엇이든 물어보세요

+ ⇄ 도구

ChatGPT는 실수를 할 수 있습니다. 중요한 정보는 재차 확인하세요.

2) 학생 건강검진 안내

학생 건강검진은 보호자의 협조와 이해가 반드시 필요한 중요한 보건 업무이다. 특히 위탁 병원에서 건강검진을 진행하는 경우, 검진 항목, 장소, 일정, 준비물, 주의 사항, 비용 등 다양한 정보를 보호자에게 명확히 안내해야 한다. 또한, 건강검진 후 이상 소견이 발견되었을 때의 조치 절차도 사전에 안내하는 것이 바람직하다.

챗GPT는 이러한 안내문을 간결하고 공손한 문장으로 정리하여, 가정통신문, 문자 안내, 홈페이지 게시글 등 다양한 형태로 활용할 수 있도록 도와준다.

나는 초등학교 보건교사야.

20XX학년도 학생 건강검진 안내 가정통신문을 작성하려고 해.

검진 대상 학년은 1, 4, 6학년이며, 장소는 위탁 병원, 일정은 5월 15일, 비용은 무료야.

검진 항목과 주의 사항, 이상 시 보건실 연락 안내까지 포함해 공손한 말투로 정리해 줘.

다음은 ○○선생님의 학교 상황과 요구를 반영하여 작성한 **20XX학년도 학생 건강검진 안내 가정통신문**입니다. 학교 보건 교육 문서에 어울리도록 공손하고 명확한 문체로 구성했습니다.

20XX학년도 학생 건강검진 실시 안내

학부모님 안녕하십니까?

자녀의 건강한 성장과 발달을 위하여 관심과 사랑을 보내주시는 학부모님께 깊이 감사드립니다. 본교에서는 「학교보건법」 및 관련 지침에 따라 아래와 같이 학생 건강검진을 실시하고자 하오니, 검진이 원활히 진행될 수 있도록 협조하여 주시기 바랍니다.

- ▣ **검진 대상**: 1학년, 4학년, 6학년 학생
- ▣ **검진 일시**: 20XX년 5월 15일(목)
- ▣ **검진 장소**: 학교와 계약된 위탁 병원
- ▣ **검진 비용**: 전액 무료 (학교 예산 지원)
- ▣ **검진 항목**:
- 신체 계측 (키, 몸무게, 시력, 청력 등)
- 구강 검진
- 혈압 측정
- 소변 검사
- 건강 문진 (과거력 및 생활 습관 등)
- 기타 건강 상태 전반에 대한 기본 검사

▣ **유의 사항**:
- **검진 당일은 아침식사를 가볍게 하도록 지도해 주세요.**
- **편안한 복장과 운동화 착용을 권장합니다.**
- **구강 검진이 포함되므로, 아침에 반드시 양치질을 하고 등교하도록 해 주세요.**
- 학생 개인의 건강 상태에 따라 일부 항목이 생략되거나 추가될 수 있습니다.

▣ **검진 결과 안내**:

검진 결과는 병원에서 분석 후 학교로 통보되며, 결과지는 추후 가정으로 보내드릴 예정입니다. 건강 이상 소견이 있는 경우, 필요한 경우 추가 진료를 권장드립니다. 학교 보건실에서도 학생의 건강 관리를 위하여 결과를 참고하게 됩니다.

※ 검진 후 건강 관련 문의나 상담이 필요하신 경우, 학교 보건실(☎ XXX-XXXX-XXXX)로 연락 주시기 바랍니다.

자녀의 건강을 함께 지켜가는 든든한 동반자가 되겠습니다.

감사합니다.

20XX년 5월 ○일

○○초등학교장

3) 학부모가 자비로 타 검진기관에서 검진을 받고 문의할 때

학생 건강검진은 교육청 또는 학교가 계약한 위탁 병의원에서 전액 무료로 실시되는 국가 의무 검진이다.

그러나 일부 학부모는 개인 일정이나 병원 선호 등을 이유로 학교 지정 병원이 아닌 타 기관에서 자비로 검진을 받은 후, 학교에 해당 결과를 제출하고 검진 인정 여부를 문의하는 경우가 있다.

이 경우 보건교사는 교육청 건강검진 지침, 인정 가능 조건, 기록 반영 여부, 행정처리 방식을 기준으로 판단해야 하며, 상황에 따라 결과를 인정할 수 있는 경우와 불가능한 경우를 구분하여 학부모에게 정중하게 안내해야 한다.

챗GPT는 이처럼 민감한 응대 상황에서 학부모 안내문, 문자 메시지, 공손한 설명 문구를 손쉽게 정리할 수 있다.

 **너는 서울 소재 초등학교 보건교사이며,** 학생 건강검진과 관련된 법령 및 지침을 바탕으로 업무를 수행하고 있어.

아래 상황에 대해 명확한 법적·행정적 기준을 설명해 줘.

● 상황:

학교에서 지정한 검진기관 외에 **학부모가 자비로 대학병원 또는 인근 병원에서 검진을 실시한 경우**

해당 검진결과서를 학교에 제출한 상태

대상은 초등학교 건강검진 대상 학년(예: 1, 4학년)

● 질문:

1. 이 경우, **학교 지정 검진기관에서 다시 검진을 받아야 하는지** 여부

2. **사설기관 검진 결과가** 학교 건강검진으로 **공식 인정 가능한 조건 또는 기준**

3. 관련 지침 또는 법령 조항(예:「학교건강검사규칙」, 교육청 지침 등)을 명확히 근거로 제시

4. 교육청이나 학교 재량으로 인정 여부를 판단할 수 있는 **행정적 여지가** 있는지도 알려줘.

● 문서에 명시되지 않거나 확실하지 않은 부분은 "확실하지 않음" 또는 "추측입니다"로 구분해 줘.

 ○○선생님의 상황에 대해 「학교건강검사규칙」 및 관련 교육청 지침을 바탕으로 검토한 결과, 다음과 같이 정리할 수 있습니다.

☑ **질문 1:**

학교에서 지정한 검진기관 외에 자비로 검진받은 경우, 학교 지정 기관에서 다시 검진받아야 하나요?

▶ **결론:**

반드시 그렇지는 않습니다. 다만, **검진기관의 요건과 검진 항목이 학교 검진 기준에 부합할 경우에 한해 인정될 수 있습니다.**

☑ **질문 2:**

사설기관(예: 대학병원) 검진 결과가 학교 건강검진으로 인정되기 위한 조건은 무엇인가요?

▶ **관련 법령 및 기준:**

1. **「학교건강검사규칙」 제3조 제1항**

   학교장은 제2조제1호의 건강검사(건강검진)를 제2항에 따른 검진기관에 의뢰하여 실시하여야 한다.

2. **같은 조 제2항**

   검진기관은 국민건강보험공단과 건강검진 업무를 위탁받은 의료기관, 또는 시·도 교육감이 정한 기관이어야 한다.

3. **교육부 건강검진 업무 지침(예시: 서울특별시교육청)**

   "검진기관 외에서 개인적으로 받은 건강검진 결과는 '검진기관과 동일한 검사 항목, 검진 연도, 결과표 형식'을 충족하는 경우에 한해 학교 건강검진으로 인정할 수 있음."

☑ **질문 3:**

교육청이나 학교의 재량으로 인정 여부를 판단할 수 있나요?

▶ **부분적 행정 재량 있음.**

- **「학교건강검사규칙」**에는 '학교장이 검진기관에 의뢰하여야 한다'고 규정되어 있으나,

- 실무적으로는 **교육청 지침 또는 관행**에 따라, 학교장이 예외적으로 개인 검진결과를 인정하는 사례가 존재합니다.

- 특히 **보건교사와 학교장이 함께 판단**하여, 학생의 건강권 보호를 위해 중복 검진을 피하고 결과를 인정하는 방식으로 처리됩니다.

☑ 단, **검진결과가 불충분하거나 항목 누락, 비공식 양식일 경우 인정이 어려우며** 재검진을 권고해야 합니다.

✅ 결론 요약:

항목	판단
학교 지정 외 병원 검진 인정 가능 여부	가능 (조건 충족 시)
다시 검진받아야 하나?	조건 미충족 시 필요
기준 법령	「학교건강검사규칙」 제3조
행정 재량 여부	교육청 지침 및 학교장 판단에 따라 일부 재량 가능
확실하지 않은 부분	일부 교육청의 구체적 해석이나 인정 사례는 지침이 상이할 수 있음 → "확실하지 않음"

📄 참고 문서
- 「학교건강검사규칙」 국가법령정보센터 링크
- 서울특별시교육청 「학생건강검진 업무 매뉴얼」 또는 각 교육지원청 건강검진 시행지침

필요 시, ○○선생님이 소속된 교육지원청 건강검진 담당자에게 "사설 검진 결과 인정 가능 여부 및 필요한 서류"를 문의하여 **서면 확인**을 받는 것을 권장합니다.

학부모 응대 문구를 작성하도록 요청할 수 있다.

 나는 초등학교 보건교사야.

학부모가 자녀의 건강검진을 학교 지정 병원이 아닌 개인 병원에서 자비로 받고, 그 결과를 학교에 제출해도 되는지 문의해 왔어.

이 경우 교육청 지침에 따라 인정 여부가 달라질 수 있다는 점을 포함해, 정중하고 공손한 안내 문구를 작성해 줘.

 **학부모 응대 문구**

안녕하세요.

학생 건강검진은 교육청 지침에 따라 학교와 계약된 위탁 병원에서 전액 무료로 실시되며, 해당 검진 결과를 바탕으로 건강기록부에 공식 기재하고 있습니다.

타 병원에서 자비로 검진을 받으신 경우, 동일 항목에 대한 공식 진단 결과가 확인되더라도 행정적으로는 건강검진으로 인정되지 않을 수 있으며, 학교장 승인 또는 교육청 지침에 따라 처리될 수 있습니다.

추후 동일 항목의 중복 검진이 발생하지 않도록, 학교 지정 병원을 통한 건강검진에 참여해 주시기를 권장드립니다.

감사합니다.

나. 감염병 예방 관리

1) 교직원 대상 연수를 준비해야 할 때

보건교사는 교직원을 대상으로 감염병 예방 교육, 성폭력 예방 교육 등의 각종 연수를 의무적으로 실시해야 한다. 하지만 매년 전년도 자료를 수정하거나 처음부터 새로 자료를 만드는 것은 시간과 에너지가 많이 든다. 이럴 때는 챗GPT와 한컴독스 AI 기능을 활용해 PPT나 문서를 쉽고 빠르게 만들 수 있다.

 (PPT 초안 제작용)
너는 초등학교 보건교사야. 전 교직원을 대상으로 한 감염병 예방 교육용 PPT를 만들어야 해.
대상은 교사이며, 교육 시간은 1시간 정도야. 다음 조건을 충실히 반영해서 각 슬라이드별 제목과 내용을 구성해 줘.

[조건]
총 10~12슬라이드 분량
주제: 학교에서 주의해야 할 주요 감염병(수족구병, 인플루엔자, 유행성이하선염, 결핵 등)
구성 순서: 감염병 개요 → 감염병별 증상 및 전파 경로 → 등교 중지 기준 → 교사 유의 사항 → Q&A
내용은 간결한 문장으로 정리하되, 최신 정보와 정확한 기준에 기반해 작성할 것
참고 출처: 질병관리청(KDCA), 교육부 감염병 대응 지침 등 **공식 자료를 기반으로 생성**할 것
슬라이드당 3~5줄의 설명 포함

[출력 예시]
　　　감염병이란?
학교에서 발생할 수 있는 주요 감염병은 세균, 바이러스 등 다양한 원인에 의해 전염됩니다. 특히 집단생활을 하는 학교 환경에서는 감염 전파 속도가 빠르므로 예방과 조기 대응이 중요합니다.
출처: 질병관리청 감염병포털, https://www.kdca.go.kr/

　　　인플루엔자의 특징과 전파 경로
...

 다음은 초등학교 교직원을 대상으로 한 감염병 예방 교육용 PPT 구성안입니다. 질병관리청(KDCA) 및 교육부의 공식 지침을 기반으로 작성하였습니다.

감염병이란?

학교에서 발생할 수 있는 주요 감염병은 세균, 바이러스 등 다양한 원인에 의해 전염됩니다. 특히 집단생활을 하는 학교 환경에서는 감염 전파 속도가 빠르므로 예방과 조기 대응이 중요합니다.

출처: 질병관리청 감염병포털, https://www.kdca.go.kr/

학교에서 주의해야 할 주요 감염병

학교에서 주의해야 할 주요 감염병으로는 인플루엔자, 수족구병, 유행성이하선염, 결핵 등이 있습니다. 이들 감염병은 전염성이 높아 집단생활을 하는 학교에서 빠르게 확산될 수 있습니다.

출처: 질병관리청 감염병포털, https://www.kdca.go.kr/

인플루엔자의 특징과 전파경로

인플루엔자는 인플루엔자 바이러스에 의해 발생하며, 주로 호흡기 비말을 통해 전파됩니다. 증상으로는 고열, 기침, 인후통, 근육통 등이 나타납니다.

출처: 질병관리청 감염병포털, https://www.kdca.go.kr/

(중략)

감염병 발생 시 대응 절차

감염병 의심 사례 발생 시 즉시 보건교사에게 보고하고, 필요 시 보건당국과 협조하여 대응해야 합니다. 또한, 학부모와의 소통을 통해 감염병 확산을 방지해야 합니다.

출처: 교육부 감염병 대응 지침, https://www.moe.go.kr/

Q&A

참석자들의 질문을 받고, 감염병 예방 및 대응에 대한 궁금증을 해소하는 시간을 갖습니다.

이 구성을 바탕으로 PPT를 제작하시면, 교직원들이 학교에서 주의해야 할 감염병에 대한 이해를 높이고, 예방 및 대응에 효과적으로 참여할 수 있을 것입니다.

기본 PPT 초안을 받은 후, 실제 학교 상황(예: 최근 감염병 발생 사례, 교육청 강조사항 등)을 반영하고 싶을 때 사용한다. 이 후속 프롬프트는 OpenAI 가이드라인의 "맥락 추가, 피드백 기반 반복 요청, 출력 포맷 고정" 원칙에 기반한다.

 방금 만들어준 PPT 초안에 아래 내용을 반영해서 슬라이드를 수정해 줘.

[학교 및 상황 정보]
최근 우리 학교에서 수족구병으로 등교 중지된 학생이 3명 있었어.
교육청에서 보낸 최근 공문(20XX.5.10.)에 따르면 '신고 지연 시 행정처분 가능성'을 교직원에게 반드시 고지하라고 되어 있어.
우리 교직원들은 감염병의 등교 중지 기준은 자주 헷갈려 하니까 시각적으로 보기 쉬운 표나 요약이 있었으면 좋겠어.

[요청 사항]
3~4번 슬라이드에 위 내용을 반영해서 다시 작성해 줘.
슬라이드 본문은 3~5줄 이내로 요약
가능한 경우 공식 출처(URL 또는 문서명)도 추가해 줘.
- 교육청 공문 인용 시 "20XX.5.10. ○○교육청 공문"처럼 날짜와 기관명을 표기해 줘.

 수족구병 사례와 교내 예방 필요성
최근 우리 학교에서도 수족구병 의심 사례가 3건 발생하여 등교 중지가 적용되었습니다. 감염병 발생 시 보건실에 즉시 보고하고, 증상 소실 전까지는 등교하지 않도록 안내해야 합니다.
출처: 질병관리청 감염병포털, https://www.kdca.go.kr

감염병 발생 시 교직원 유의 사항
20XX.5.10. ○○교육청 공문에 따르면 감염병 발생 시 지연 신고는 행정처분 대상이 될 수 있습니다.
교직원은 보건실에 즉시 통보하고, 출석 인정 여부는 반드시 보건교사와 확인 후 안내해 주세요.

이 후속 프롬프트는 다양한 시나리오에도 재활용할 수 있다.

- 최근 발생한 식중독 사례 반영

- 교직원이 자주 문의하는 항목 반영

- 교육 자료에 퀴즈나 활동 추가 요청

2) 등교 중지/출석 인정이 되는지 문의가 왔을 때

감염병이 발생했을 때, 담임교사들이 가장 자주 묻는 질문 중 하나는 "이 경우 등교 중지가 되나요? 출석 인정이 되나요?"이다. 특히 학부모로부터도 비슷한 질문이 반복적으로 들어오기 때문에, 보건교사는 이를 신속하고 정확하게 안내할 수 있는 표준 문구를 갖추는 것이 매우 중요하다. 이럴 때 챗GPT를 활용하면 질병명별로 등교 중지 기준을 자동으로 정리하거나, 안내 문장을 생성할 수 있다.

너는 초등학교 보건교사야. 담임교사가 "A학생이 ○○병에 걸렸는데 등교 중지 대상인가요? 출석 인정은 되나요?"라고 물었어.
다음 조건을 반영해서 간단하고 정확하게 안내 문구를 작성해 줘.

[조건]
질병: 수족구병
대상: 초등학생
기준: 질병관리청과 교육부 지침 기준
문체: 담임교사에게 전달하는 공식적이고 정중한 어투
출처: 질병관리청 또는 교육부 기준을 근거로 제시

[출력 예시]
질병명: 수족구병
등교 중지 여부: 증상 소실 시까지 등교 중지
출석 인정 여부: 인정됨
설명: 수족구병은 열이 있거나 입안에 수포가 있는 경우 전염력이 있으므로 모든 증상 소실 후 등교를 권장한다.
출처: 질병관리청 감염병포털, https://www.kdca.go.kr

질병명: 수족구병

등교 중지 여부: 증상 소실 시까지 등교 중지

출석 인정 여부: 인정됨

설명: 수족구병은 발열, 수포, 궤양 등이 있는 동안 전염력이 있으므로, 모든 증상이 사라질 때까지 등교를 중지해야 하며, 해당 기간은 「학교보건법 시행규칙」 제8조 및 교육부·질병관리청 지침에 따라 출석으로 인정된다.

출처: 질병관리청 감염병포털, https://www.kdca.go.kr

※ 추가 참고: 교육부 「학교 감염병 예방 및 관리 지침(20XX)」 IV. 감염병별 대응 > 제4장 수족구병.

- GPT와의 대화로 문구 개선하기 (교직원 또는 학부모용)

초안 생성 후, 상황에 맞춰 문체를 조정하거나 목적에 맞게 변형할 수 있다. 예를 들어, 학부모에게 안내할 경우 다음과 같이 후속 프롬프트를 작성할 수 있다.

위 내용을 학부모에게 전달할 수 있도록 친절한 문장으로 바꿔줘.
불안감을 줄이기 위한 정서적 배려 포함해 줘.
문장 수는 2~3문장 정도로 해 줘.
공식 기준임을 강조해 줘.

수족구병은 열이 나거나 입안에 수포가 있을 때 전염 가능성이 있어, 모든 증상이 사라진 후 등교하는 것이 안전합니다.
교육부와 질병관리청의 공식 지침에 따라, 증상 소실 시까지 등교를 중지하며 이 기간은 출석으로 인정됩니다.
아이가 빠르게 회복할 수 있도록 충분한 휴식을 취할 수 있게 도와 주세요.

★ 반복 질문에 대비한 자동화 활용 Tip!

챗GPT에 "질병별 등교 중지 및 출석 인정 기준표를 만들어 줘"라고 요청하면 수족구병, 유행성이하선염, 결핵, 인플루엔자 등의 기준을 표 형태로 정리해 준다. 이 표를 학교 내부 문서나 주간 보건 소식 등에 삽입하여 반복 안내 업무를 줄일 수 있다.

3. 수시 업무

가. 상황별 가정통신문 작성

보건실에서는 감염병 발생, 보건 교육, 계절별 건강 관리 요령 등 다양한 상황에서 신속하고 정확한 가정통신문이 필요하다. 각 상황별로 전달해야 할 핵심 정보와 적절한 어조, 행동 요령이 다르기 때문에 상황에 맞는 맞춤형 작성이 중요하다. 챗GPT를 활용하면 이를 반영한 전문적인 가정통신문을 빠르게 생성할 수 있다. 또한, 학교 상황과 지역 특성을 반영한 개인화된 내용 구성도 가능하다.

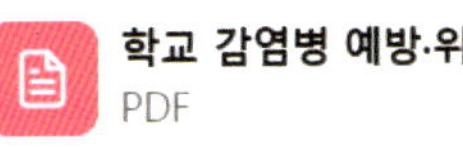 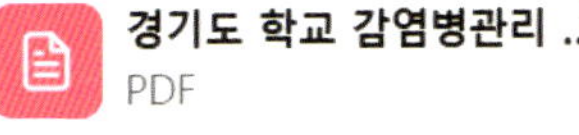

위 그림과 같이 내가 가지고 있는 감염병 매뉴얼을 첨부하여 아래와 같은 프롬프트를 작성하면 더 정확한 답변을 얻을 수 있다. 2장 [나만의 GPTs 만들기 실습]에서 위 매뉴얼을 첨부 파일로 담아 놓은 나만의 비서를 사용해도 좋고, 저자가 만든 초등, 중등용 비서를 사용해도 좋다. 저자는 '학교 감염병 예방·위기 대응 매뉴얼 3판'과 '경기도 학교 감염병 관리 실무 가이드북'을 첨부했다.

 너는 중학교 보건교사야. 우리 학교에 독감(인플루엔자)이 유행하고 있어서 가정통신문을 작성해야 해.

[현재 상황]
- 학교명: ○○초등학교
- 발생 현황: 3학년 2반에서 독감(인플루엔자) 확진 환자 5명 발생
- 시기: 봄철 독감 유행 시기

[포함 내용]
- 현재 발생 상황은 안내하지 말 것
- 독감 증상 및 전파 경로
- 가정에서의 예방 수칙
- 등교중지 기준 및 복귀 조건 (첨부 파일: 감염병 매뉴얼)
- 학교 방역 조치 사항

[조건]
- 대상: 전교생 학부모
- 어조: 침착하되 경각심을 주는 톤
- 과도한 불안감 조성 금지
- 구체적이고 실천 가능한 내용 중심

 **[제목]**

봄철 인플루엔자(독감) 예방을 위한 가정 협조 안내

[인사말]

존경하는 학부모님께. 언제나 본교 교육에 깊은 관심과 성원을 보내주셔서 감사드립니다.

봄철을 맞이하여 인플루엔자(독감) 유행 시기가 도래함에 따라, 인플루엔자(독감) 확진 학생이 늘어나고 있습니다. 학생들의 건강을 지키기 위해 학부모님의 관심과 협조를 부탁드리고자 다음과 같이 안내드립니다.

[본문]

1. 인플루엔자란?

인플루엔자(독감)는 인플루엔자 바이러스에 의해 발생하는 급성 호흡기 감염병으로, 일반적인 감기보다 증상이 갑작스럽고 심하게 니다닐 수 있습니다.

2. 주요 증상

- 갑작스러운 발열 (38℃ 이상)
- 오한, 두통, 근육통
- 마른기침, 인후통, 콧물
- 심할 경우 구토, 설사 등 위장관 증상 동반

3. 전파 경로

- 기침, 재채기를 통한 비말(침방울) 감염
- 감염된 손으로 눈, 코, 입을 만질 때 간접 전파

4. 가정에서 실천할 수 있는 예방 수칙

- 손 씻기, 기침 예절 실천
- 충분한 수분 섭취와 휴식
- 규칙적인 실내 환기
- 증상이 있는 경우 등교하지 않고 집에서 충분한 휴식
- 1인 1개 개인 물품(물병, 수건 등) 사용
- 예방접종은 매년 가을에 권장되나, 유행 시기에도 접종이 가능하므로 의사 상담 권장

5. 학교 조치 사항

- 교실, 복도, 공용 공간에 대한 일일 소독 및 환기 강화
- 보건 교육을 통한 손 씻기, 기침 예절 생활화
- 유증상 학생의 일시적 관찰 및 필요 시 귀가 조치

6. 등교 중지 기준 및 복귀 조건

- 고열, 기침, 인후통 등 인플루엔자 의심 증상이 있는 경우에는 자택에서 휴식을 취하며 등교를 자제해 주시기 바랍니다.

- 등교 중지 기간은 발열이 사라진 후 24시간까지이며, 정확한 기준은 첨부된 감염병 매뉴얼을 참고해 주시기 바랍니다.

※ 등교 중지 및 복귀 관련 사항은 [20XX 학교생활 매뉴얼]을 함께 확인해 주시기 바랍니다.

○○초등학교장 드림

(문의: 보건실 ☎ 031-000-0000)

보건 업무에서는 일반적으로는 기존에 사용했던 가정통신문 양식을 재활용하는 경우가 많다. 하지만 감염병이 지속적으로 발생하거나 상황이 변화할 때마다 동일한 내용의 가정통신문을 반복 발송한다면 학부모들의 피로도가 높아지고 중요한 정보 전달 효과가 떨어질 수 있다.

특히 다음과 같은 상황에서는 차별화된 접근이 필요하다.

- 감염병 추가 확산으로 방역 단계 격상

- 교육청이나 보건 당국의 새로운 지침이 발표된 경우

- 기존 조치 사항에서 변경이나 추가 사항이 발생한 경우

- 학부모 문의가 급증하여 명확한 안내가 필요한 경우 등

이런 상황에서는 기존 가정통신문을 챗GPT에 첨부 파일로 업로드한 후, 상황 변화에 맞는 맞춤형 추가 안내문을 작성하는 것이 효과적이다. 이를 통해 학부모의 혼란을 최소화하면서도 꼭 필요한 정보만을 선별적으로 전달할 수 있다.

너는 중학교 보건교사야. 기존 가정통신문 발송 후 상황이 변해서 추가 안내가 필요해.

[기본 정보]
- 기존 통신문: [첨부 파일 업로드함]
- 변화된 상황: [구체적 변화 내용(예: 확진자 추가 발생, 방역 단계 격상, 새로운 지침 발표 등)]
- 발송 간격: 기존 통신문 발송 후 [○일] 경과
[작성 조건]
- 기존 내용과 중복 금지

> - 변경/추가 사항만 간결하게(학부모 피로도 최소화)
> - "추가 안내"라는 제목 사용
> - 새로운 행동 요구 사항 위주로 작성
>
> 기존 통신문을 참고해서 꼭 필요한 추가 정보만 담은 간결한 가정통신문을 작성해 줘.

다양한 상황에 맞게 프롬프트를 응용할 수 있다.

감염병 확산 시

기존 독감 안내 후 추가 확진자 발생으로 임시 휴업이 결정된 상황이야.
- 휴업 기간, 원격학습 계획, 복귀 조건 변경 사항에 집중해서 작성해 줘.
- 기존 예방수칙은 언급하지 말고 새로운 조치 사항만 안내해 줘.

방역 지침 변경 시

교육청에서 새로운 방역 지침이 내려와서 기존 안내 사항에서 변경된 부분을 추가 안내해야 해.
- 마스크 착용 기준 변경, 등교 중지 기준 완화 등 구체적 변경 사항에 집중
- "기존 안내 사항에서 다음과 같이 변경됩니다" 형식으로 시작해 줘.

학부모 문의 급증 시

기존 통신문 발송 후 학부모 문의가 많아서 자주 묻는 질문들을 정리한 추가 안내문이 필요해.
- FAQ 형식으로 간결하게 구성
- "추가 질의응답 안내" 제목으로 작성
- 기존 내용 반복 없이 실제 문의 사항만 정리해 줘.

나. 보호자/교직원 소통 강화

보건교사는 학생들의 건강과 안전을 담당하는 교내 유일한 의료인으로서, 교직원들과의 즉각적이고 원활한 소통이 필요하다.

하지만 교직원 대상 메시지는 학부모 대상 가정통신문과는 다른 접근이 필요하다. 하루 동안 교사들에게 수많은 메시지가 쏟아지며, 그 사이에서 보건교사가 보낸 메시지를 명확히 이해하고 그 내용에 협조해 주어야 하기 때문이다. 간결하면서도 전문적인 내용으로 구성해야 하며, 즉각적인 협조와 대응이 필요한 경우가 많아 명확한 행동 지침이 포함되어야 한다.

특히 다음과 같은 상황에서는 교직원에게 보내는 메시지가 중요한 역할을 한다.

> • 감염병 발생 시 학급별 대응 지침 전달　　• 건강검진이나 보건 행사 시 협조 요청
> • 교내 응급 상황 발생 시 교직원 역할 분담 안내　• 새로운 보건 정책이나 지침 공유

1) 건강검진 협조 요청 메시지

건강검진 협조 요청 메시지를 보낼 때에는 미리 작성해 둔 '학교 건강검진 계획'

및 학부모에게 발송한 가정통신문 등을 첨부하면 더 정확한 내용을 전달 가능하다.

중학교 1학년 학생 건강검진 실시로 교사들에게 협조 요청 메시지를 담임교사, 교과교사 역할 구분하여 작성해 줘. (정확한 내용은 첨부 파일 참고해 줘.)

[검진 정보]
- 일시: 6월 10일(화) 1교시~4교시
- 대상: 1학년 전체
- 장소: 체육관
- 교과교사 유의 사항: 1~4교시에 수행평가 등에 어려움이 있을 수 있음, 교과교사 임장지도 필수

담임/교과교사들이 해야 할 구체적 역할을 중심으로 작성해 줘.

제목: [건강검진 협조 요청 메시지]

안녕하세요, 보건교사입니다.

오는 6월 10일(화) 1교시~4교시, 1학년 전체 학생을 대상으로 건강검진을 실시합니다. 검진이 원활히 진행될 수 있도록 아래와 같이 협조 부탁드립니다.

[담임교사 협조 사항]
- **검진 전 안내 및 지도**
  - 학생들에게 검진 일시, 장소, 순서를 사전에 안내해 주세요.
  - 검진 당일 편한 복장(예: 체육복) 착용 및 학생증 소지를 지도해 주세요.
- **검진 당일 업무**
  - 각 반별로 검진 시간에 맞추어 인솔 및 이동 지도 부탁드립니다.
  - 검진표 및 출석부 확인, 이상 징후(발열, 전염병 증상 등) 학생 확인
  - 검진 중복 확인 및 누락 방지 위한 학생 점검 협조
- **검진 후 관리**
  - 검진 종료 후 교실 귀반 및 교실 내 질서 유지
  - 결과지 배부 시 확인 및 보관 지도 (추후 배부 예정)

-중략-

2) 감염병 발생 시 교직원 안내 메신저

감염병은 한 번 학교에 유입되면 급속도로 확산될 수 있는 특성을 가지고 있어, 보건교사는 항상 예의 주시해야 한다. 감염병 발생 시 교직원들에게 전달해야 하는 내용은 매우 다양하다. 교내 방역 수칙 강화 안내, 확진자 발생 현황 공유, 학급별 대응 지침, 증상 관찰 요령, 보고 체계 등 상황에 따라 즉각적으로 전달되어야 할 정보들이 있다.

특히 긴급 상황에서는 전달하고자 하는 내용을 정리하고 문장을 다듬을 시간적 여유가 부족한 경우가 많다. 이런 상황에서 챗GPT를 활용하면 복잡한 정보를 체계적으로 정리하고, 교직원들이 즉시 실행할 수 있는 간결하고 명확한 메신저를 신속하게 작성할 수 있다.

보건교사가 상황 정보만 입력하면 챗GPT가 우선순위에 따라 내용을 구조화하고, 교직원별 역할을 명확히 구분하여 혼란을 최소화한 메신저를 생성해 준다.

 긴급 상황이야. 감염병 발생으로 교직원들에게 즉시 안내 메신저를 보내야 해.

[발생 상황]
- 감염병: 백일해
- 발생 학급: 2학년 3반
- 증상 학생: 기침 증상 학생 5명(이 중 2명은 기침 후 구토)
- 현재 조치: 해당 학생들 조퇴, 교육청 및 보건소 보고 및 교실 환기 강화 예정

[전달 필요 사항]
- 전체 교직원 주의 사항
- 담임교사 즉시 행동 요령
- 증상 관찰 포인트
- 보고 체계

교직원들이 바로 실행할 수 있도록 간결하고 명확하게 작성해 줘.

 [긴급] 백일해 의심 - 즉시 대응 요청

▶ 발생 현황

2학년 3반 학생 중 기침 증상 및 호흡 곤란 사례 다수 발생 → 일부 학생 선별 격리 완료

▶ **전체 교직원 즉시 시행**
☑ 소속 학급에 기침·호흡기 증상 학생 즉시 확인
☑ 마스크 착용 생활화 및 손 위생 강화
☑ 교실 환기 강화 (30분마다 5분 이상)

▶ **담임교사 긴급 조치**
• 기침 지속, 기침 후 구토, 호흡 곤란 등 증상 학생 즉시 보건실로 연락
• 증상 학생은 보건실 또는 별도 공간에 임시 격리
• 기침 예절 지도, 증상 학생 주변 마스크 착용 및 거리 유지 유도

-중략-

다. 보건 행사와 특별 프로그램

보건의 날 캠페인, 흡연 예방 캠페인, 구강 보건의 날, 응급처치 교육 등 연중 다양한 행사를 준비하면서 보건교사들은 늘 고민한다. 어떻게 하면 많은 학생이 참여할 수 있을까? 어떻게 하면 형식적인 행사가 아닌 의미있는 건강 행동의 변화를 끌어낼 수 있을까?

1) AI 브레인스토밍으로 아이디어 도출

보건 행사를 기획할 때 가장 먼저 해야 할 일은 '무엇을 할 것인가'를 정하는 일이다. 매년 비슷하게 똑같이 반복되는 행사는 지루해지기 쉽다. 새로운 경험을 만들기 위해 기획자에게는 상상력이 필요하다.

이럴 때 챗GPT가 유용하게 활용될 수 있다. 떠오르는 아이디어가 없을 때, 혼자 고민하는 대신 챗봇과 대화를 시작해 보면 생각지도 못한 발상을 얻을 수 있다. 다만 무작정 "보건 행사 뭐가 좋을까?" 하고 묻는 식으로는 좋은 답을 얻기 어렵다. 구체적인 조건을 담아야 한다.

예시 프롬프트:

우리 학교는 중학교이고, 전교생 600명 규모입니다.

여름방학 중 학생이 가정에서 실천할 수 있는 '구강 건강 지키기' 캠페인을 기획하고 있습니다.

예산은 100만 원이고, 방학 중에도 학생들이 자발적으로 참여하고 싶어하는 재미있으면서도 실천 가능한 프로그램을 원합니다.

SNS와 앱을 활용한 비대면 참여 방식으로 5가지 프로그램을 제안해 주세요.

브레인스토밍 과정에서 챗GPT의 또 다른 강점은 아이디어의 융합이다. 기존에 성공했던 행사를 예로 들며 "이걸 요즘 학생들에게 더 잘 맞게 바꿔 보자"라고 하면, 과거의 틀에 새로운 아이디어가 덧붙여진다.

챗GPT와의 추가적인 대화를 통해 각 아이디어의 장단점을 분석해 달라고 요청할 수도 있다. 우리 학교 상황에 맞게 조정할 것은 없는지, 놓치고 있는 것은 없는지 미리 점검할 수 있다. 구체적인 운영 방안에 대해 논의해 보기도 한다.

#하루 세 번 인증 챌린지 (양치 습관 챌린지)

내용: 하루 3번 양치 후 사진 또는 3초 인증 영상 업로드 (칫솔/시계/양치컵 등으로 촬영)

운영: 인스타그램 또는 Padlet/밴드에 해시태그 #양치챌린지와 함께 업로드

포인트: 주 3회 이상 인증 시 추첨을 통해 상품 제공

예산 활용: 소정의 상품(텀블러, 치약세트 등) 50개 x 1만 원 = 50만 원

이걸 나중에 결과 수합 및 분석하기 편하도록 하려면 어떤 플랫폼을 활용하면 좋을까?

☑ 추천 플랫폼 및 활용 방안

Google Form + Google Sheets (연동)

- **활용법:** 학생들이 매일/매주 인증 정보를 구글 폼에 입력
  - 예: 날짜, 학년/반, 인증사진 URL(인스타/패들렛 링크), 오늘의 기분/소감 등
- **장점:**
  - 자동으로 응답 시트 생성 → 주간/월간 데이터 집계 가능
  - 시트 필터로 참여 횟수, 주간 랭킹 등 분석 가능
  - 데이터 시각화(Google Data Studio 또는 차트) 용이
  - 학년·반별 참여율 통계 자동화 가능

- **활용 예시:**
  - "3회 이상 참여한 학생 필터링"
  - "반별 참여 건수 순위표 제작" 등

2) 행사 운영 체크리스트 생성

아무리 좋은 아이디어도 준비가 부족하면 무용지물이다. 행사에는 크고 작은 일이 벌어진다. 그래서 사전 점검이 중요하다. 이럴 때 챗GPT는 빠짐없이 챙겨야 할 목록을 만드는 데 도움을 준다. 체크리스트를 만들 때는 '시간 순서'로 정리하는 게 좋다. 구체적인 프롬프트는 다음과 같다.

예시 프롬프트:
'여름방학 구강 건강 챌린지 - 양치 습관 100일의 기적' 캠페인을 준비하고 있습니다.
캠페인 기간: 여름방학 시작 전 1주 ~ 개학 후 2주 (약 8주간)
대상: 전교생 (온라인 참여)
다음 기준으로 체크리스트를 만들어 주세요:
1. 캠페인 4주 전 준비 사항
2. 캠페인 2주 전 준비 사항
3. 캠페인 시작 1주 전 준비 사항
4. 캠페인 운영 중 주간 체크 사항
5. 캠페인 종료 후 정리 사항
각 항목별로 보건교사와 보건 동아리 학생들(6명)이 어떤 역할을 해야 하는지 알려 주세요.
그리고 담당자 지정란과 완료 확인란을 포함해 주세요.

이렇게 정리해 달라고 하면, 챗GPT는 온라인 홍보물 제작, 참여 플랫폼 설정, 양치 인증 방식 안내, 리워드 마련, 학부모 공지 발송 같은 세세한 항목까지 담긴 체크리스트를 제안해 준다.

물론 학교 실정에 맞게 변형이 필요하다. 예를 들어, "우리 학교엔 강당이 없는데, 이런 경우 체크리스트를 어떻게 바꾸면 좋을까?"처럼 되묻고, 상황에 맞게 고쳐야 한다.

또, 문제 상황 대비도 필요하다. "이 행사에서 생길 수 있는 안전사고나 운영 문제를 미리 알려줘. 대응 방안도 함께 정리해 줘." 이렇게 묻는다면, 미처 생각하지 못했던 위험까지 대비할 수 있다.

3) 행사 계획서 및 공문 작성

함께 아이디어 회의를 한 내용을 기반으로 행사 계획서를 빠르게 작성할 수 있다.

 지금까지 논의한 하루 세 번 인증 챌린지를 우리 학교에서 실행해 보려고 해.
계획서를 워드 파일로 작성해 줘.
계획서는 '목적/방법/세부내용/기대효과'로 구성 되어 있어야 해.

 계획서 워드 파일이 완성되었습니다. 아래 링크를 클릭하여 다운로드하실 수 있습니다.
📄 여름방학_구강 건강_챌린지_계획서.docx
출력된 예시 워드 파일:

여름방학 구강건강 챌린지 계획서

1. 목적
학생들이 여름방학 중에도 일상 속에서 구강 건강의 중요성을 인식하고, 스스로 양치 습관을 형성할 수 있도록 돕기 위함입니다. 특히 중학생 눈높이에 맞는 재미있는 참여 활동을 통해 자발성과 실천력을 높이고자 합니다.

2. 방법
하루 3 번 양치 후 인증사진 또는 짧은 영상을 SNS(Padlet 또는 인스타그램) 또는 Google Form 을 통해 제출하게 합니다. 인증 내용은 얼굴 노출 없이 칫솔, 시계, 양치컵 등으로 대체 가능하며, 학생들이 부담 없이 참여할 수 있도록 유도합니다. 참여자 데이터는 Google Form 과 연동된 Sheets 를 통해 자동 수합 및 분석합니다.

3. 세부내용
■ 캠페인명: 하루세번 인증 챌린지 – 양치 습관으로 만드는 100 일의 기적
■ 운영 기간: 여름방학 전 1 주 ~ 개학 후 2 주 (총 8 주간)
■ 대상: 전교생 600 명
■ 운영 방식: 비대면 참여 (Padlet, 인스타그램, Google Form 활용)
■ 인증 기준: 하루 3 회 양치 후 사진 또는 영상 인증 (주 3 회 이상 참여 시 추첨 대상)
■ 상품 구성: 텀블러, 구강위생용품 등 실용적인 상품 50 개 (1 인당 1 만원 기준)
■ 예산 계획: 총 100 만원 중 상품 구입 50 만원, 기타 포스터 및 홍보물 제작 10 만원, 예비비 40 만원

4. 기대효과
1. 학생들의 구강건강 실천 습관 형성 및 자율적인 참여 문화 조성
2. 방학 중 건강관리 사각지대 해소 및 지속 가능한 건강생활 실천 기회 제공
3. 재미있는 챌린지 형식으로 보건교육에 대한 흥미 유발 및 참여도 제고
4. SNS 및 앱 활용으로 디지털 리터러시 및 자기관리 역량 동시 강화

계획서 내용을 기반으로 K에듀파인 품의를 위한 공문 작성도 부탁할 수 있다.

제목과 본문을 작성해 줘.
첨부 파일(붙임)은 네가 작성해 준 계획서야.

📌 공문 제목
20XX 학년도 여름방학 구강 건강 챌린지 운영 계획(안) 결재 요청

📄 공문 본문
1. **관련:** 건강증진학교 실천과제 운영 계획
2. **내용:** 여름방학 중 학생들의 구강 건강 습관 형성을 위한『하루 세 번 인증 챌린지』캠페인을 아래와 같이 운영하고자 합니다.
   가. **캠페인명:** 하루 세 번 인증 챌린지 – 양치 습관으로 만드는 100 일의 기적
   나. **기간:** 20XX년 여름방학 전 1주 ~ 개학 후 2주 (총 8주간)
   다. **대상:** 전교생 600 명
   라. **운영 방식:** SNS 및 앱(Google Form, Padlet 등)을 활용한 비대면 참여
   마. **주요 내용:** 양치 인증 챌린지, SNS 활동, 상품 제공 등
   바. **예산 계획:** 총 1,000,000 원 (상품 구입, 홍보물 제작 등)
   붙임: 여름방학 구강 건강 챌린지 계획서 1 부. 끝.

5장

스마트한 보건 수업 설계

1. 수업 기획과 준비

가. 성취 기준 기반 수업 설계

보건 교육은 학생들이 주도적으로 건강을 관리할 수 있는 능력을 기르는 데 목적이 있다.[12]

1) 성취 기준 확인 방법

① 학생평가지원포털(https://stas.moe.go.kr/cmn/main)에서 학교급별, 학년군별, 교과별 성취 기준을 확인할 수 있다.

---

12) 교육부. (2022). *2022 고등학교 교양교과 교육과정* [교육부 고시 제2022-33호 별책 19]. 교육부.

② 초등학교는 실과, 체육 등 관련 교과의 성취 기준을 참고하여 재구성해 사용할 수 있다.

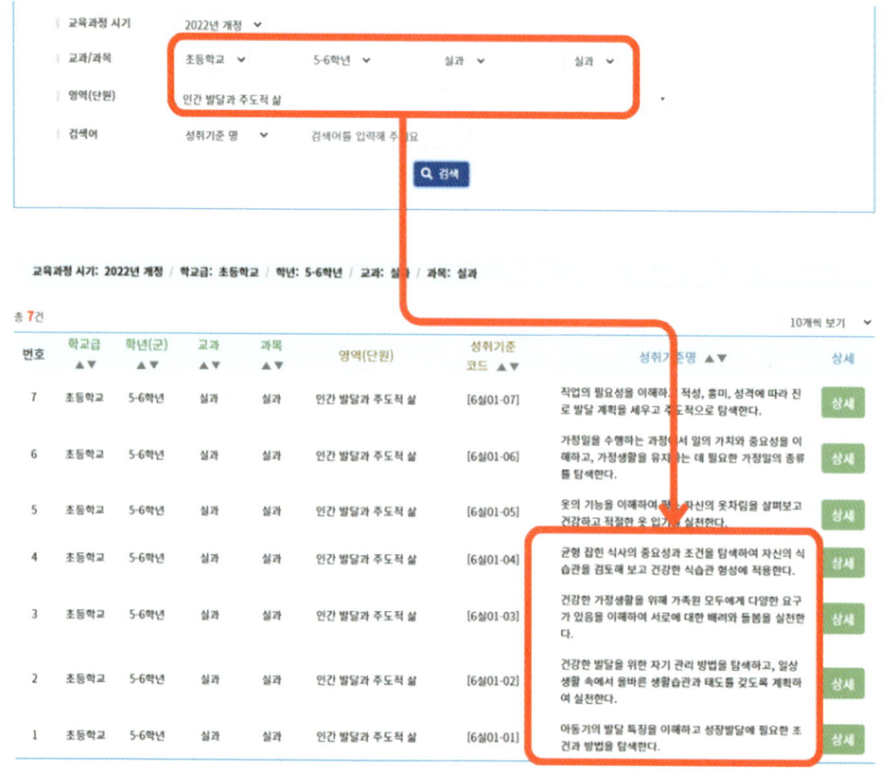

③ 중학교는 선택 교과에서, 고등학교는 교양 교과에서 보건 과목 성취 기준을 확인한다.

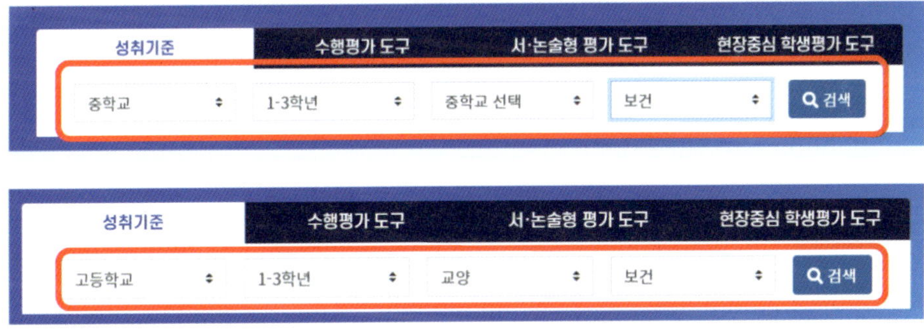

2) 성취기준 재구조화 [13]

성취기준은 국가 교육과정에 진술된 활동의 기준으로, 학생이 교과를 통해 배워야 할 내용과 수업 후 할 수 있거나 할 수 있기를 기대하는 능력을 결합하여 나타낸 활동의 기준이다. 각 교과(목)에서 학생들이 학습을 통해 성취하기를 기대하는 지식·이해, 과정·기능, 가치·태도 등의 능력과 특성을 진술한 것이다.

성취기준 재구조화는 국가 수준 교육과정의 성취기준을 학교·학년(군)·학급의 맥락(학생 특성, 지역 여건, 시수, 통합 교과 운영 등)에 맞게 통합·재조정(압축)·유지 등의 방식으로 조정하여 수업과 평가를 일치시키는 교사 주도의 설계 작업이다. [14]

성취기준을 재구조화하는 주요 목적은 학생들의 학습을 심화하고 실제 삶과 연결하는 데 있다.

3) 성취기준 재구조화 유형 [15]

통합	- 의미: 서로 중복·연계되는 둘 이상의 성취기준을 하나로 묶어 학습량을 적정화하고 수업·평가를 일체화 - 적용: '손위생–감염예방–안전한 생활'처럼 주제가 겹치고 수행 과제가 자연스럽게 하나로 엮이는 경우
재조정	- 의미: 내용요소를 연결·압축·간소화하여 학교 여건(시수·학생 수준)에 맞게 표현을 더 구체적이고 명료하게 재조정 - 적용: 시수가 제한적이거나, 동일 기능이 반복되는 경우
유지	- 의미: 학습 결손 방지 등을 위해 현행 성취기준을 그대로 유지 - 적용: 보건 안전·응급처치처럼 최소 성취 보장이 필요한 핵심 영역, 또는 통합·압축 시 오히려 이해가 어려워지는 경우

나. AI와 함께 교육과정 재구성하기

AI는 다양한 자료와 예시를 제공하고 실습·피드백 경험을 확장해줄 수 있지만,

---

13) 경기도교육청 교육과정정책과. (2025). *2025 초등학습으로의 평가 이해하기*. 경기도교육청.

14) 옥진엽, 외. (2022). *수업의 폭과 깊이를 더하는 성취기준 재구조화*. 하움출판사.

15) 교육부. (2021). *교과 교육과정 재구성 예시 자료집*. 교육부.

수업의 중심은 항상 교사의 교육목표와 성취기준이어야 한다. 따라서 보건 수업에서는 "학생이 어떤 건강 행동을 배우고, 어떤 상황에서 실천할 것인가?"라는 본질적 질문을 기준으로 AI를 설계·선택해야 한다. [16]

교육과정 재구성 [17]이란, 국가 수준에서 제시된 교육과정과 교과서를 그대로 적용하는 것이 아니라 학생의 특성, 학습 수준, 학교 여건, 지역사회 환경 등을 고려하여 학교나 교사가 교육과정을 분석하고 재구성하는 과정이다.

2022 개정교육과정 총론은 학교자율시간을 신설(초등 3~6학년 학기별 1주 상당 시수 확보)하여 학교가 지역·학교 특성, 학생 필요에 맞는 맞춤형 프로그램과 과목을 개설·운영하도록 했다. 이는 '주어진 교육과정'에서 '만들어 가는 교육과정'으로의 전환을 의미한다.

AI 기반 재구성

AI를 교육과정 재구성과 성취기준 달성을 돕는 교육 파트너로 활용할 수 있다. AI는 교사가 교육 목표와 학생 현실을 이해하고, 학교 맥락에 맞게 스스로 설계하고 해석할 수 있도록 '흐름'을 설계해 주는 도구이다.

AI 시대의 보건교사는 설계자이자 해석자, 조정자로서 학생·현실·교육 목표를 연결하며, AI를 통해 교육과정을 더 의미 있고 현실감 있게 완성해 나갈 수 있다.

GPTs 활용 예시

개념 기반 교육과정 설계 도우미 GPTs
- joo.is/교육과정-설계

---

16) 교육부. (2022). *2022 개정 교육과정 총론*. 교육부.

17) 교육부. (2025). *2025학년도 초등 학교교육과정 편성 안내 자료*. 교육부.

2. 인터랙티브 수업 도구

가. 젭퀴즈(ZEP QUIZ)로 실시간 평가하기

젭퀴즈는 퀴즈, 게임, 실시간 참여 기능이 결합된 웹 기반의 퀴즈 플랫폼이다. 학생들이 스마트폰, 태블릿PC, 컴퓨터 등의 디지털 기기로 접속해서 실시간으로 참여할 수 있다. 젭(ZEP)만의 귀여운 디자인과 인터페이스로 수업에 가장 쉽게 활용할 수 있다. 젭퀴즈 공식 홈페이지(https://quiz.zep.us)에 접속하여 다음 단계에 맞춰 실습해 보자.

① [무료로 나만의 퀴즈 만들기] 버튼을 클릭한다.

② 구글 계정이 있다면 간편하게 로그인이 가능하다. 이메일로 로그인하는 방법도 있다.

③ 우측 상단의 [퀴즈 만들기] 클릭 후 퀴즈로 풀 맵을 선택한다.

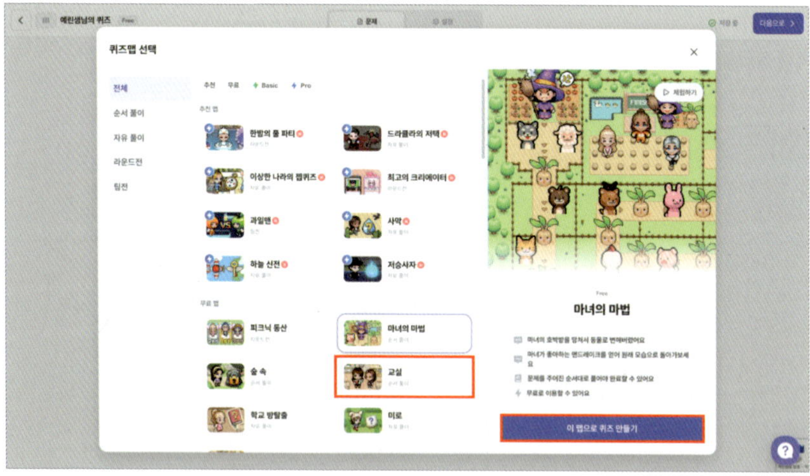

④ 문제를 추가한다. 선택형 문제, 단답형 문제, OX 문제를 만들 수 있다. 선택형 문제를 만들어 보자.

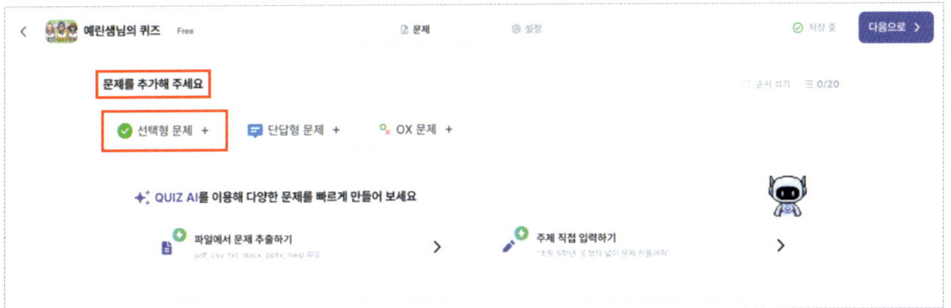

⑤ 질문과 선택지를 입력한다. 질문과 선택지 우측 이미지 아이콘을 눌러 이미지를 추가할 수 있고, 선택지를 추가할 수도 있다. 선택지 중 정답에는 좌측 '정답' 아이콘을 눌러 초록색으로 표시한다.

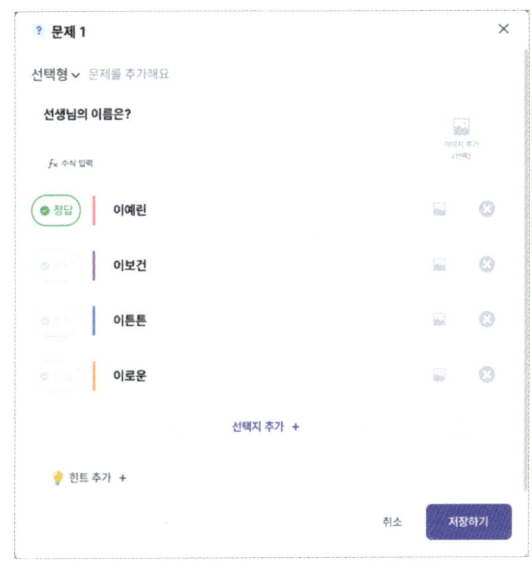

⑥ 문제 아래에 힌트를 추가하여 텍스트, 이미지, 유튜브 형식으로 입력할 수 있다. 저장하기를 클릭한다.

⑦ 추가된 문제의 우측 상단에 아이콘을 눌러 이동/수정/삭제할 수 있다.

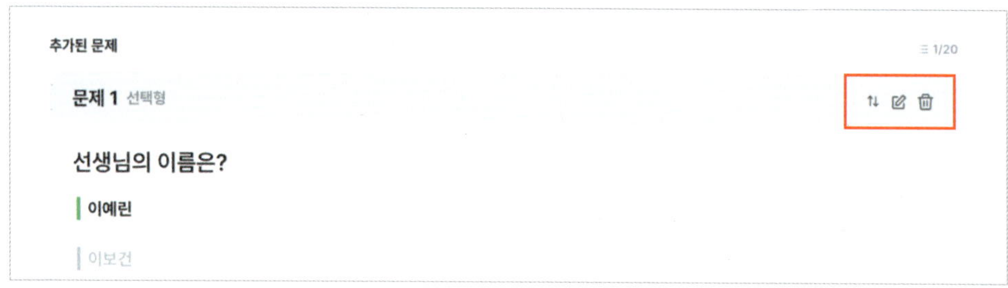

⑧ [설정] 탭에서 퀴즈 제목을 입력하고, 과목과 학교급을 설정한다. 오답 시 통과 여부, 정답 표시, 비공개 설정을 할 수 있다. 설정을 모두 완료했다면 '만들기 완료' 버튼을 눌러 보자.

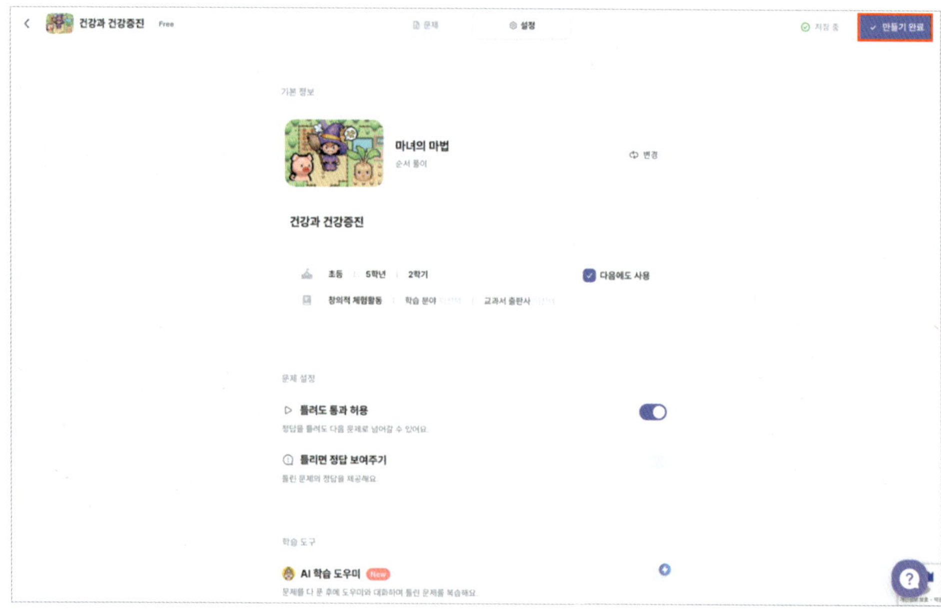

⑨ 차 한 모금 하면서 잠시 기다린다.

⑩ 퀴즈가 완성되었다! 이제 퀴즈에 참여할 수 있는 링크가 생겼다. '공유' 버튼을
   눌러 보자.

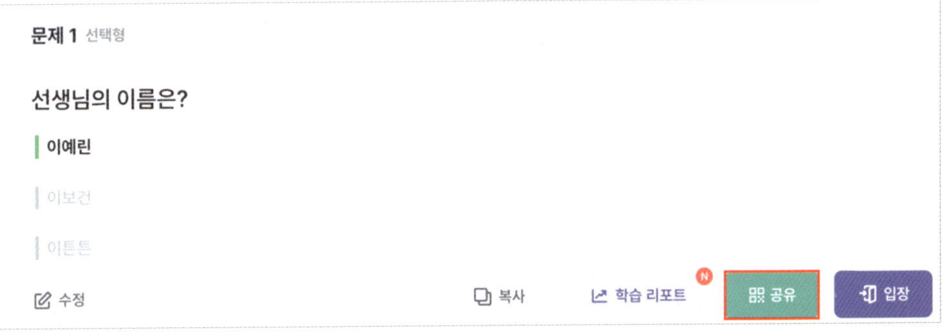

⑪ 입장 코드, QR, 복사할 수 있는 링크가 보인다. 학생들에게 링크를 전달하기만
   하면 바로 입장해서 퀴즈를 풀 수 있다. '입장' 버튼을 눌러 보자.

⑫ 퀴즈를 풀 수 있는 ZEIP Quiz 맵에 입장했다. 아기자기한 캐릭터(아바타)가 나타난다. 이 캐릭터를 직접 움직여서 문제가 있는 자리로 이동해야 퀴즈를 풀 수 있다. 캐릭터를 움직이는 방법은 키보드의 화살표 키를 이용한다.

> ▲ 위쪽 화살표 → 위로 이동
> ▼ 아래쪽 화살표 → 아래로 이동
> ◀ 왼쪽 화살표 → 왼쪽으로 이동
> ▶ 오른쪽 화살표 → 오른쪽으로 이동
> 스페이스바 → 점프

만약 스마트폰이나 태블릿으로 접속했다면 화면 왼쪽 아래에 가상 조이스틱(동그란 버튼)이 보인다. 조이스틱을 손가락으로 누른 채 가고자 하는 방향대로 밀면 캐릭터가 그 방향으로 움직인다. 퀴즈 존에 들어가면 문제 팝업창이 뜬다. 화면 우측 하단 화살표 표시를 터치하면 캐릭터가 점프한다.

⑬ '수업 메뉴'에서 '대기실 닫기' 버튼을 클릭해서 모든 학생이 모이기를 기다린다.

⑭ 모든 학생이 접속하면 '수업 메뉴'에서 '대기실 열기' 버튼을 클릭해서 게임을
다 함께 동시에 시작한다. '문 열기' 버튼을 클릭하면 5초 후 게임이 시작된다.

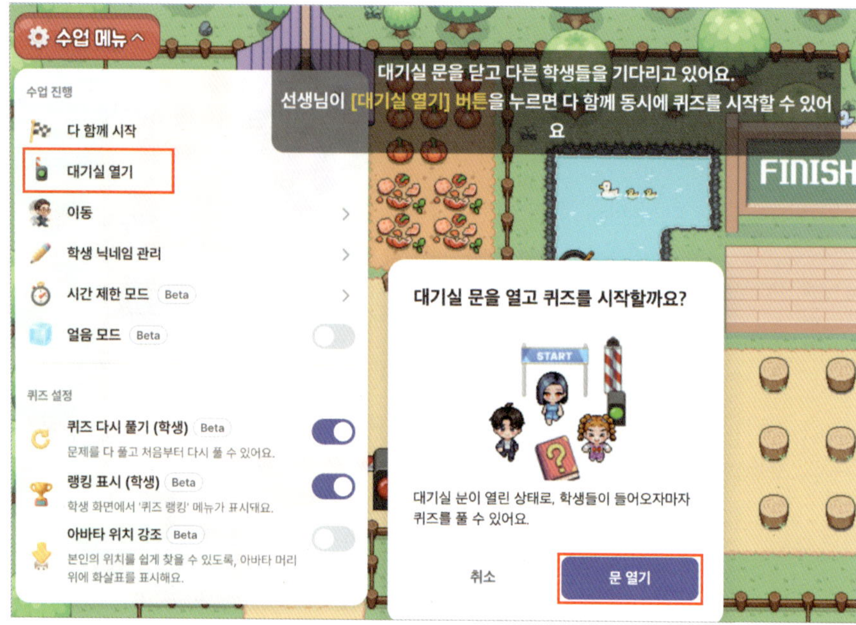

⑮ 퀴즈가 시작되면 문제가 있는 공간(퀴즈 존)으로 캐릭터를 이동한다. 자동으로 문제 창이 뜨면 정답을 클릭(space)하고 '제출하기(enter)' 버튼을 클릭한다. 힌트 버튼을 누르면 힌트를 볼 수 있다.

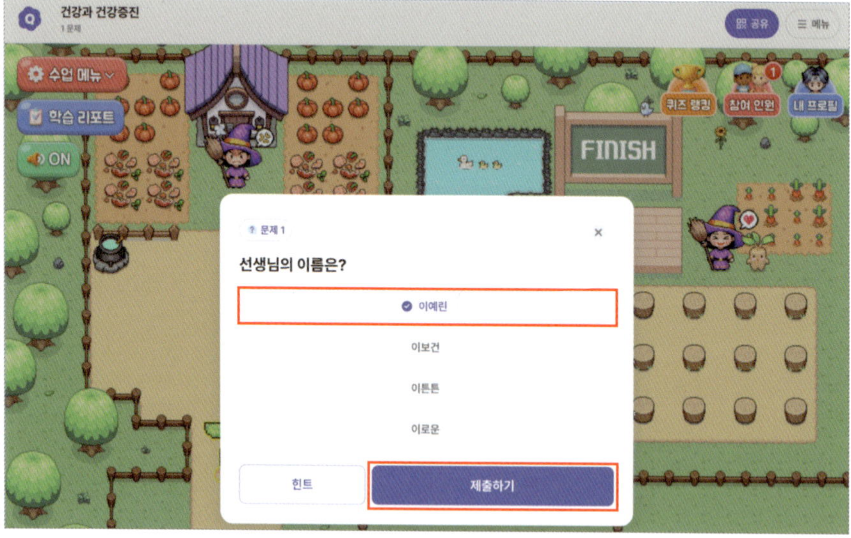

⑯ 퀴즈를 모두 풀면 자동으로 결과 화면으로 넘어간다. 맞은 문제 수, 걸린 시간, 내 순위를 확인할 수 있다. '상세 기록 확인' 버튼을 클릭하면 정답률, 진행률, 총 소요 시간을 알 수 있다.

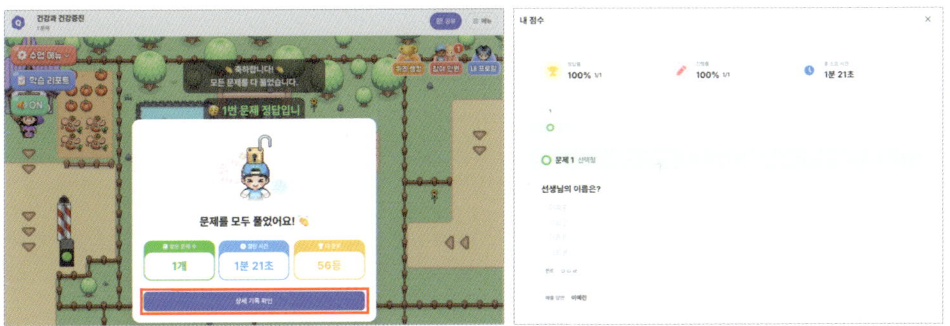

퀴즈를 수정하고 싶다면 우측 상단 '메뉴'에서 '문제 수정' 버튼을 눌러 편집 화면으로 접속할 수 있다.

젭퀴즈 메인 화면에서 '자료실' 탭을 클릭하면 다른 사람들이 만든 퀴즈를 검색할 수 있고, 과목별로 만든 퀴즈를 복사하여 자유롭게 사용할 수 있다.

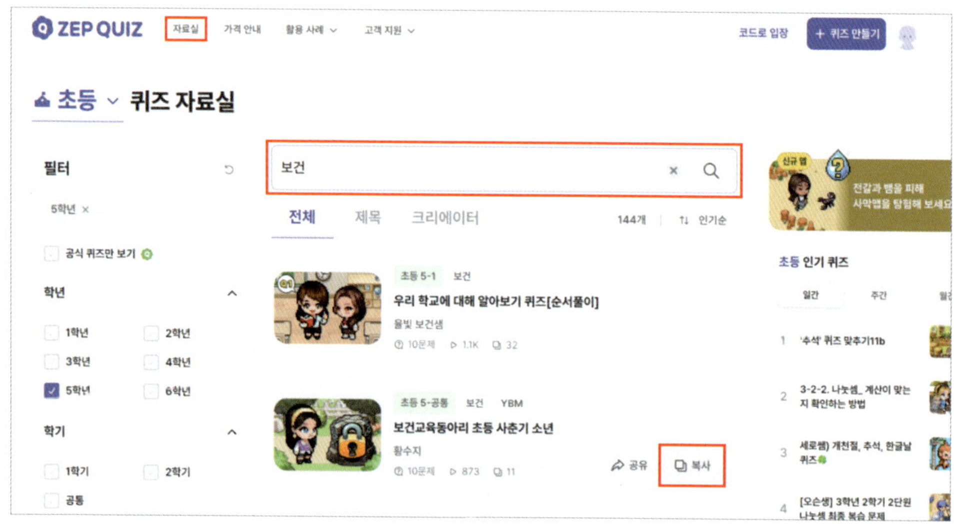

우측 상단에 계정 프로필을 클릭하고 '내 프로필'을 클릭하면 내가 만든 퀴즈 목록을 확인할 수 있으며, 학습 리포트를 클릭하면 학생별 통계를 확인할 수 있다.

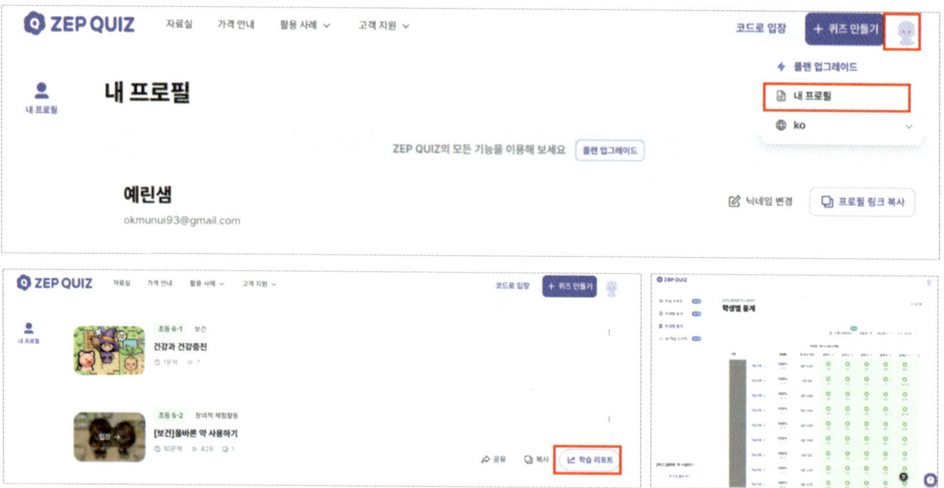

활용 사례

흡연 예방 교육 퀴즈 예시
- https://joo.is/젭퀴즈예시

나. 패들렛(PADLET)으로 즐겁게 협업하기

패들렛은 텍스트, 이미지, 영상, 파일 등을 실시간으로 공유하는 시각적 협업 플랫폼이다. 최근 패들렛의 대규모 업데이트로 다음과 같은 다양한 활동들이 가능해졌다.

- AI와 함께 패들렛 게시판 제작하기
- 포스트잇 또는 다각형 형태로 자유롭게 의견을 제시하기
- 모둠별 동시 협업하기
- 생성형 AI를 활용한 수업 설계, 프레젠테이션, 객관식 퀴즈 제작하기
- 찬/반 토론 또는 다양한 의견을 제시하는 토의하기
- 생성형 AI로 이미지 생성하기
- 지도에 위치를 표시하여 나의 의견/일상/게시물 업로드하기

이 외에도 패들렛의 기능과 선생님의 아이디어가 만나면 더욱 다채롭고 재미있는 수업과 활동이 가능하다. 우선 아래에서 패들렛의 새로운 기능들을 함께 살펴보자.

1) 게시판(Board): 생각을 수집하고 정리하며 공유하는 디지털 협업 보드

선생님들이 가장 많이 활용하는 패들렛의 [게시판] 기능은 특히 로그인 없이도 자료를 업로드할 수 있다. "선생님, 로그인 안 돼요. 비밀번호가 기억이 안 나요."라는 말을 듣지 않아도 된다. 패들렛의 [AI 추천 레시피]를 활용하면 수업 주제, 학년, 세부 사항 등을 입력하여 토론 게시판, 수업 활동 생성, 수업 설계 등을 위한 게시판을 손쉽게 제작할 수 있다. 아래에서 함께 실습해 보자.

2) 패들렛 활용 1: 패들렛 AI로 만드는 새 게시판으로 수업 설계하기

가) 패들렛 접속 및 회원 가입, 로그인

패들렛 공식 홈페이지(https://padlet.com/)에 접속해 로그인한다. 학생들의 경우 로그인 없이 패들렛을 사용할 수 있지만, 교사는 패들렛 페이지를 제작하려면 로그인은 필수이다. 가장 손쉬운 방법은 교사 개인 구글 계정 로그인이다.

나) AI와 함께 수업 만들기

로그인 후 상단의 [+만들기]를 선택하여 [새 게시판]을 누르면 원하는 스타일대로 게시판을 제작할 수 있다. 패들렛 AI 기능으로 수업을 설계해 보는 시간을 가져 보고자. [수업 설계]를 선택하여 수업을 구성해 본다.

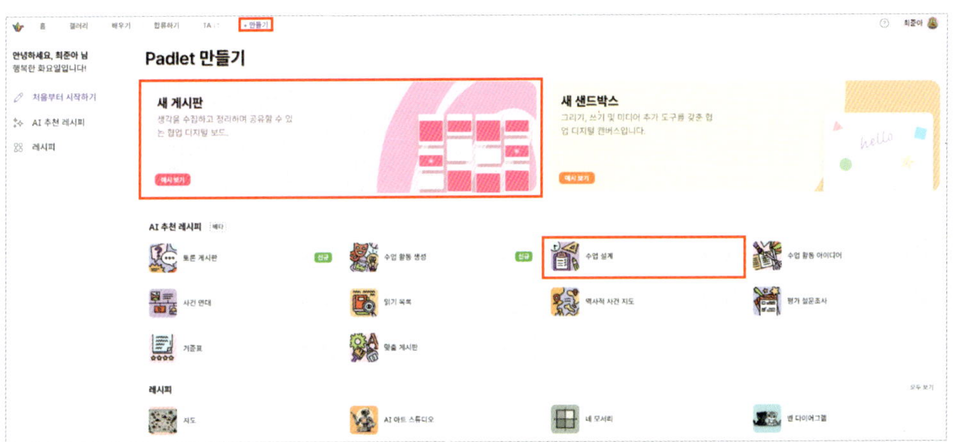

페이지를 만들기에 앞서, 패들렛 페이지를 교사가 계획한 대로 만들기 위해서는 정확한 프롬프트 작성이 중요하다.

- 구체적으로 작성하기: "건강한 생활" → "청소년의 스마트폰 중독 예방법"
- 맥락 제공하기: 학생 수준, 수업 시간, 특별한 요구 사항 명시
- 원하는 형식 지정: "토론 형식으로", "실습 중심으로" 등

다음과 같이 제목, 해당 학년, 수업 주제 또는 수업 목표, 세부 정보를 작성하였다. 구체성, 맥락 제공, 원하는 형식 등을 제공하고자 노력하였다.

몇 분 기다리면 수업 단계에 맞는 자료를 교사 또는 학생이 업로드할 수 있도록 섹션이 구성된다. 필요한 경우 교사가 게시물을 삭제하거나 추가할 수 있다.

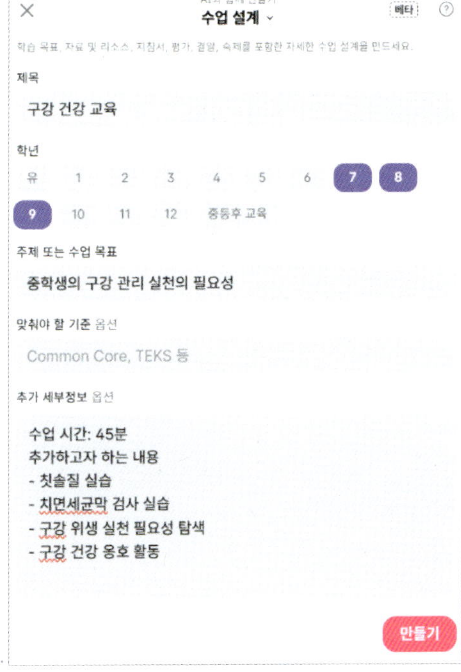

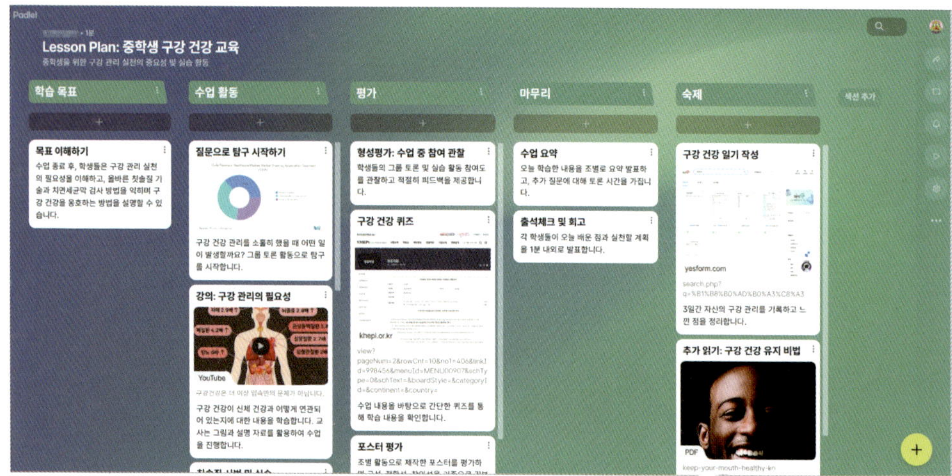

3) 샌드박스(Sandbox): 그리기, 쓰기 등 미디어 추가 도구를 갖춘 디지털 캔버스

이제 패들렛의 혁신적인 신기능, 샌드박스에 대해 알아보자. 샌드박스는 내가 원하는 대로 마음껏 모래성을 쌓고 마음에 들지 않는 부분은 허물기도 하며 자유롭게 표현할 수 있는 공간이다(Padlet, 2025).[18] 샌드박스는 기본적으로 협업 화이트보드로 볼 수 있으나, 그 가능성은 무궁무진하다. 위의 그림처럼 순서도, 마인드맵, 벤다이어그램, 자유로운 대화 나누기, 슬라이드쇼 제작, 동료 간 토의 토론 등이 가능하다.

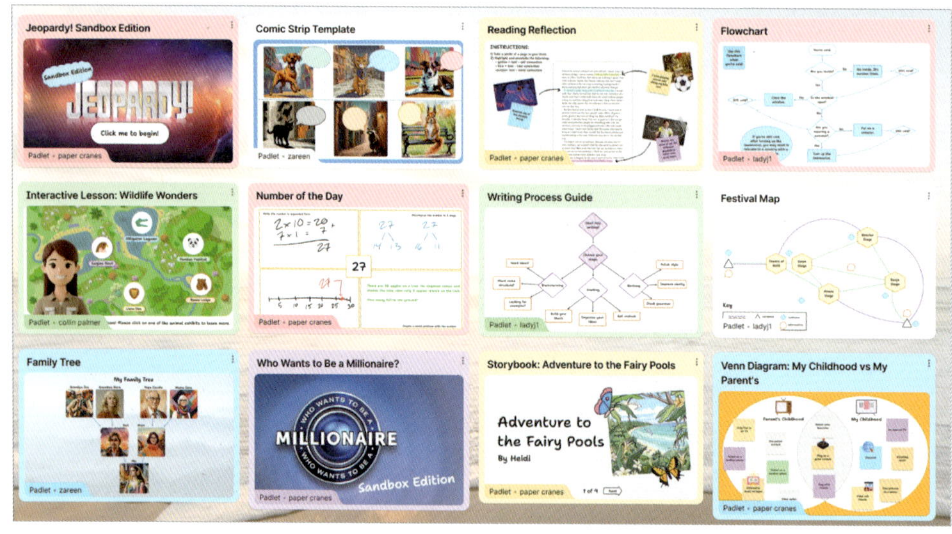

출처: 패들렛 공식 홈페이지(https://padlet.com)

18) Padlet. (2025). What is Padlet Sandbox? Padlet Knowledge Base & Support. https://padlet.help/l/en/article/8izrmuejli-what-is-sandbox

패들렛 샌드박스의 구조와 기능을 정리하면 다음과 같다.

① 카드 기반 구조

샌드박스의 콘텐츠는 '카드'라고 부르는 개별 페이지로 구성된다. 이는 정보를 체계적으로 정리하고 순서대로 제시할 수 있게 해 준다.

② 20가지 이상의 도구

- 텍스트와 도형 추가
- 오디오/비디오 녹음 (최대 5분)
- AI 이미지 생성
- 투표 기능
- 그림 그리기
- 화면 녹화 (Chrome 확장 프로그램 설치 후 최대 2분)
- 텍스트를 음성으로 변환
- 구글 드라이브 연동 등

③ 교육자를 위한 특별한 권한 설정

일반 기업에서 사용하는 협업 도구들은 서로를 신뢰하는 직장 동료들을 위해 만들어졌지만 교실은 다르다. 학생들 중에는 장난치거나 다른 친구의 작업을 실수로 (또는 고의로) 망가뜨리는 경우가 종종 있다. 패들렛은 이러한 교실 환경의 특수성을 이해하여 안전장치를 마련해 두었다.

- Writer 권한: 다른 사람의 작업을 편집할 수 없고, 자신의 콘텐츠만 추가 가능
- 카드별 권한 설정: 일부 카드는 읽기 전용으로, 다른 카드는 협업 가능으로 설정 가능
- 안전망(Safety Net) 기능: 부적절한 콘텐츠는 자체적으로 자동 차단

④ 특수 효과로 생동감 더하기

클릭하면 작동하는 특수 효과를 샌드박스에 추가할 수 있다.

샌드박스 카드에 아이콘 추가 후 클릭 – 상단에 ⓕ메뉴 클릭

- 시각 효과: 색종이 폭발, 불꽃놀이 등 6가지
- 음향 효과: 박수 소리, 동물 울음소리 등 181가지
- ➡ 활용 예시: 정답을 맞추면 축하 효과음

특히 2024년 10월 1일부로 사라진 구글 잼보드(Google Jamboard)의 서비스 종료로 아쉬워하던 선생님들에게 패들렛 샌드박스는 좋은 대안이 되었다. 샌드박스는 구글 잼보드의 모든 기능을 갖추고 있다.

4) 패들렛 활용 2: 새 샌드박스로 아이디어 펼치기

① 샌드박스는 로그인 후 상단의 [+만들기]를 선택하여 [새 샌드박스]를 선택하면
제작할 수 있다.

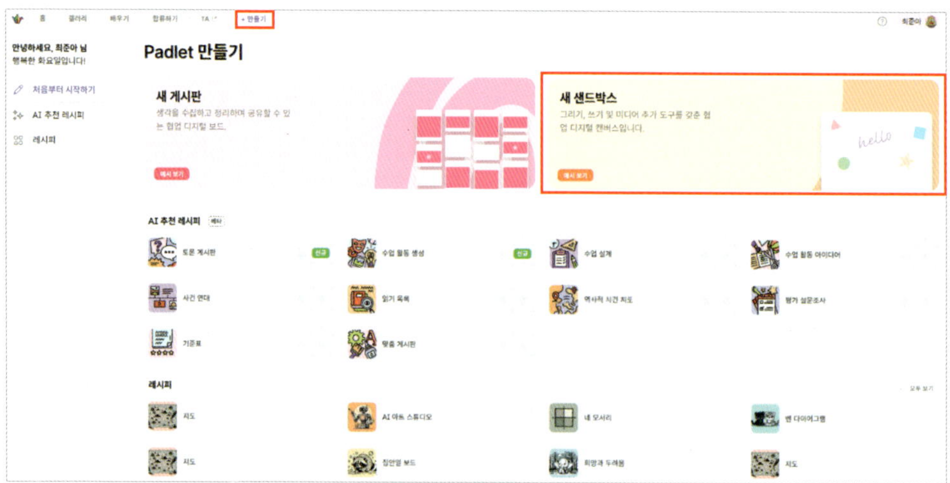

② 아래에서 템플릿을 선택할 수 있으며, [전체 검색]을 통해 더 많은 템플릿을 확
인할 수 있다. 샌드박스의 개별 페이지는 '카드'라고 부르는데, 템플릿을 선택
하면 카드에 바로 적용된다. 카드 우측 하단의 [템플릿에서 시작] 버튼을 클릭
하면 카드 템플릿을 선택할 수 있다.

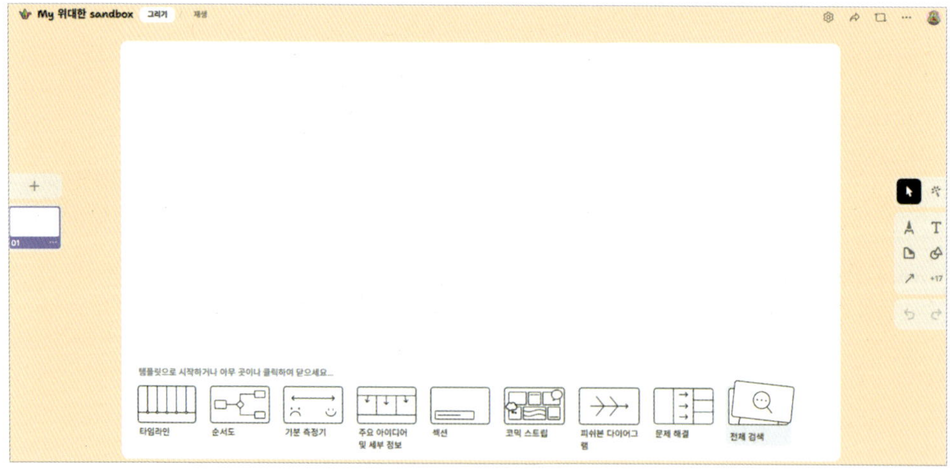

③ 우측 상단의 [설정 ⚙] 을 선택한 후 [카드 배경]에 들어가 보면 다양한 배경을 확인할 수 있다. 교사가 원하는 또는 제작한 그림 파일을 배경으로 삽입할 수도 있다. 최하단으로 스크롤하여 [맞춤]의 [업로드] 버튼을 누르고 그림 파일을 삽입한다.

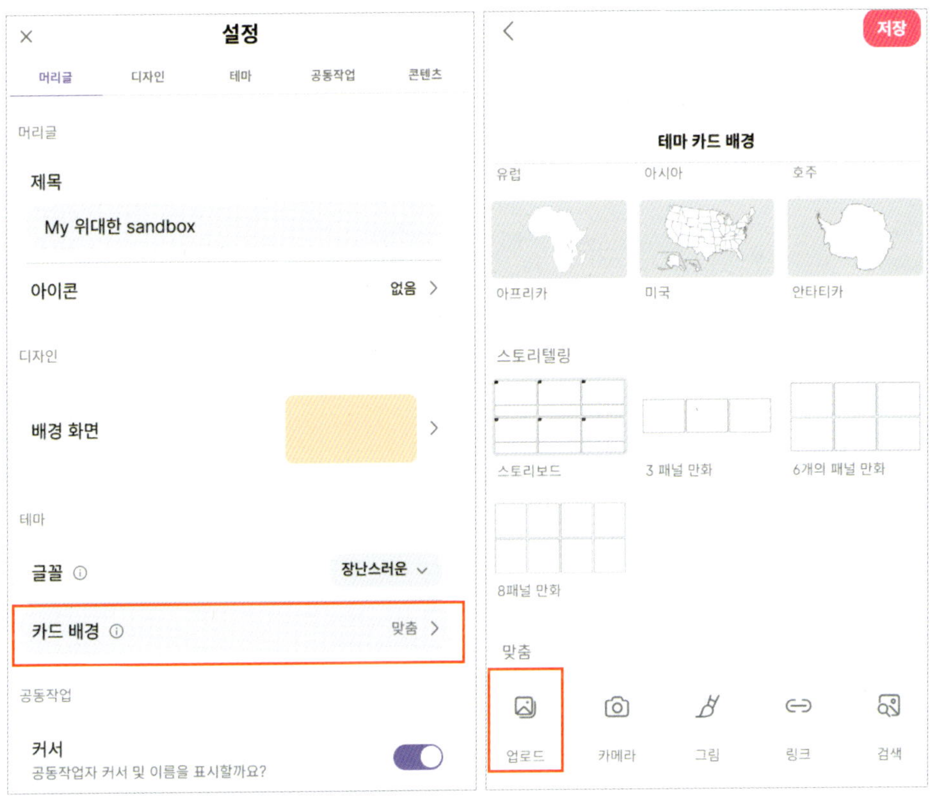

템플릿 중 3개의 원이 겹쳐진 벤다이어그램이 없어 캔바를 활용해 배경 화면으로 만들어 업로드한 모습이다.

④ 이제 학생들이 카드에 자신의 아이디어를 다양하게 표현하는 방법을 알아보자.

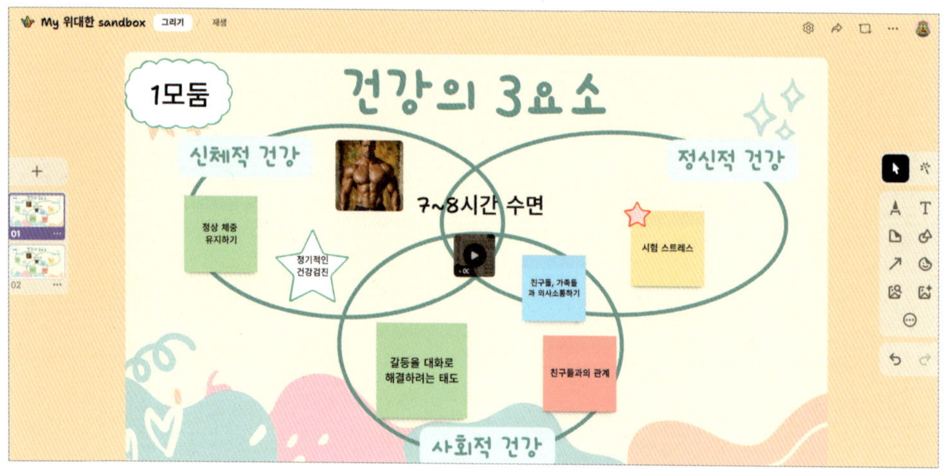

⑤ 첫 번째로 우측의 도구 상자를 활용하는 것이다. 기본적으로 보이는 아이콘인 붓, 텍스트, 포스트잇, 도형, 화살표를 선택하면 자유롭게 해당 도형들을 추가하거나 붓으로 그림을 그릴 수 있다. 붓으로 지도를 색칠하고, 포스트잇으로 자신의 의견을 표현할 수 있다.

두 번째로 가장 아래의 […]을 누르면 더 다양한 미디어 요소들을 업로드할 수 있다. 대표적으로 AI 이미지와 AI 음성의 예시를 함께 살펴보겠다. AI이미지는 'I Can't Draw(나는 그릴 수 없다)'라는 이름으로 출시되었다. 즉 '선생님, 저 그림 못 그려요!'라고 외치는 아이들에게 해결책이 되어 주는 것이다.

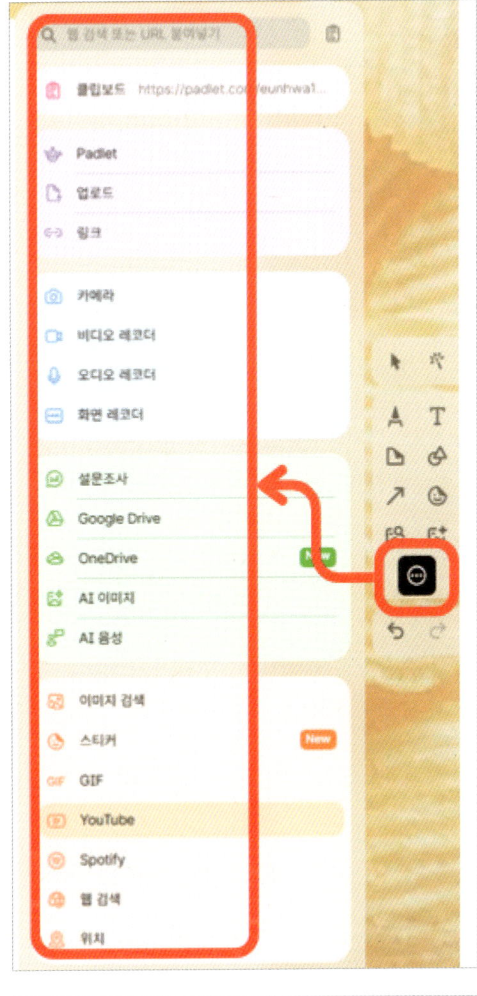

⑥ [AI이미지]를 누른 후 키워드를 입력하면 이미지가 생성된다. 이러한 이미지는 다른 AI 모델(챗GPT 등)에 비해 다양한 이미지를 생성하지는 않지만, 교육적으로 적절한 이미지 위주로 생성되기 때문에 교육에 활용하기에 부담이 없다.

⑦ [AI 음성]도 같은 맥락에서 개발된 도구이다. 텍스트를 입력하면 음성으로 변환된다. 이때 텍스트를 입력한 후 하단에 텍스트 언어를 'Korean(한국어)'으로 바꿔준 후 [다음] 버튼을 누르면 된다. 이 외에도 이미지 파일, 동영상, 유튜브 링크 등을 삽입하는 것은 기존 패들렛 게시판에 업로드하는 것과 동일하므로 교육 활동에 다양하게 활용해 볼 수 있다.

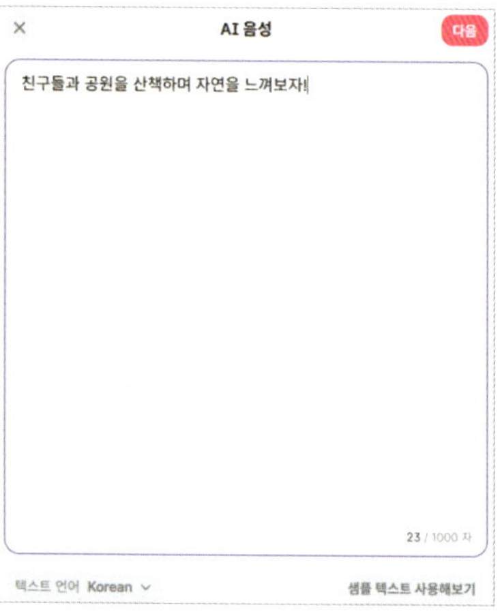

⑧ 좌측 상단의 [그리기] 모드일 때 이 모든 편집 작업이 가능하며, 프레젠테이션 형식으로 발표할 때에는 [재생] 버튼을 누르면 된다. 모둠별로 한 페이지씩 맡아 협업한 후, 최종 발표를 할 때에는 교사의 컴퓨터로 발표하며 [재생] 버튼을 눌러 한 페이지씩 발표하게 할 수 있다.

My 위대한 sandbox　　그리기　/　재생

⑨ 프레젠테이션을 진행할 때 돋보이기 위해 소리나 화면 특수 효과를 추가할 수도 있다. [1모둠]이 발표를 시작하며 [1모둠]이라는 텍스트를 눌렀을 때 박수 소리와 함께 하트가 아래에서 위로 떠오르는 효과를 주는 방법을 함께 실습해 보자.

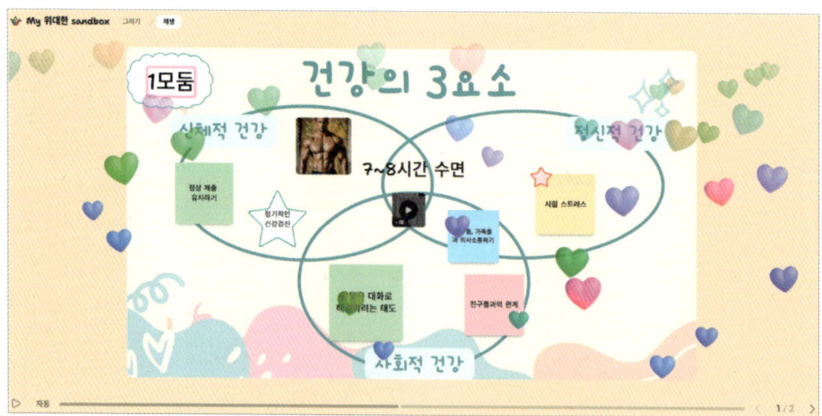

⑩ [1모둠]이라는 텍스트를 우측 도구 상자를 이용
해 입력한 후 마우스 우측 버튼을 클릭하면 [특
수 효과 추가]라는 탭이 있다.

⑪ 음향은 [사운드] 탭에서, 화면 효과는 [비주얼]
탭에서 추가할 수 있다.

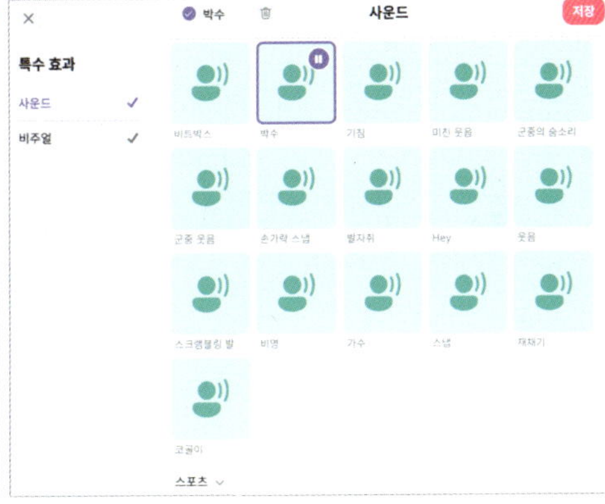

5) 패들렛 TA(Padlet TA(Teaching Assistant)):
교사의 수업 준비를 수월하게 도와주는 비서

패들렛 TA는 교사들이 수업 준비와 행정 업무보다 가르치는 일에 더 집중할 수
있도록 돕는 AI 기반 티칭 어시스턴트(Teaching Assistant, TA), 즉 교사를 위한 비서
이다.[19] ta.padlet.com에 접속하여 무료로 이용할 수 있으며, 별도 로그인 없이 사
용 가능하다. 패들렛 TA는 제미나이, 챗GPT, 클로드를 조합하여 사용하고 있어 다

19) Padlet. (2025). What is Padlet TA? Padlet Knowledge Base & Support. https://padlet.help/l/en/
article/fg48s9q3ap-what-is-padlet-ta

양한 AI 모델의 장점을 통합적으로 활용하고 교육 콘텐츠 생성에 최적화된 결과를 제공한다. 패들렛 협업 도구와의 연동이 자유로워 더욱 편리하다.

패들렛 TA는 크게 수업 및 지침, 인쇄 가능한 활동, 인터랙티브 활동, 유틸리티의 네 가지 핵심 도구로 나눌 수 있다.

수업 및 지침(Lessons & Instructions)에서는 수업 설계, 평가 루브릭, 멀티미디어 프레젠테이션 등을 생성할 수 있다. 생성된 지침을 그대로 사용하기보다 교실 맥락에 맞게 조정하고, 학생 수준과 언어 수준을 반영해 재편집하는 것이 좋다.

인쇄 가능한 활동(Printable Activities)에서는 워크시트, 퀴즈, 읽기 지문, 색칠 활동지 등 인쇄 가능한 형태로 변환하여 디지털 기기를 사용하기 어려운 환경에서도 활용할 수 있다.

인터랙티브 활동(Interactive Activities)에서는 매칭 게임, 순서 배열, 그룹핑, 드래그 앤 드롭 등 학생들이 웹상에서 바로 참여할 수 있는 활동을 제작할 수 있다.

인터랙티브 활동

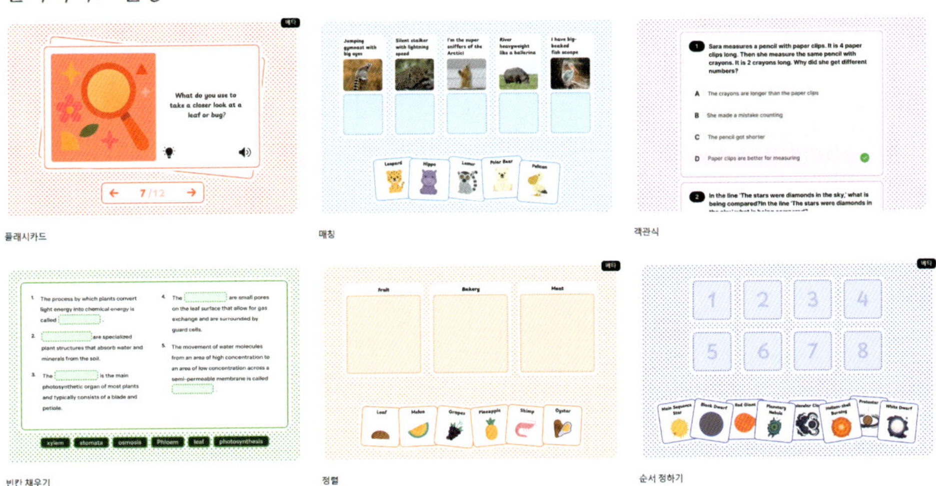

플래시카드

매칭

객관식

빈칸 채우기

정렬

순서 정하기

유틸리티는 반복적으로 자주 사용하는 기능들을 모아 놓은 도구이다. 수업 중 필요할 때마다 쉽고 빠르게 꺼내 쓰기 좋은 기능들이니 한 번씩 사용해 보면 좋다.

유틸리티

AI 이미지	텍스트 프롬프트로 수업 자료용 이미지 생성
짧은 링크	긴 URL을 teach.link/제목 형식으로 간단하게 변환
이름 선택	공정하고 재미있는 방식으로 학생 랜덤 선택
스마트 그룹	학생 특성을 고려한 균형 잡힌 모둠 자동 편성
QR코드	텍스트나 URL을 QR 코드로 즉시 변환

6) 패들렛 활용 3: 패들렛 TA로 수업 준비하기

가) 개인 맞춤형 설정하기

교사 프로필 설정을 통해 매번 새로운 프롬프트를 입력하지 않고도 맞춤형 수업 자료들을 제작할 수 있다. 패들렛 TA 첫 화면 우측 상단의 프로필을 누른 후 [교사 프로필]을 클릭한다.

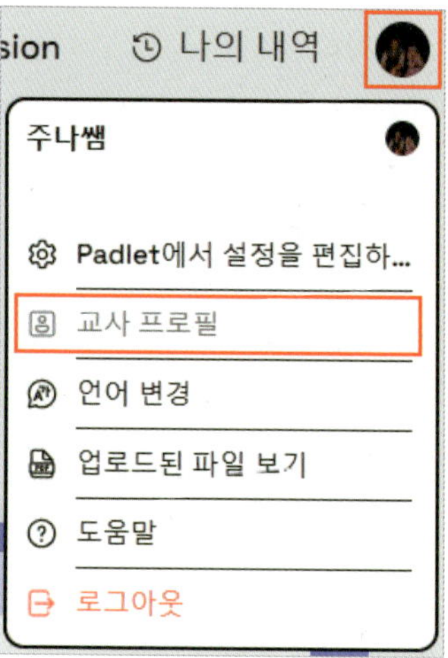

① 가르치는 학년과 과목을 입력한다.

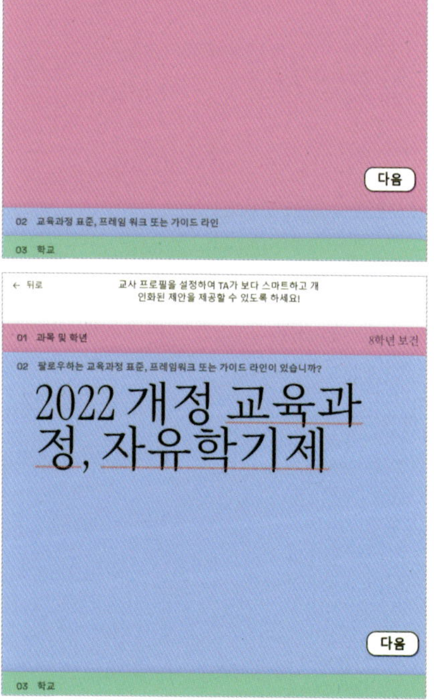

② 가르치는 교육과정과 프레임워크 등 교과목의 성격을 작성한다.

③ 어느 지역의 학교인지 개괄적으로 작성
  한다.

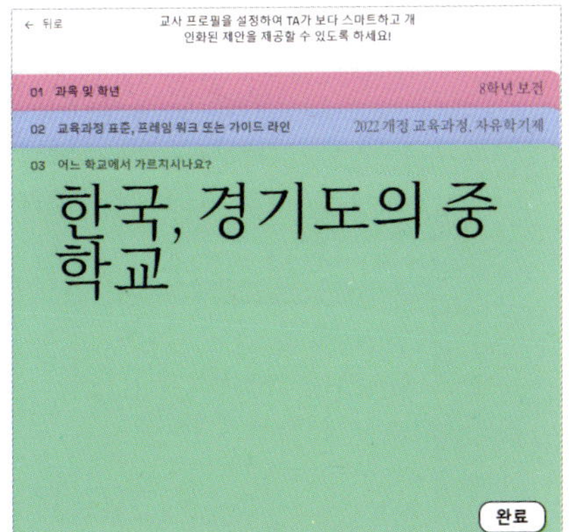

④ 해당 내용을 수정하고 싶다면 우측 상
  단의 프로필 클릭 후 [교사 프로필]을
  클릭하여 수정할 수 있다.

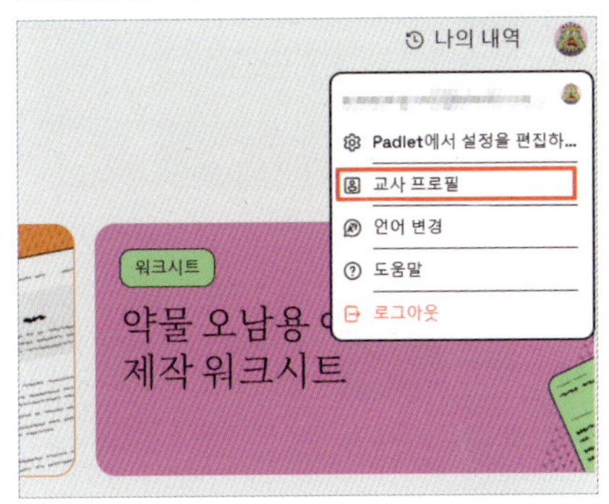

⑤ 이렇게 교사 프로필 설정을 마치고 나
  면 패들렛 TA가 새로운 콘텐츠를 만들
  때 개인화된 제안을 제공한다.

나) 패들렛 TA 사용해 보기

√ 유틸리티

① 패들렛 TA 페이지(ta.padlet.com)에 접속한다. 로그인은 필수가 아니나, 추후
  패들렛 페이지로 결과물을 연결하려고 한다면 로그인이 필요하다.

② [이미지 설명]을 작성하고 [스타일]과 [가로세로 비율]을 선택한 후 우측 화살
표를 누른다. 이미지 설명은 영어로 작성한다.

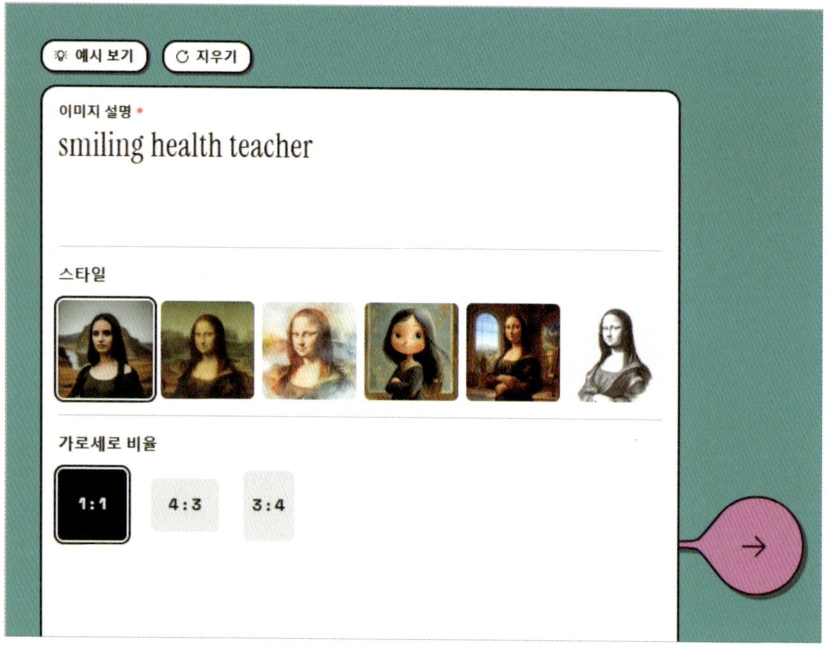

③ 4개의 이미지가 생성된다.

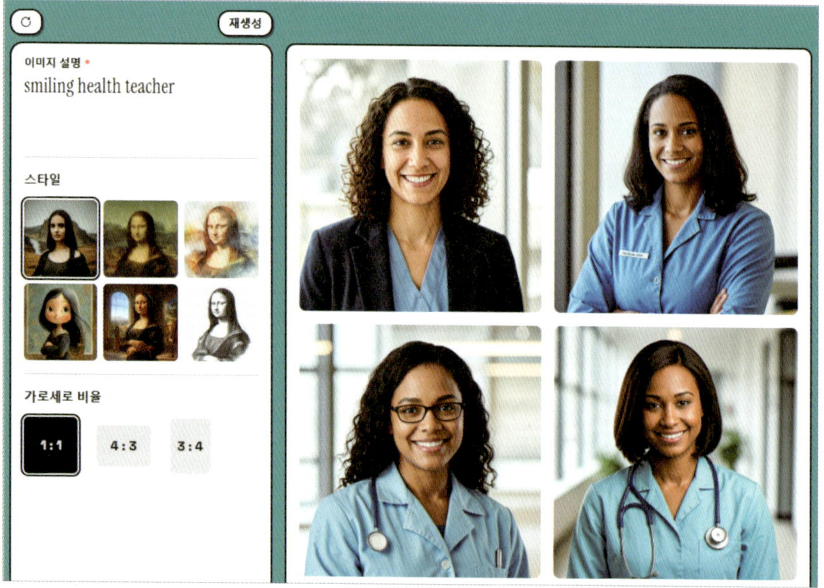

- 복사(⧉)버튼을 누르면 클립보드에 복사되어 원하는 곳에 붙여넣기(마우스 우클릭 또는 ctrl+v) 할 수 있다.

- 다운로드(⤓) 버튼을 누르면 기기에 이미지 파일이 다운로드된다.

- 패들렛(🦋) 버튼을 누르면 최근 접속한 패들렛 또는 원하는 패들렛에 해당 이미지를 업로드할 수 있다.

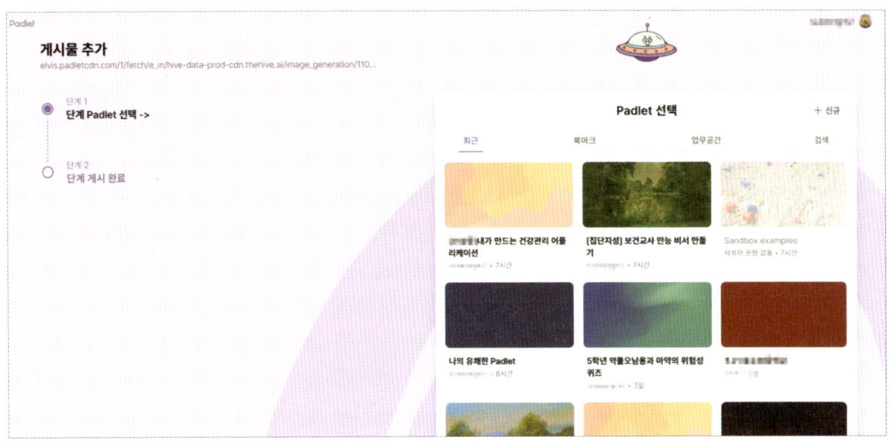

√ 인터랙티브 활동

이번에는 패들렛 TA의 인터랙티브 활동을 활용해 전교생 대상 약물 오남용 교육 창체 수업(1교시)을 쉽고 빠르게 준비해 보자.

> **교육 계획**
> - 수업 대상: 중학교 1, 2, 3학년 전교생
> - 교육 자료: ○○교육청 제작한 교육 영상(유튜브 링크)
> - 교육 방법: 영상 시청(방송 송출) 후 객관식 퀴즈 제출 또는 활동지 작성

① 우선 미리 준비한 교육 영상을 준비한다. 공신력 있는 기관의 교육 영상을 유튜브 등의 플랫폼으로 찾아본 후 영상을 처음부터 끝까지 살펴보며 내용이나 구성이 교육 대상에게 적절한지 확인한다.

② 영상 내용을 기반으로 객관식 퀴즈를 출제해 보자. 패들렛 TA에 접속하여 인터랙티브 활동의 [객관식]을 선택한다.

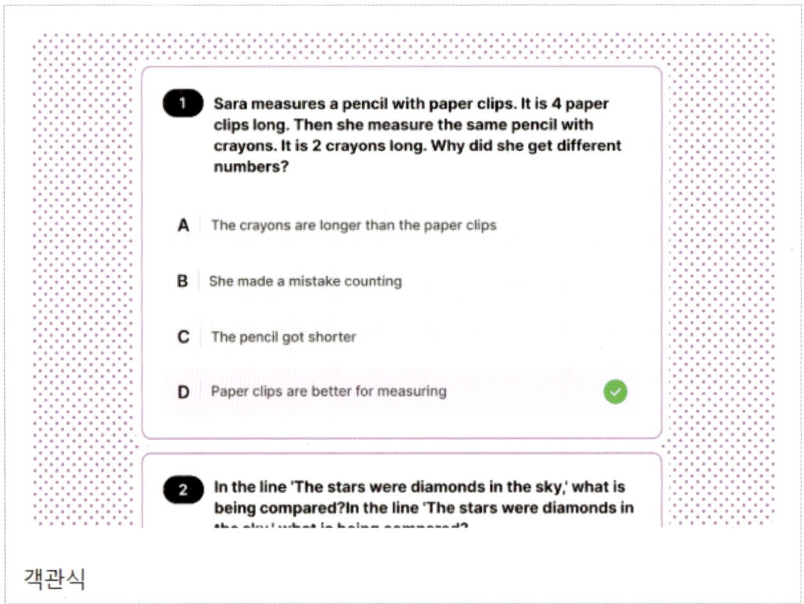

객관식

③ 학년, 주제와 학습 목표, 추가 설명을 구체적으로 작성한다. 이후 유튜브 내용을 기반으로 퀴즈를 제작해야 하므로 하단의 [YouTube 추가]를 선택하면 링크를 삽입할 수 있도록 창이 바뀐다.

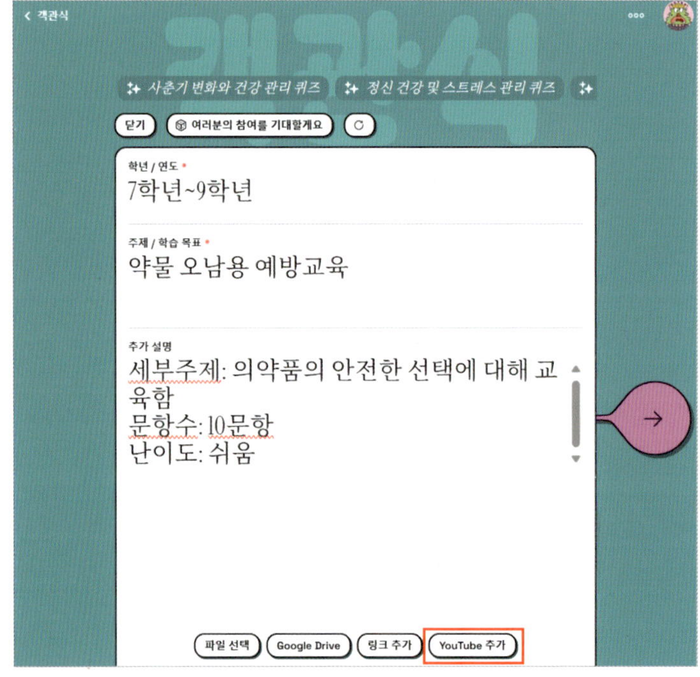

④ 해당 교육 영상의 링크를 삽입한 후 [링크 추가]를 누르면 된다. 어느 정도의 로딩 시간을 거친 후 유튜브 링크가 잘 삽입되었다면 아래와 같이 화면이 바뀐다.

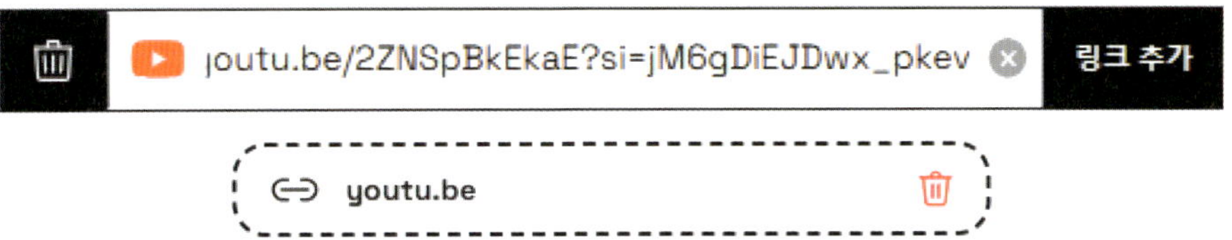

⑤ 모든 정보를 잘 입력했는지 확인한 후 우측 화살표 버튼을 누르면 바로 객관식 문항이 출제된다. 객관식 문항이 원하는 문항 수만큼 제작된 것을 확인할 수 있다.

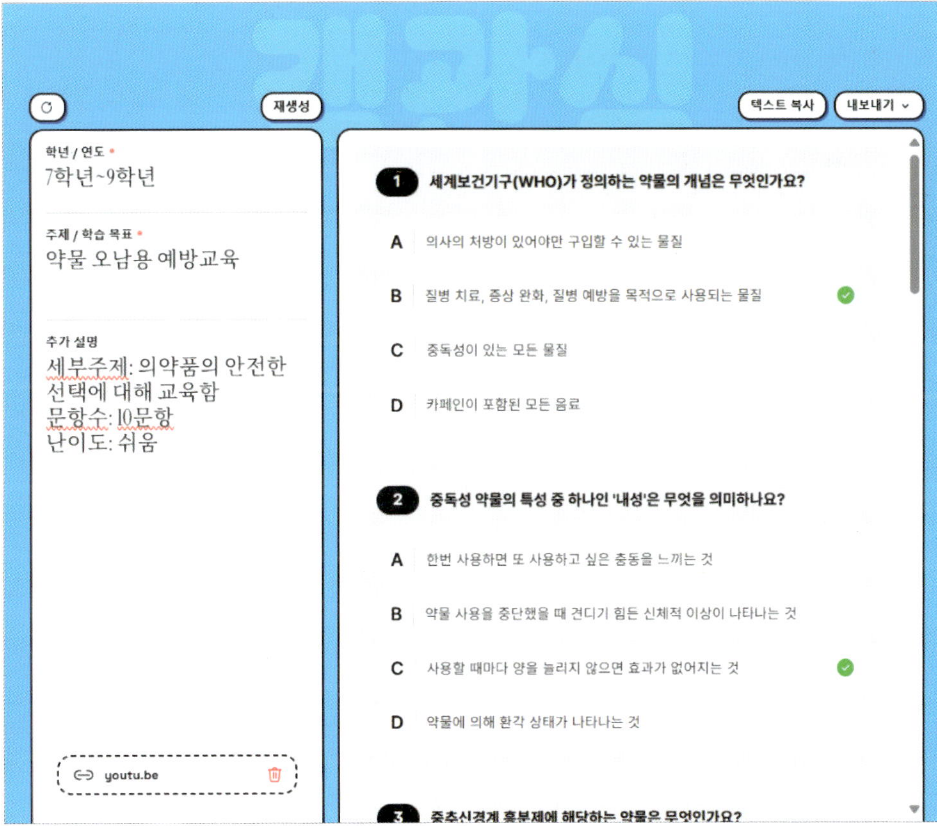

⑥ 만들어진 문항은 [내보내기]를 통해 원하는 곳으로 내보낼 수 있다. 해당 페이지에서 문항 및 선지 수정은 불가하다. 학생들이 즉시 접속하여 참여할 수 있도록 패들렛으로 내보내거나 Google Forms로 내보낸 후에 해당 플랫폼(페이지)에서 문항 또는 선지를 적절히 수정하면 된다.

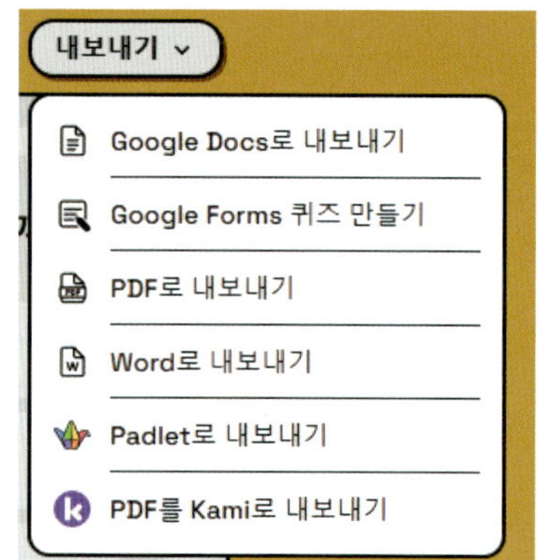

⑦ [Padlet으로 내보내기]를 선택한다면 투표 형식으로 제작된다. 학생들이 [투표] 버튼을 누르면 각 선지별 선택 인원과 비율을 실시간으로 확인할 수 있지만, 정답은 표시되지 않는다.

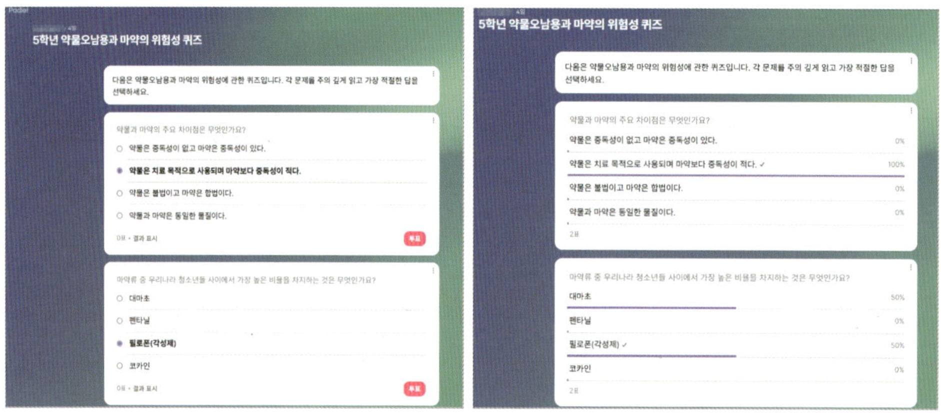

전체 응답 결과를 함께 보며 왜 많은 학생이 2번을 선택했는지 이야기해 보고, 오개념을 바로잡을 수 있다. 학생 개별 피드백이나 자동 채점이 필요하다면, Google Forms로 내보내기 하는 것이 더 적절하다.

[Google Forms 퀴즈 만들기]를 선택한다면 다음 그림과 같이 어떤 선지가 정답인지 설정된 상태이다.

[설정]에 들어가 보면 [퀴즈로 만들기]가 활성화되어 있는 것을 확인할 수 있다. 퀴즈를 제출한 후 자신이 어떤 선지를 선택했으며 틀린 문제가 무엇인지, 정답은 무엇인지 확인 가능하도록 설정되어 있다. 이렇게 하면 학생들이 학습 결과를 확인하고 즉각적인 피드백을 받을 수 있다.

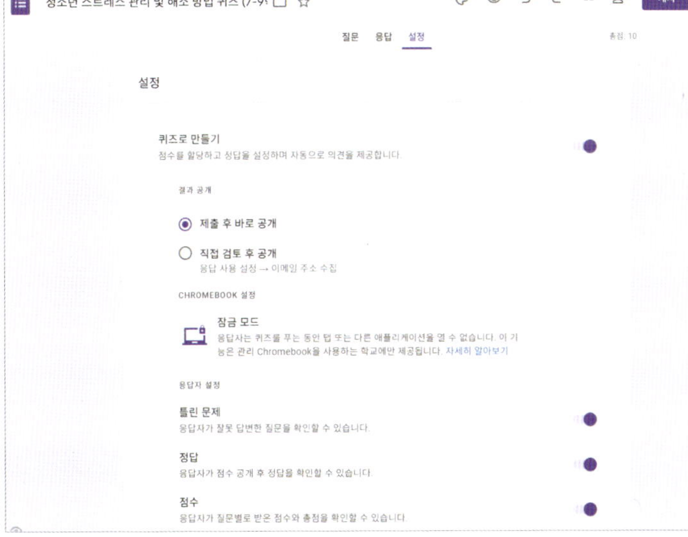

> **개인정보 보호와 안전성**
>
> 패들렛 TA는 제미나이, 챗GPT, 클로드의 AI 모델 조합을 사용하고 있으며, 이러한 도구의 유료 버전을 사용하고 있다. 따라서 작성하는 모든 프롬프트와 정보는 모델 학습에 사용되지 않는다.[20)]

다. 스쿨 AI(School AI)로 개별 맞춤형 상담하기

1) 스쿨 AI

스쿨 AI는 인공지능 챗봇과 학생의 대화 내용을 실시간으로 분석하여 학생의 건강 습관, 감정 상태, 관심사 등을 파악하고 교사가 피드백을 제공할 수 있도록 돕는 플랫폼이다. 'Sidekick'을 통해 교사는 수업 목적에 맞는 AI 비서를 직접 설계하고, 학생들은 링크나 QR코드로 쉽게 참여할 수 있다. 교사용 대시보드에서 학생별 대화 요약과 건강 신호, 지도 방향을 한눈에 확인할 수 있어 데이터를 기반으로 개별 학생에 대한 교육적 처치에 대한 맞춤형 조언을 얻을 수 있다. 반복적인 행동이나 위험 징후를 포착해 지속적인 관찰과 상담이 필요한 학생을 선별하는 데도 유용하다.

2) 스쿨 AI 사용하기

① 스쿨 AI 공식 홈페이지(https://schoolai.com/)로 접속 후 Free for teachers를 클릭한 후 로그인한다.

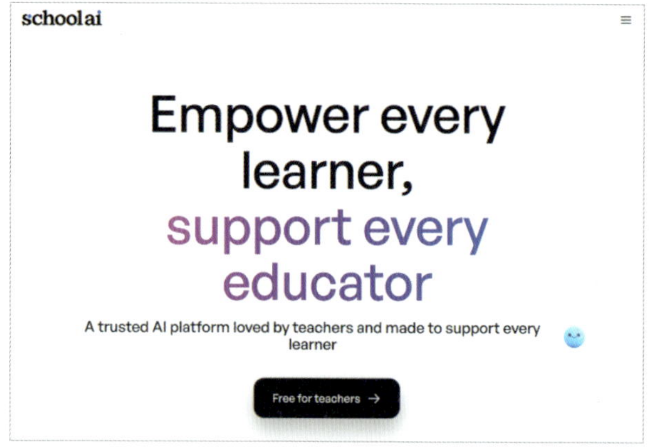

---

20) legal.padlet.com/privacy 참조

② 학생 활동 시작 카테고리에서 'Sidekick'를 클릭한다.

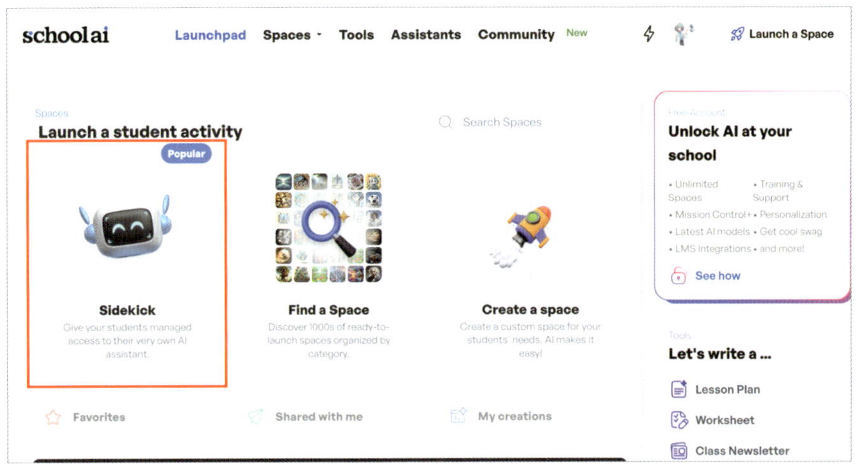

③ 학생들과 함께 사용할 AI 비서를 제작할 수 있다. 학생들이 AI 비서를 통해 어떤 도움을 받으면 좋을지 작성한다. 'More Options'을 클릭하여 수업에 대한 설명, 상호 작용 방법, 규칙을 설정할 수 있다. 우측 미리보기에서 AI 비서와 미리 대화하면서 작성 내용을 수정하거나 보완할 수 있다. 작성이 끝났다면 Launch 버튼을 클릭한다.

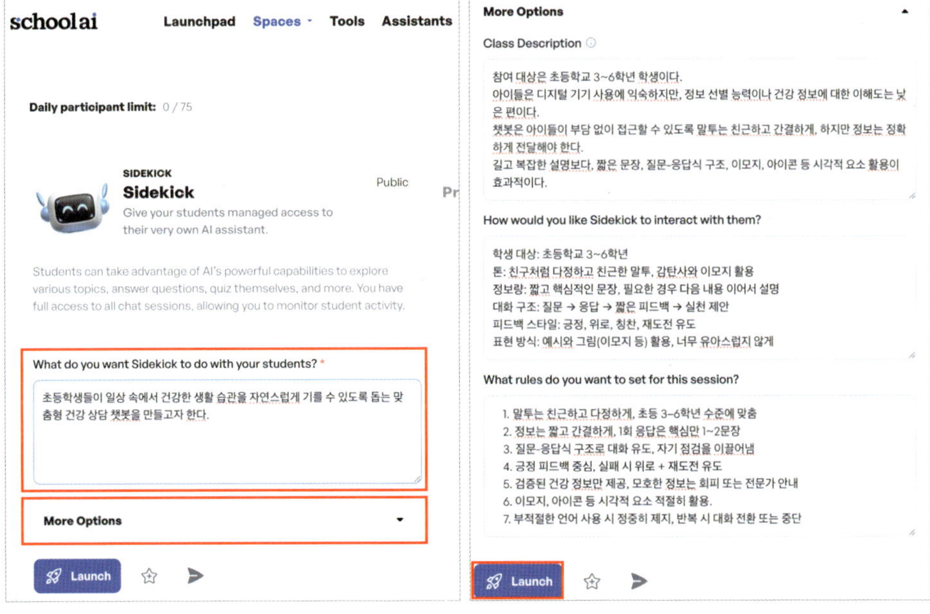

④ 학생을 챗봇과 대화할 수 있는 공간으로 초대할 수 있는 Space Code를 사용한다.

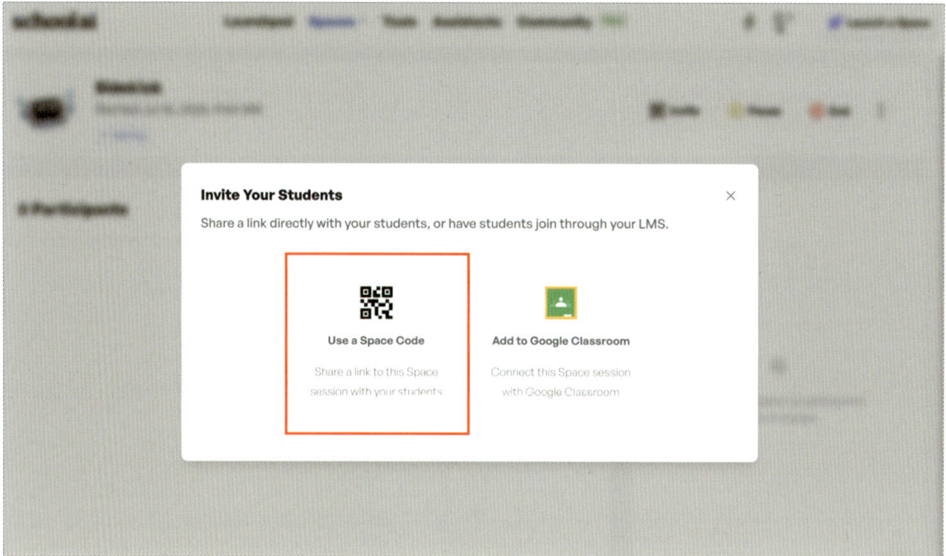

⑤ Copy 버튼을 클릭하여 링크를 복사하여 공유할 수 있고, QR코드로도 초대할 수 있다.

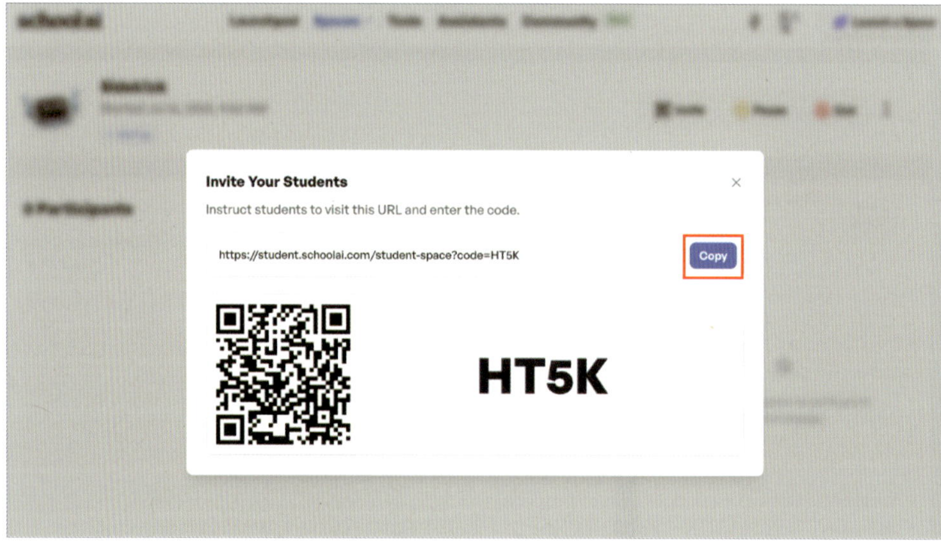

⑥ Copy 버튼을 누르면 교사용 대시보드 페이지가 열린다. 이 페이지는 교사가 각 참가자의 활동을 한눈에 살펴보고 필요한 개입을 할 수 있도록 구성되어 있다.

시작 시간: 해당 세션이 언제 시작되었는지 보여줌 (예: 2025년 7월 16일 오전 9시 50분 시작)
태그 추가(Add tag): 활동을 분류하거나 목적별로 태그를 추가해 관리 가능

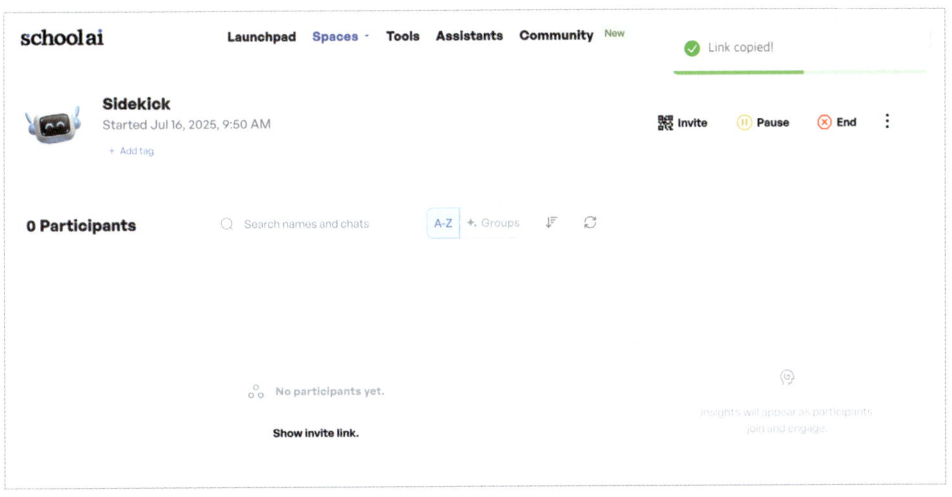

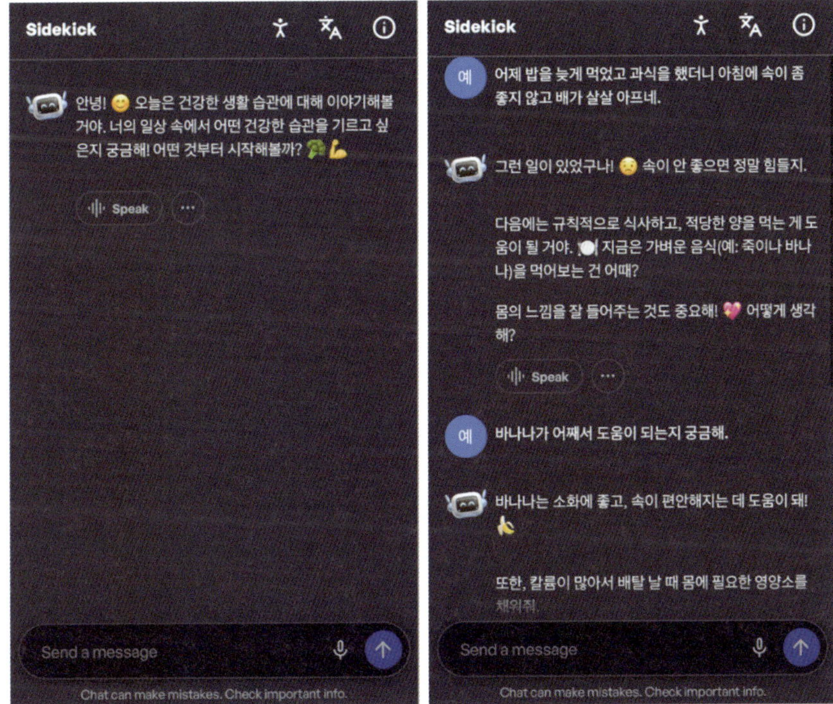

<학생이 모바일로 접속 시 보는 화면>

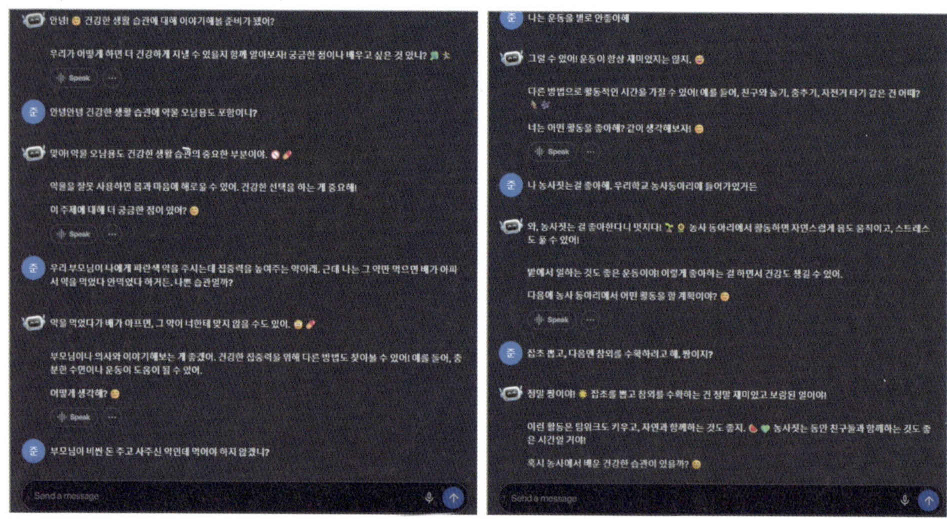

<학생이 PC로 접속 시 보는 화면>

⑦ 교사용 대시보드 페이지에서 마우스 오른쪽 버튼을 클릭한 후 한국어로 번역을 클릭한다. 한국어로 자동 번역하면 보기 편하다.

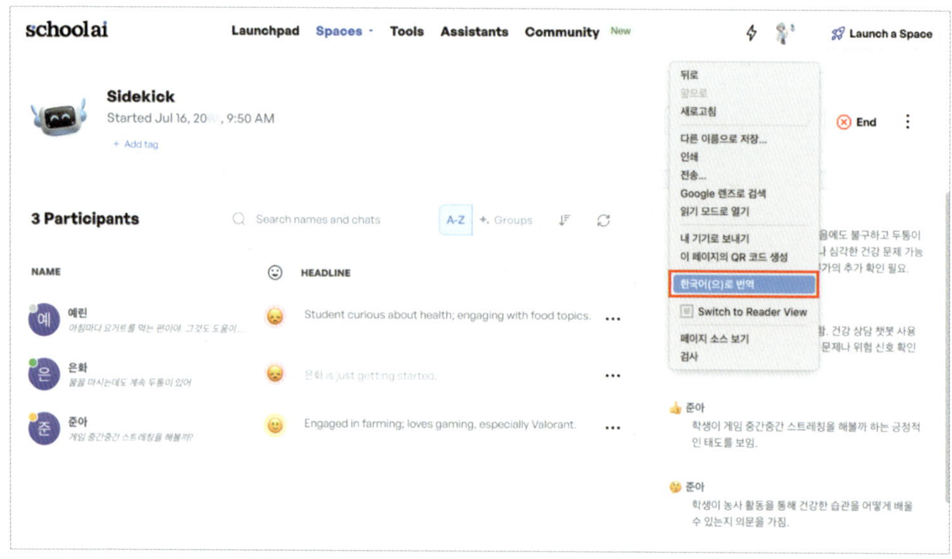

⑧ 이름과 채팅 검색창: 참가자(학생)의 이름이나 대화를 검색해 빠르게 찾을 수 있다.

이름 + 말풍선 아이콘: 참가자의 이름과 프로필 색상/이니셜로 시각적으로 구분된다.
표정 아이콘: 학생의 현재 정서 상태나 건강 상태를 나타낸다.
요약 문구: AI가 학생의 대화 내용을 분석해 현재 관심사나 행동 특성을 짧게 요약해 준다.
예) "음식 주제에 관심을 가졌습니다.", "지원과 지도가 필요합니다."

특정 학생을 클릭하면 오른쪽에 해당 학생의 구체적인 대화 분석 결과가 나타난다.

예시:
  - 예린: 건강 습관 개선 의지 표현 → 자가 인식 및 행동 변화 촉진이 필요함
  - 준아: 저녁 시간대 게임 계획 언급 → 생활 리듬 조절을 위한 지도 필요
  - 은화: 건강 문제 호소 + 의문 표현 → 전문가 확인이 필요한 상황

이처럼 AI가 자동으로 학생의 언어를 해석해 요약과 조치 방향을 제안해 주는 것이 이 대시보드의 핵심 기능이다.

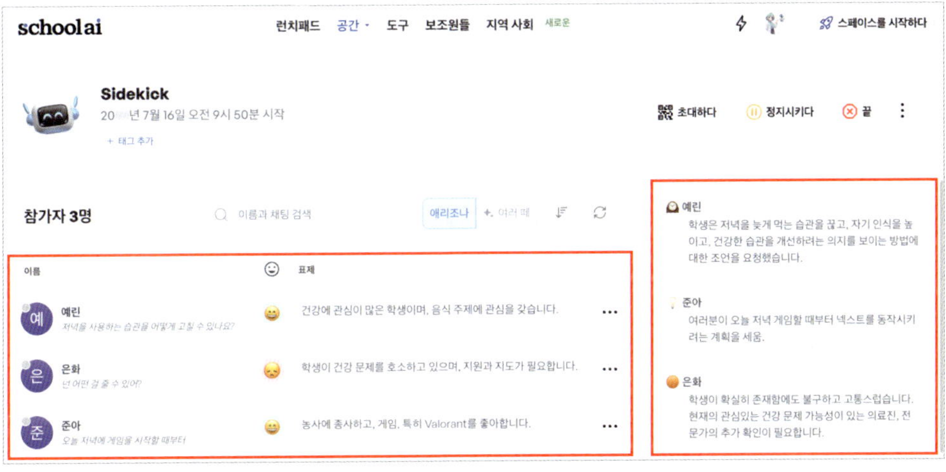

⑨ 아래 화살표를 클릭하여 학생별로 대화한 내용에 대한 해석을 확인할 수 있다.

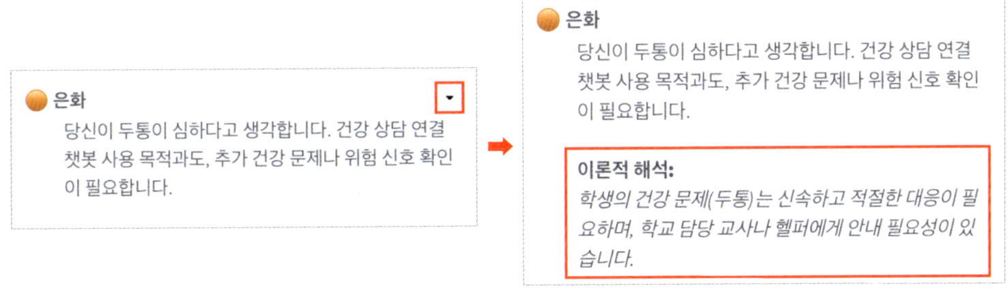

학생의 건강 행동을 개별적으로 모니터링할 수 있으며, 단순 대화 내용뿐 아니라 정서 상태, 관심사, 위험 신호까지 분석하여 표시된다. 교사는 이 정보를 바탕으로 맞춤형 피드백이나 상담을 제공할 수 있다. 반복된 행동 패턴도 관찰 가능해 지속적 관찰과 개입이 필요한 학생을 선별하기에 유용하다.

⑩ '초대하다' 버튼을 클릭하여 챗봇과의 대화방으로 초대할 수 있다.

⑪ '정지시키다' 버튼을 클릭하여 챗봇과의 대화를 잠시 멈출 수 있다.

⑫ 페이지 우측 하단에서 챗봇에 대한 내용을 수정한 후 업데이트할 수 있다.

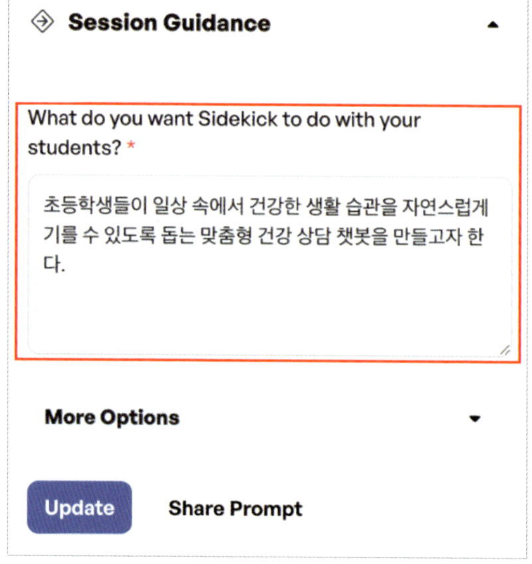

⑬ 재개하다 버튼을 눌러 다시 챗봇과의 대화를 시작할 수 있다.

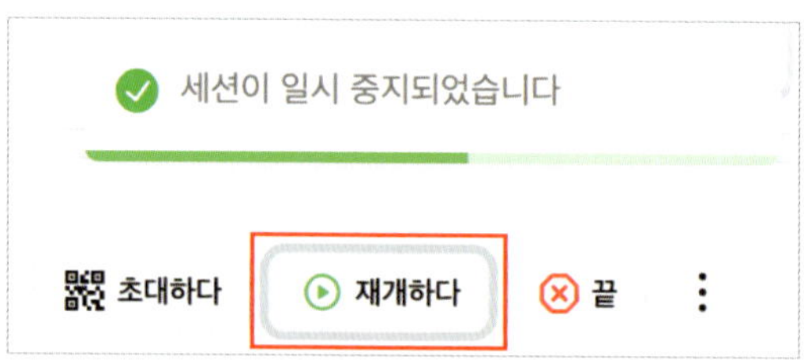

⑭ '끝' 버튼을 클릭하여 챗봇과의 대화를 완전히 종료할 수 있다. 재개는 불가능하다.

⑮ 내가 만든 챗봇을 다른 교사에게 공유할 수 있다.

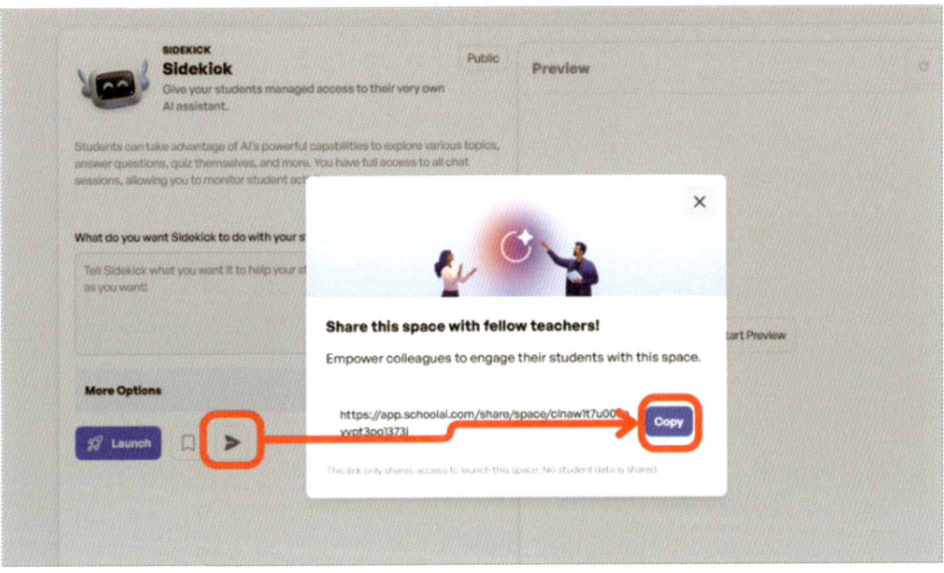

라. 와우아이디어스(WOWIdeas)로 PBL 수업하기

1) 와우아이디어스

와우아이디어스는 온라인 브레인스토밍 기반 아이디어 전개 협업 플랫폼이다. PBL 수업에 효과적으로 활용할 수 있도록 최적화된 형태로 구성되었다. 학생들은 자유롭게 아이디어를 업로드하고, 이를 포트폴리오 형태로 확인할 수 있다. 또한, 평가 루브릭을 입력하면 정량평가, 정성평가가 가능하도록 설계되어 교육 현장에서 과정 중심 평가를 지원하는 도구이다.

2) 주요 기능 및 특징

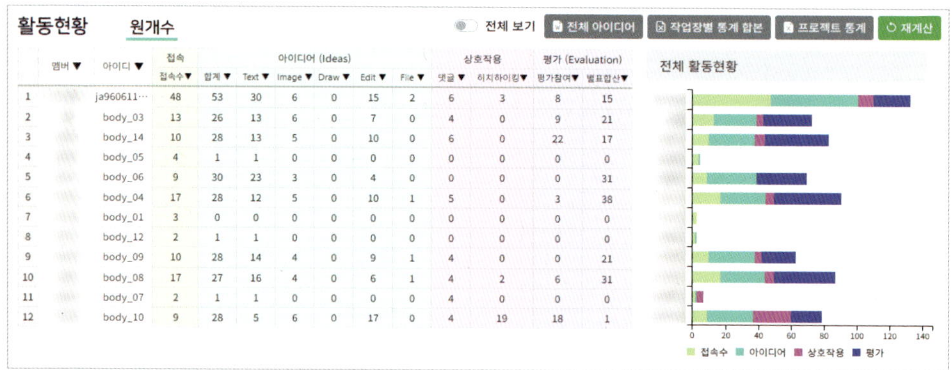

멤버 ▼	아이디 ▼	접속 접속수 ▼	아이디어 (Ideas) 합계 ▼	Text ▼	Image ▼	Draw ▼	Edit ▼	File ▼	상호작용 댓글 ▼	히치하이킹 ▼	평가 (Evaluation) 평가참여 ▼	별표합산 ▼
1	ja960611…	48	53	30	6	0	15	2	6	3	8	15
2	body_03	13	26	13	6	0	7	0	4	0	9	21
3	body_14	10	28	13	5	0	10	0	6	0	22	17
4	body_05	4	1	1	0	0	0	0	0	0	0	0
5	body_06	9	30	23	3	0	4	0	0	0	0	31
6	body_04	17	28	12	5	0	10	1	5	0	3	38
7	body_01	3	0	0	0	0	0	0	0	0	0	0
8	body_12	2	1	1	0	0	0	0	0	0	0	0
9	body_09	10	28	14	4	0	9	1	4	0	0	21
10	body_08	17	27	16	4	0	6	1	4	2	6	31
11	body_07	2	1	1	0	0	0	0	4	0	0	0
12	body_10	9	28	5	6	0	17	0	4	19	18	1

가) PBL 수업 최적화

- **학생 관리 및 등록 편의성**: 학생들의 일괄 등록(ID 및 비밀번호 일괄 생성)을 지원해 대규모 학급 관리에도 효율적이고 사용도가 높다.
- **프로젝트 및 작업장 관리**: 교사가 설계한 수업을 여러 작업장 단위로 구성 가능하며, 내부 또는 외부 복사를 통해 조별 활동 및 반복 수업 세팅이 편리하다.
- **자동 학생 포트폴리오 생성**: 학생 프로필을 선택하면 학생 개인별 포트폴리오가 자동으로 생성되어 있어 성장 관찰과 과정 중심 평가를 용이하게 하며, 이를 파일로 다운로드해 개인별 활동 내용을 교사 및 학부모가 확인하고 생활기록부 작성에도 용이하다.

나) 창의적 아이디어 발상 특화

- **실시간 아이디어 업로드 및 열람**: 다양한 디바이스(PC, 태블릿, 스마트폰 등)에서 웹 기반으로 별도의 설치 없이 실시간으로 협업이 가능하다.
- **다양한 매체 활용**: 텍스트, 이미지, 스케치, 인터넷 자료, 유튜브 영상 등을 활용해 풍성한 아이디어 발상이 가능하다.

- **전문적 발상 기법 UI 제공**: 카드, 칸반, 캔버스 스타일 UI를 통해 SCAMPER, PMI, 5W1H 등 다양한 창의적 사고 기법을 손쉽게 적용해 볼 수 있다.

다) 효과적인 상호 작용 및 협업

- **활발한 상호 작용 기능**: 학생 간 댓글, 관리자 피드백 댓글, 별점, 특정 작업장으로 불러모으기 기능, 타이머 등 다양한 기능으로 활발한 커뮤니케이션을 지원한다.
- **아이디어 히치하이킹 가능**: 다른 사용자의 아이디어에 덧붙이고 개선하는 기능으로 아이디어 발전을 촉진한다.

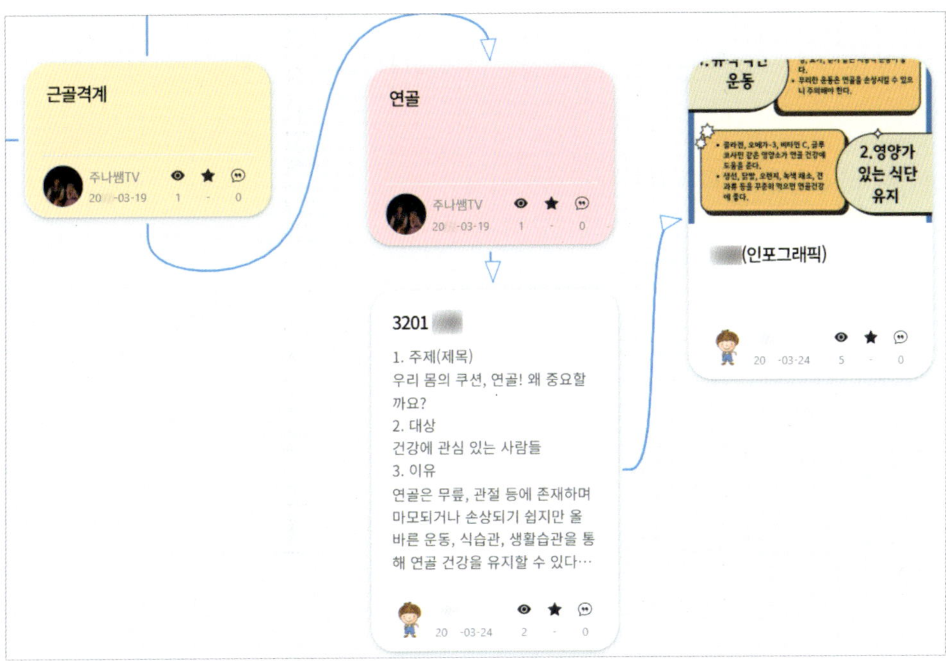

라) 평가 및 동기 부여 도구

- **별표 기반 다중투표 및 동료 평가**: 직관적인 동료 평가 시스템(별점)으로 우수 아이디어 선별이 가능하다.
- **활동 통계 및 피드백 제공**: 정량 및 정성평가가 가능하며, 교사는 실시간 통계로 참여도와 기여도를 분석해 맞춤형 피드백을 제공할 수 있다.

3) 교육적 효과 및 활용 사례

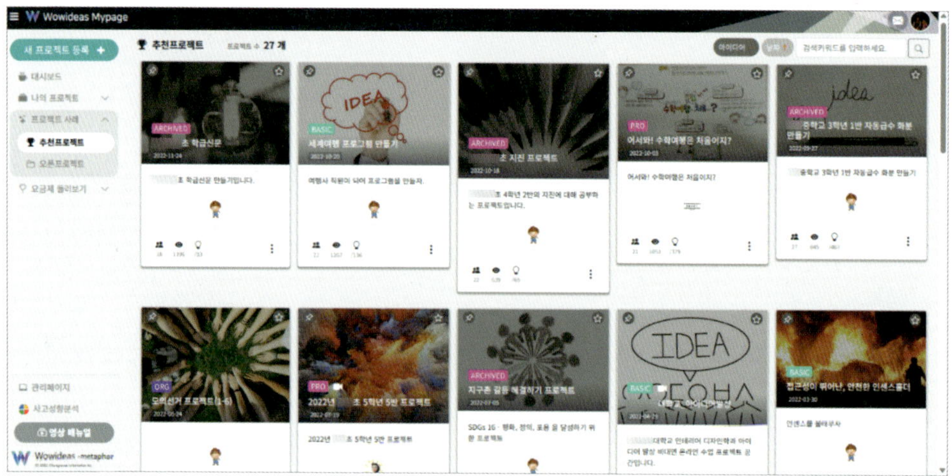

학생들은 온라인 브레인스토밍과 오프라인 수업 활동을 연계하면서, 창의적인 아이디어를 더 진지하고 독창적으로 발전시키는 경험을 할 수 있다. 또한, 과정 중심 평가에 최적화된 디지털 포트폴리오를 활용하여 자기주도학습 능력도 향상된다.

이 도구는 초등학생부터 고등학생까지 폭넓은 학년에서 활용할 수 있으며, 다양한 교과목의 핵심 성취 기준에 맞춘 맞춤형 교육 도구로 쓰이고 있다. 와우아이디어스 메인 페이지 – [프로젝트 사례] – [추천 프로젝트]를 통해 초/중/고 우수 사례들을 살펴볼 수 있다.

3. 캔바(Canva) AI 활용 수업 사례

가. 다섯 고개 게임으로 수업 문 열기

'다섯 고개 게임'은 간단하지만 학생의 호기심을 자극해 수업 초반의 집중과 몰입을 빠르게 높여주는 도입 활동이다. 교사는 건강 개념이나 핵심 용어를 단계별 힌트 다섯 개로 제시하고, 학생은 공통점을 찾아 스스로 정답을 추론한다.

이를 통해 단순한 설명식 수업이 아닌 개념 중심의 학습이 이루어지며, 논리적 사고력·자기주도성·학습 흥미가 함께 향상된다.

1) 다섯 고개 게임이란?

수업 주제와 관련된 핵심 단어를 중심으로 3~5개의 힌트를 순차적으로 제시하면서 학생이 정답을 유추하는 게임이다.

1~2단계는 정답을 유추하기 힘든 일반적인 힌트로, 3~4단계는 정답을 유추하기 쉬운 힌트를, 마지막 단계에는 핵심 내용을 포함한다. 학년 수준이나 수업 흐름에 따라 3고개, 4고개 등으로 변형하여 활용할 수 있다.

- 예시: "충치"

단계	충치	사춘기	응급처치
1	까맣게 변해요	사람은 누구나 경험해요	올바른 방법이 중요해요
2	아파요	키가 커요	다치거나 아플 때 필요해요
3	단 음식을 자주 먹으면 생겨요	어린이에서 어른이 되는 과정이에요	이것을 잘 하면 빨리 회복할 수 있어요
4	치아에 구멍이 생겨요	감정 변화가 심해요	병원에 가기 전에 먼저 해요
5	음식을 먹고 난 후 양치를 해야 해요!	월경, 몽정을 경험해요	위급하면 119를 불러요.

다섯 고개 퀴즈의 힌트를 만들 때 GPTs를 활용할 수 있다.

아래 '슬기로운 건강 퀴즈봇'을 이용하면 다섯 고개 형식에 맞는 힌트를 간편하게 생성할 수 있다.

슬기로운 건강 퀴즈봇
- https://joo.is/다섯고개퀴즈봇

2) 캔바로 다섯 고개 게임 제작 가이드

① 템플릿 검색: 퀴즈, 추리 게임, 카드 퀴
즈, 아동 퀴즈 등으로 검색하면 활용
가능한 템플릿을 선택할 수 있다.

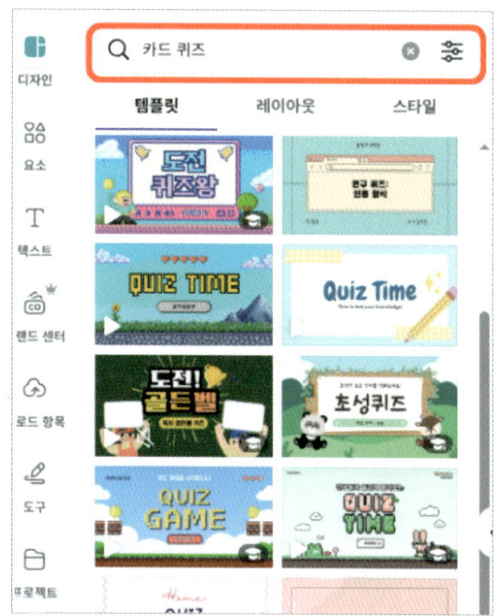

② 원하는 디자인 페이지를 클릭하여 작업창에 추가한다.

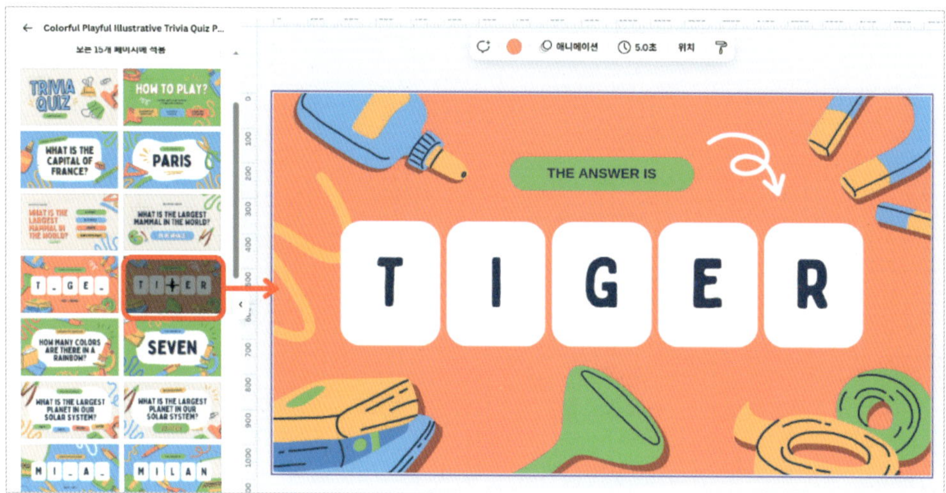

③ 추가된 디자인 페이지의 요소 편집(불필요한 요소는 삭제하고, 사용할 배경 요소들은 위치를 정한 후 잠금 기능을 활용하여 편집 시 움직이지 않도록 고정한다.)

④ 도형(네모) 요소 삽입 및 간격 조절하기: 다섯 고개 힌트가 들어갈 네모 도형 삽입 → 네모의 바탕색과 테두리 색 편집 → 네모 5개 복제하기 → 5개 도형 중 처음 시작 위치와 마지막 위치에 이동한 후 도형 5개 모두 선택 → 상단의 '위치' 메뉴 선택 → '정렬' → '깔끔하게 정리' 클릭하면 떨어져 있는 5개 네모의 간격을 일정하게 조정할 수 있다.

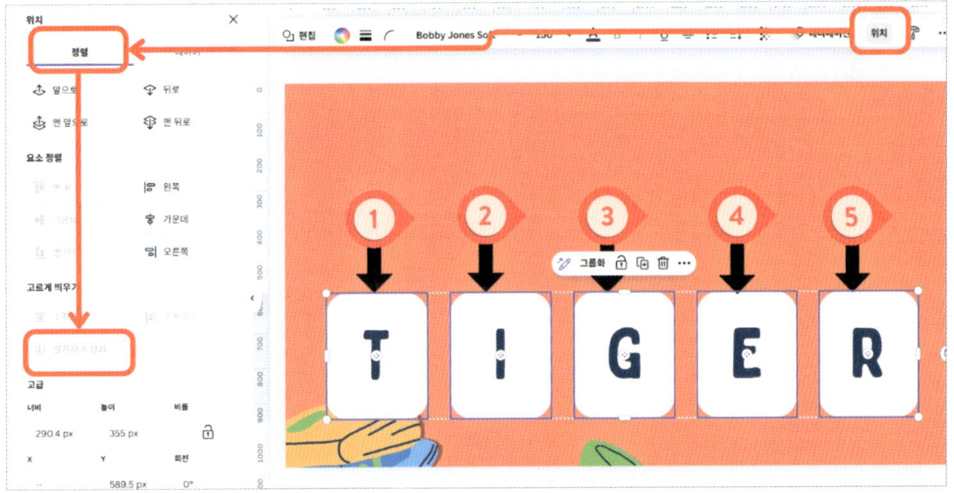

⑤ 다섯 고개 문제의 단계를 알 수 있도록 번호 요소를 검색하여 삽입하고 문제 제목을 입력한다.

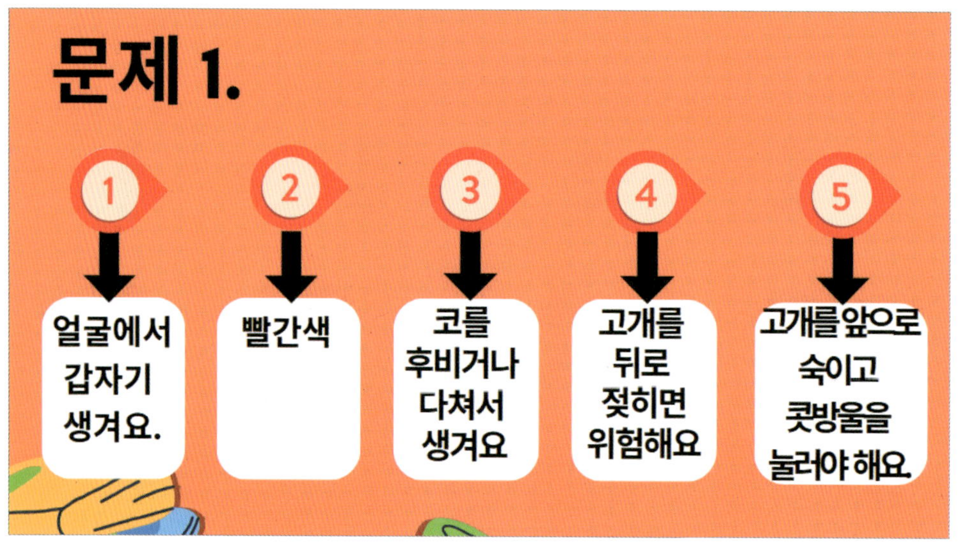

⑥ 애니메이션 적용: 단계별로 그룹화하기 → 그룹화한 요소 클릭 → '애니메이션' → '클릭 시 표시' 활성화 → 나머지 단계들의 요소도 위 과정을 반복 적용하면 클릭 시 요소가 순차적으로 나오게 된다.

⑦ 애니메이션 요소들의 순서를 수정하고 싶다면 요소 클릭 → 상단 '애니메이션' → 좌측 '클릭하여 정렬'을 클릭하면 클릭할 때 나오게 되는 순서를 한눈에 볼 수 있다.

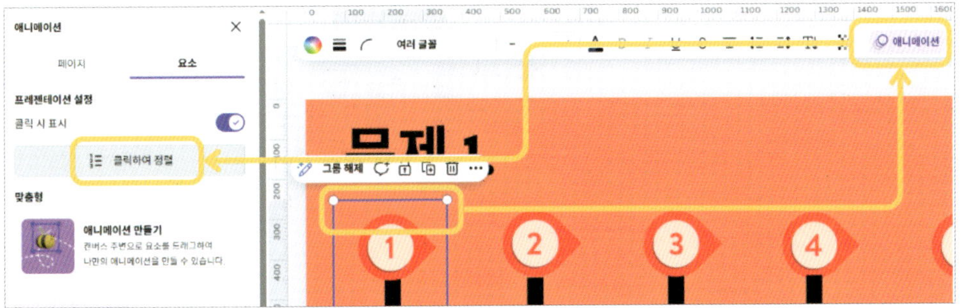

⑧ 요소별 앞쪽의 핸들(6점)을 클릭하여 순서 수정이 가능하다.

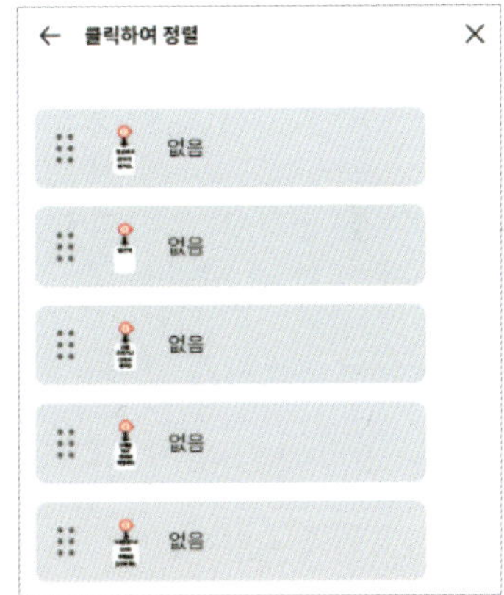

⑨ 프레젠테이션 실행 시 순차적으로 실행된다.

⑩ 정답은 초성 힌트를 제시하고 이후에 정답이 공개되도록 애니메이션 효과를
추가하면 좋다.

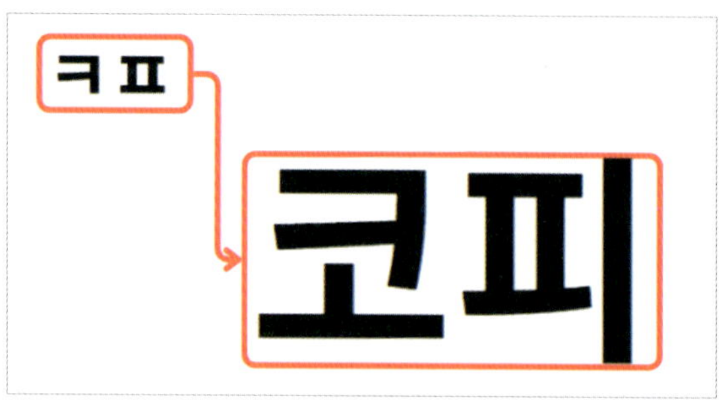

다섯 고개 게임은 캔바의 다양한 기능을 활용하여 단 몇 분 만에 시각적으로 완성
도 높은 콘텐츠로 제작할 수 있다. 힌트를 단순히 글로만 제시하는 것이 아니라, 캔
바의 이미지 검색이나 아이콘 기능을 활용해 시각적 힌트를 함께 제시하면 학생들
의 이해와 흥미를 더욱 높일 수 있다. 또 캔바의 협업 기능을 이용하면 학생이 직접
퀴즈 제작에 참여하는 활동으로도 쉽게 확장할 수 있다. 예를 들어, 학생들이 조별
로 다섯 고개 퀴즈를 만들어 서로 풀어 보는 활동도 가능하다.

정답을 공개하기 전, 학생들의 추측을 받아 보는 방식으로 발표 및 토론 활동을
연계하면 발표력과 사고력 향상에도 도움이 된다. 정답 공개 후에는 관련 건강 정보
나 추가 퀴즈를 안내해 주면, 개념의 이해와 학습 효과를 더욱 높일 수 있다.

나. 캔바(Canva) AI 활용 바이브 코딩

캔바 AI의 코드 생성 기능을 활용하면, 복잡한 프로그래밍이나 코딩 지식 없이도
인터랙티브 보건 수업을 만들어볼 수 있다.

1) 캔바 AI 코드 생성

캔바의 AI 코드 생성 기능은 텍스트 프롬프트만 입력해도, 퀴즈·게임·반응형 플
래시 카드 등 다양한 상호 작용형 콘텐츠를 자동으로 만들어 주는 도구이다.

이렇게 프로그래밍 언어가 아닌 자연어(영어·한글)를 활용해 코딩하는 것을 '바이

브 코딩(Vibe Coding)'이라고 한다.

위에서 제작한 다섯 고개 퀴즈를 AI를 활용해 자동 생성한 예시이다.

다섯 고개 퀴즈 사용해 보기
- https://joo.is/다섯고개코딩

2) 캔바 AI 코드 생성의 특징

기능	내용
인터랙션 생성	버튼, 선택지, 결과 화면 등을 자동으로 구성
코드 작성 필요 없음	프롬프트(문장)만으로 프로그램 제작 가능
맞춤형 자동화	교사의 의도나 수업 목표를 설명하는 문장만 입력하면 자동으로 프로그램 완성
흐름 설계 지원	학생 선택에 따라 다음 화면(슬라이드)이 자동 연결되는 구조로 설계 가능

3) 이용 방법

캔바 AI 코드 생성은 아이디어만 제시해도 코딩이 완성된다. 결과물을 보며 원하는 디자인, 추가 항목 등이 있다면 단계를 추가하면서 만들어 가면 된다.

① 캔바 홈에서 Canva AI → 코드 생성을 클릭한다.

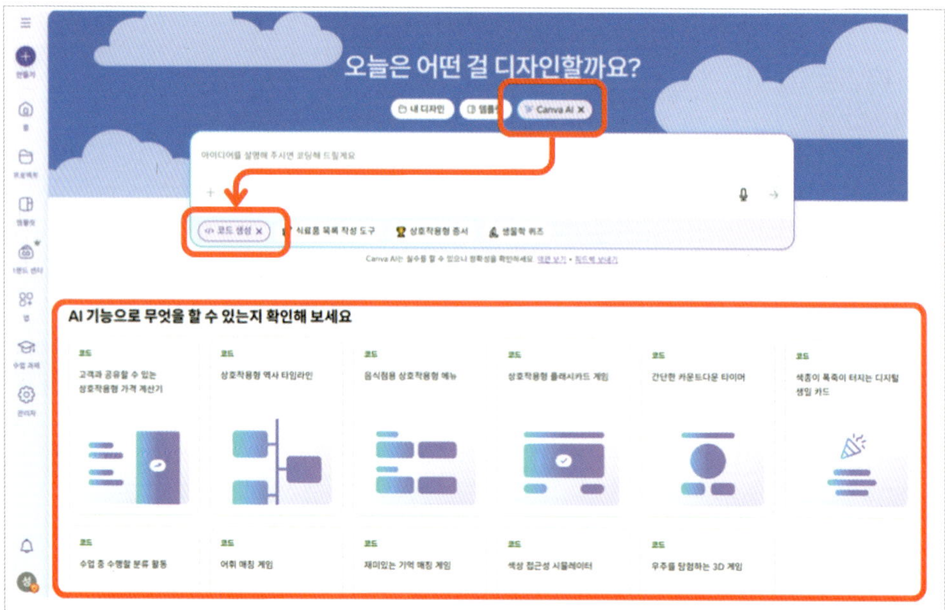

- AI 코드 생성으로 어휘 매칭 게임, 기억 매칭 게임, 타이머, 생일 카드, 분류 활동, 상호 작용형 플래시 카드 게임 등 다양한 프로그램을 만들 수 있다.
- '코드 생성' 프롬프트 창 아래의 'AI 기능으로 무엇을 할 수 있는지 확인해 보세요' 예시 코드를 클릭하면 코드 생성 프롬프트 창에 자동으로 프롬프트가 표시되며, 중요 단어만 수정하여 간단하게 프로그램을 만들 수 있다.

② 프롬프트 창에 대상 학년과 아이디어만 입력하면 코딩이 자동으로 완성된다.

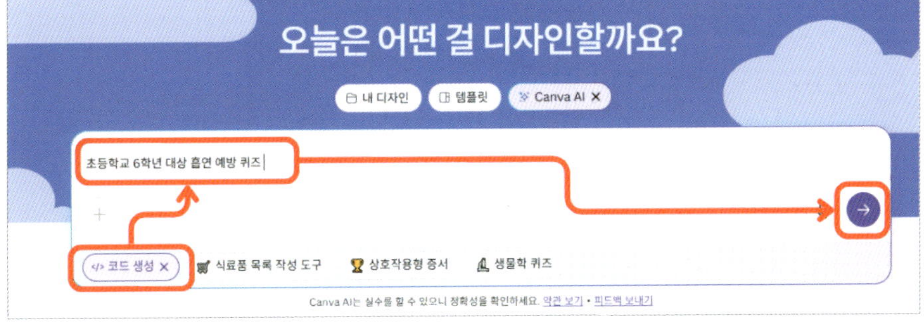

코드 생성 중

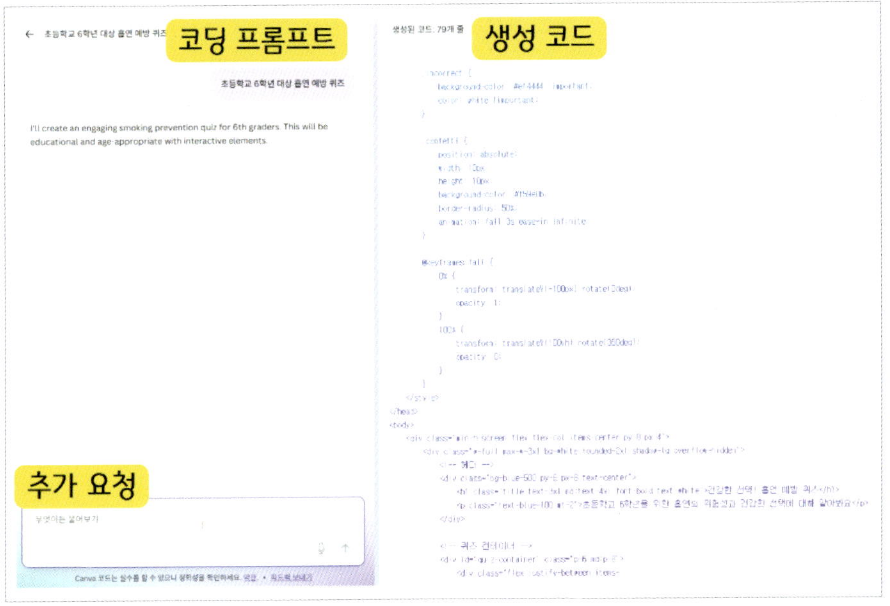

코드 생성이 완료되면 실행해 보고 부족한 부분은 프롬프트로 수정 요청을 한다. 위 예시 화면에서 프로그램 완성 [버전 1] 후 문제 다시 풀기를 하니 동일한 문제가 반복되고, 문제 풀이 해설이 최신 정보와 다른 내용이라 다음과 같이 수정 요청하였다.

"매번 '다시 풀기'를 할 때마다 새로운 문제를 출제하고, 문제와 정답은 최신 공식 자료를 근거로 만들어 주세요." 이런 식으로 코드 생성과 수정 요청을 통해 원하는 프로그램 코딩을 완성할 수 있다.

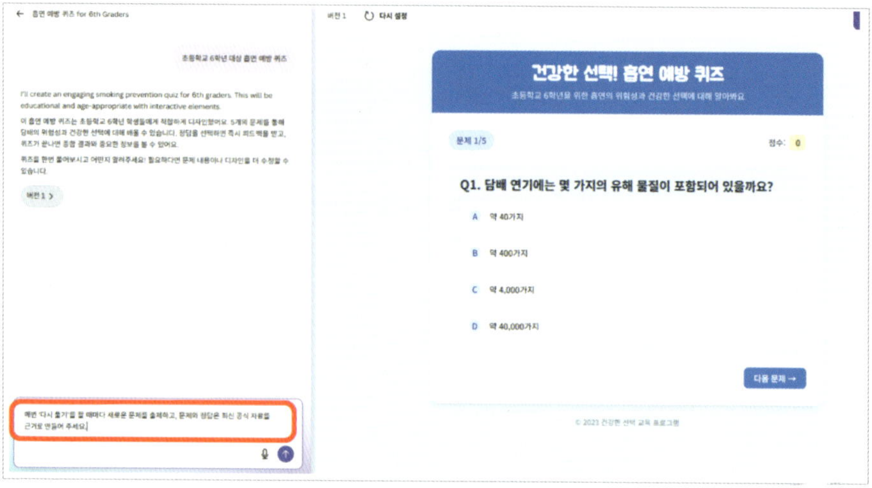

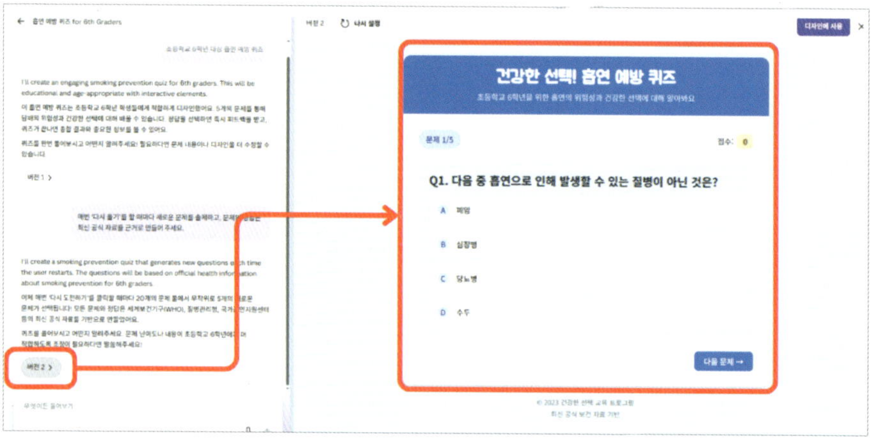

[버전 1의 정답과 해설의 오류가 수정되었습니다.]

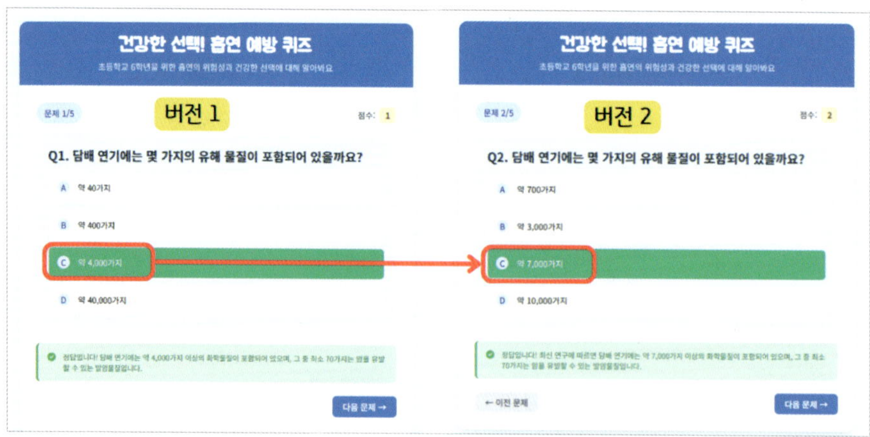

수정이 완료되면 우측 상단의 "디자인에 사용" → 웹사이트, 프레젠테이션, Doc, 화이트보드 중 선택한다.

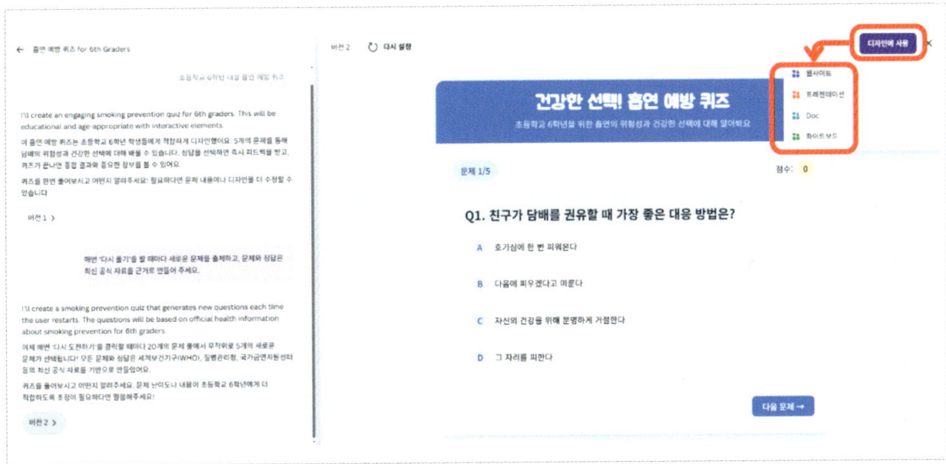

[화이트보드에 사용한 모습]

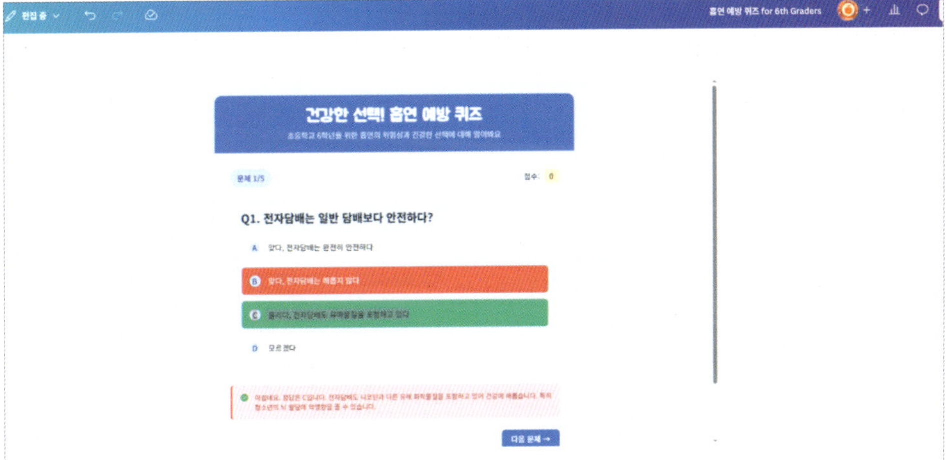

[건강 자가 진단 프로그램에 '통계 보기'가 추가된 모습]

[웹사이트 게시]

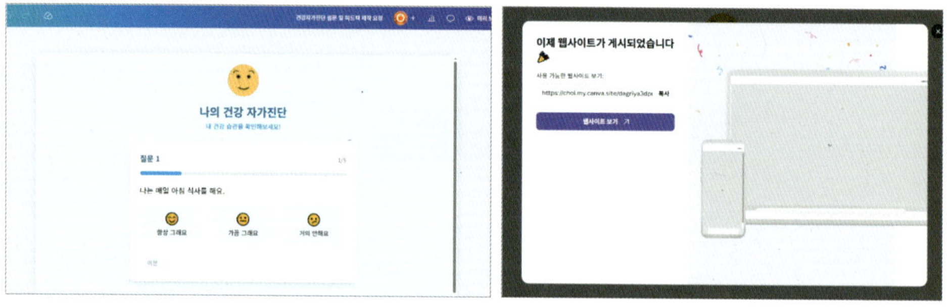

[웹사이트에 게시된 모습]

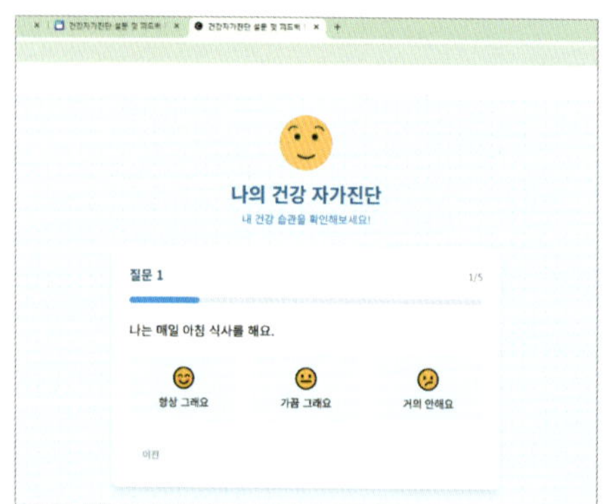

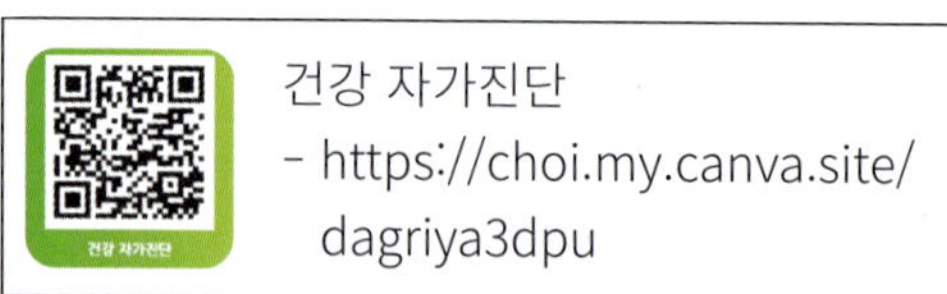

건강 자가진단
- https://choi.my.canva.site/
dagriya3dpu

4) 보건 수업과 업무 실전 활용

가) 교육용 퀴즈 게임

OX 퀴즈, 선택형, 선 잇기 게임 등 학생이 직접 문제를 풀고, 정답·해설을 확인하며 자기 주도적으로 건강 지식을 습득하게 할 수 있다. 대상 학년과 게임에 대한 간단한 아이디어 설명만으로 학생이 직접 참여하는 인터렉티브 게임을 만들 수 있다.

- 충치 예방법 맞추기 게임
- 감염병 예방 미션 게임
- 응급상황 분류 게임
- 사춘기 변화

나) 건강 자가 진단 설문 및 피드백

학생들이 스스로 나의 건강 자가 진단을 하고, 응답 결과에 따라 피드백을 확인할 수 있다. 간단한 설문이지만 매일 실천해야 하는 건강 습관을 확인하고 학생 스스로 건강 상태를 점검하며, 자기 주도적 건강 관리를 실천할 수 있도록 도울 수 있다.

다) 스트레스 자가 진단, BMI 등 건강 관련 계산기

실생활 건강 지표를 수업 중에 쉽게 확인, 관리할 수 있다.

내가 원하는 프로그램을 보다 구체적이고 정확하게 만들고 싶다면, 다음의 핵심 항목들을 참고하여 프롬프트를 작성해 보자.

[캔바 AI 활용 바이브 코딩 프롬프트 서식에 포함해야 할 핵심 항목]

구분	내용
1. 학습 목표 및 주제 명시	학생이 배워야 할 주제, 실천 행동(예: 응급처치, 손 씻기 등)을 명확히 제시
2. 대상	초등, 중등, 고등 등 구체적 학년 또는 연령
3. 문제 유형 및 난이도	- 퀴즈 유형(OX 퀴즈, 선택형, 계산기, 시뮬레이션 등) - 난이도(쉬움, 보통, 어려움 등)를 명확히 설정
4. 선택지 (정답 및 오답)	- 각 상황에 대해 3개 이상의 선택지를 제시하고 - 반드시 실제 현장에서 발생할 수 있는 오답(잘못된 대처법)도 포함하여 단순 선택이 아닌 판단력 형성에 도움 주기
5. 결과 피드백 및 해설	- 정답 선택 시 구체적 칭찬·핵심 설명, 오답 선택 시 올바른 정보와 힌트 제공 - 각 선택지별 정답/힌트 슬라이드 자동 연결
6. 통계	- 설문·퀴즈 결과 저장 및 누적 데이터 확인 - 결과 보기 버튼이나 통계 시각화 버튼 추가
7. 디자인 및 접근성 요소	- 밝은 색상, 학생 친화 캐릭터, 시각·청각 피드백(색, 그래프, 애니메이션 등) 활용 - 인터랙티브 요소: "클릭하면", "입력하면", "결과에 따라", 선택하면, 드래그하면, 선 잇기 등
8. 진행도 및 결과 안내	- 진행 정도 표시(예: 2/5 문제 완료) - 활동 마지막에 축하 또는 학습 요약 슬라이드 포함
9. 근거 및 참고 기준	- 모든 내용은 최신 보건·응급처치 가이드라인(예: 대한적십자사, 교육부 매뉴얼 등)에 근거 - 필요시 참고 기관, 관련 링크, 근거 제시
10. 교사용 안내	실제 수업 적용을 위한 교사용 주석, 활용 팁 포함

다. 캔바(Canva)의 숨은 AI 기능

1) Magic Write로 보건 수업 콘텐츠 작성 자동화

캔바의 'Magic Write'는 슬라이드용 문장, 수업 자료 초안, 활동 안내문 등을 AI가 자동으로 생성해 주는 기능으로, 교사의 아이디어를 정리하고, 수업 준비 시간을 절약해 주는 유용한 도구다.

이 기능은 간단한 프롬프트 입력만으로 문장을 자동 생성해 주는 AI 기반 콘텐츠 작성 도구다. 보건교사가 수업을 준비할 때 가장 많은 시간이 소요되는 작업 중 하나는 슬라이드에 들어갈 텍스트 구성이다. 개념을 설명하는 문장, 활동을 안내하는 지시문, 도입에 사용할 주제 소개 문구 등 전달력 있는 문장을 하나하나 직접 작성하는 데는 상당한 정성과 시간이 필요하다. 이때 Magic Write 기능을 활용하면, 슬라이드에 담을 핵심 문장들을 빠르고 효율적으로 구성할 수 있다. AI가 제시한 문장을 바탕으로 교사의 언어로 다듬기만 하면 수업 자료는 훨씬 짧은 시간 안에 완성된다.

가) Magic Write 사용 가이드

캔바에서 '문서' 또는 '프레젠테이션'을 열고 빠른 작업 명령어인 [/]를 입력하면 바로 Magic Write 기능을 사용할 수 있다. 원하는 주제를 5단어 이상 입력하면 된다.

예: "눈 건강을 위해 초등학생들이 실천하면 좋을 활동을 추천해 주세요."

AI가 슬라이드에 적합한 문장 형식으로 자동 완성하고, 제안된 문장을 그대로 활용하거나 일부를 편집해 사용할 수 있다.

① Magic Write 열기

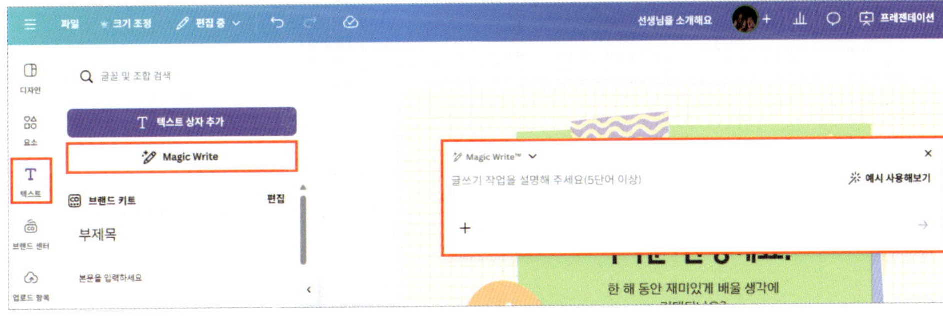

② 원하는 내용을 5단어 이상으로 입력하기

③ Ctrl+Enter 누르고 결과 확인하기: 생성된 결과를 비슷한 버전으로 다시 생성하거나 다른 추가 요청 프롬프트를 입력해 다른 결과를 생성할 수도 있다. 결과가 마음에 든다면 프레젠테이션에 삽입해 작업에 사용할 수 있다.

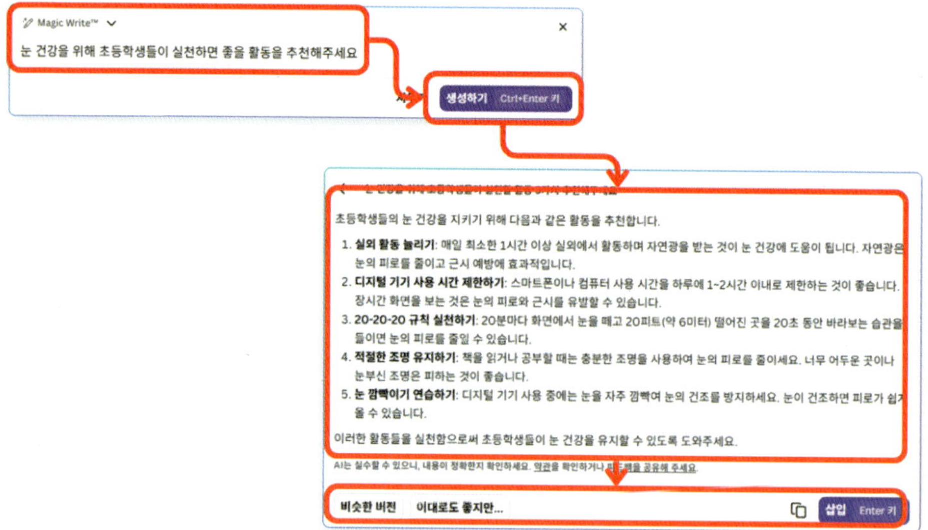

나) 수업 활용 팁

① 개념 설명 슬라이드: "질병 예방의 의미를 초등학생 눈높이에 맞게 설명"

② 슬라이드 제목, 소제목: "스트레스 해소 활동을 소개하는 간단한 소제목 3가지."

③ 수업 활동 안내문: "손 씻기 6단계 실습 수업에서 사용할 활동 안내 문장"

④ 평가 문항(수업 후 이해도 확인 문제): "초등학교 2학년 수준의 양치질 교육 이해도 확인 문제 5개"

⑤ 교육 콘텐츠: "초등학생에게 흡연의 문제점을 캐릭터처럼 소개하는 문장"
"초등학교 4학년에게 사춘기 변화를 자연스럽고 긍정적으로 설명하는 문장"
"초등학생이 코피가 날 때 당황하지 않고 대처할 수 있는 안내문"

⑥ 문장 다듬기: 기존 PPT의 설명 문장을 더 짧고 명확하게 바꾸고 싶을 때, "이 문장을 더 쉽고 학생 중심 표현으로 바꿔 주세요."라고 요청 가능

2) 캔바 시트(Canva Sheets)

캔바 시트는 디자인 플랫폼 캔바에서 새롭게 선보인 스프레드시트 도구로, 전통적인 엑셀이나 구글 시트의 기능에 캔바만의 시각적 디자인 요소와 AI 기반 기능이 결합된 혁신적인 도구이다.

표 형식, 데이터 관리와 시각 자료 제작이 동시에 가능하다. 연간 및 주간 보건 업무 달력, 건강 상담 기록지, 학년별 보건 교육 계획표, 요보호 학생 관리표, 의약품 및 의약외품 재고 체크리스트 등 기존에 엑셀이나 구글 시트에서 하던 업무를 더 직관적으로 구성할 수 있다.

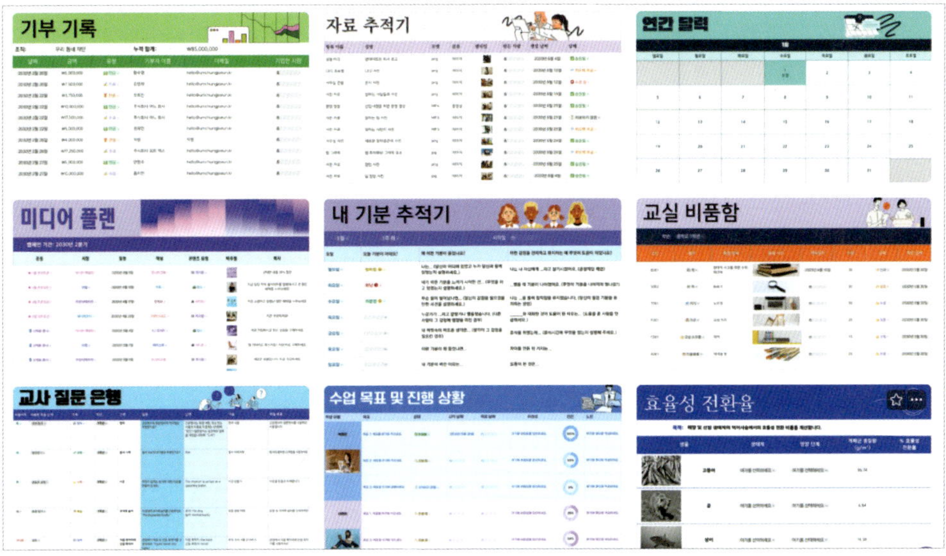

가) 캔바 시트 사용 가이드

캔바 시트는 보건교사의 수업 자료, 학생 건강 기록, 행정 업무 등을 한 문서 안에서 통합적으로 관리할 수 있는 시각 기반의 스프레드시트 도구이다.

탭(페이지) 단위로 업무를 정리하면 항목별로 정보를 구조화할 수 있으며, 필요한 내용을 빠르게 찾아볼 수 있다.

특히 캔바 시트는 디자인과 데이터가 결합된 작업 공간으로, 행정과 수업 자료 모두를 시각적으로 깔끔하게 구성할 수 있다.

엑셀이나 구글 시트처럼 표 작성, 필터링, 정렬 기능을 제공하면서도, 캔바의 다양한 디자인 요소(아이콘, 이미지, 차트, 그래프 등)를 삽입할 수 있어 데이터의 시각화와 문서 완성도가 크게 향상된다.

① 캔바에 로그인: www.canva.com 또는 앱을 통해 로그인한다.

② 홈 화면에서 [시트] 선택: 상단 검색창이나 디자인 탭에서 '시트'를 검색하거나 선택한다.

③ [+ 디자인 만들기] → [시트] 클릭: 새로운 시트를 시작하거나, 추천 템플릿 중에서 업무 목적에 맞는 양식을 선택한다.

④ 제목 입력: 문서 제목을 입력하고 업무에 맞는 표, 필드, 시각 자료를 자유롭게 구성한다.

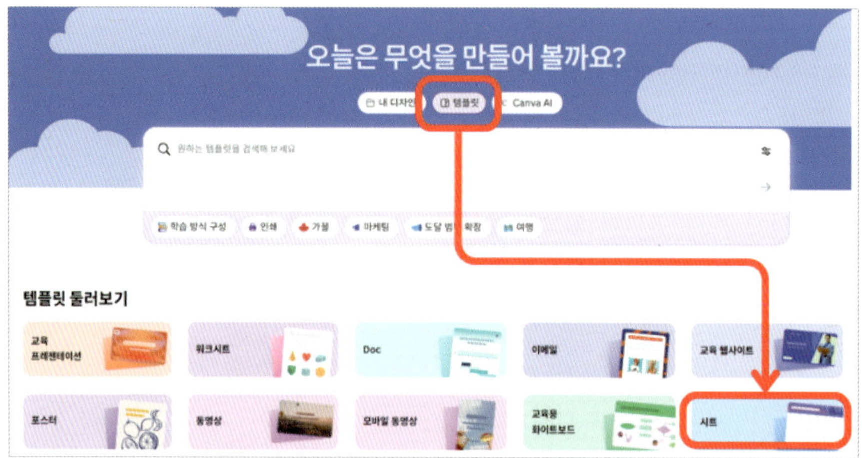

나) 캔바 시트 AI 기능

① 매직 포뮬러(Magic Formulas): 복잡한 함수를 외우지 않고도 한국어로 요청하면 AI가 자동으로 수식을 생성한다.

예: "B4에서 B21까지의 합계를 계산해 줘" → AI가 자동으로 '=SUM(B4:B21)'이라는 수식을 만들어 준다. 함수에 익숙하지 않은 교사들도 직관적으로 계산 작업을 수행할 수 있다.

② 표 생성: 캔바 시트는 AI에 원하는 표의 형태를 설명하면 자동으로 표를 생성해 준다.

예: "국가별 흡연율을 순위대로 표로 만들어 줘."라고 입력하면 해당 표가 생성된다.

사용 방법은 다음과 같다:

캔바 시트를 열고 왼쪽 상단의 '작업'을 선택하고 '표 생성'을 누른다.

→ 만들고 싶은 표에 대한 설명을 프롬프트 창에 입력한다.

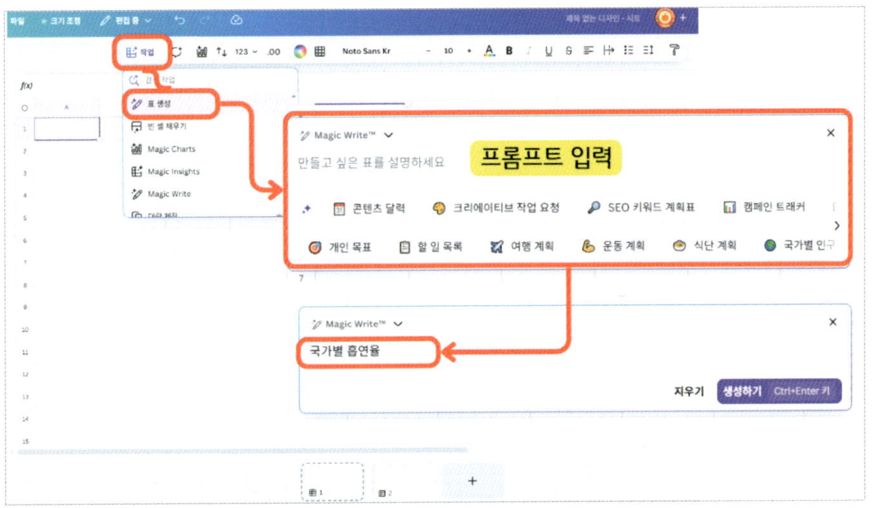

표가 생성되면 시트에 바로 삽입하거나, '비슷한 버전으로 재생성', '이대로도 좋지만' 버튼을 눌러 추가 요청을 프롬프트 창에 입력할 수 있다.

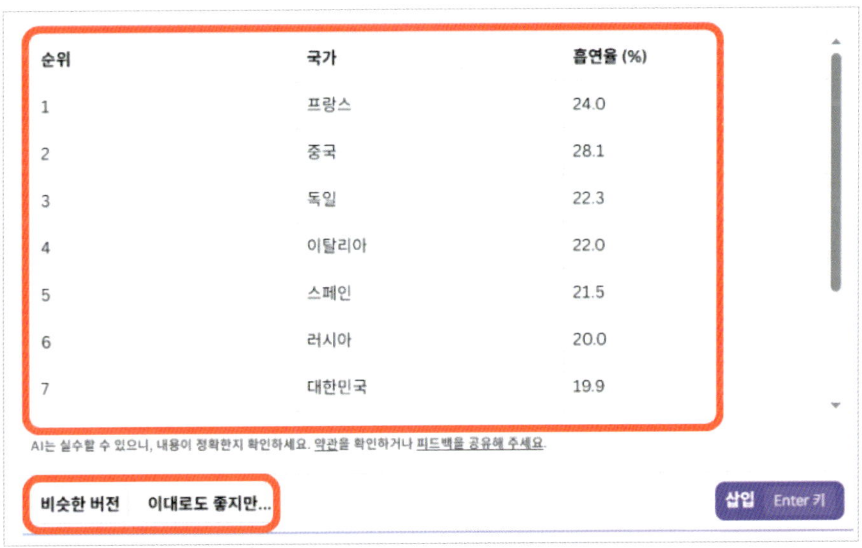

순위	국가	흡연율 (%)
1	프랑스	24.0
2	중국	28.1
3	독일	22.3
4	이탈리아	22.0
5	스페인	21.5
6	러시아	20.0
7	대한민국	19.9

이 기능은 특히 통계나 보건 관련 데이터를 시각화할 때 유용하며, 표 작업에 소요되는 시간을 줄이고 수업 및 행정 업무의 효율성을 높여 준다.

③ 빈 셀 채우기: 캔바 시트는 표의 비어 있는 셀을 AI가 문맥에 맞게 자동으로 채워 주는 기능을 제공한다.

- 만들고자 하는 표의 제목과 표의 열 또는 행에 들어갈 항목을 작성한다.

→ 항목을 포함한 빈 셀을 드래그하여 범위를 선택한다.

→ 상단 메뉴의 [작업] > [빈 셀 채우기]를 클릭하면 AI가 항목을 분석해 문맥에 어울리는 데이터를 자동으로 생성한다.

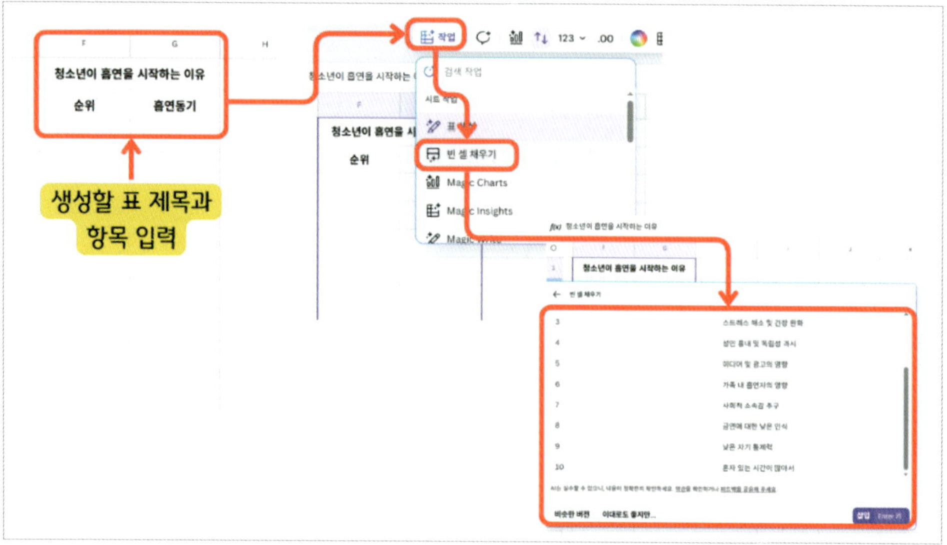

이 기능은 특히 건강 주제별 실천 사례, 질문 은행 구성, 기분 추적표 작성 등 보건 수업 자료 제작 시 반복 작업을 줄이고, 표 구성의 일관성과 완성도를 높이는 데 효과적이다.

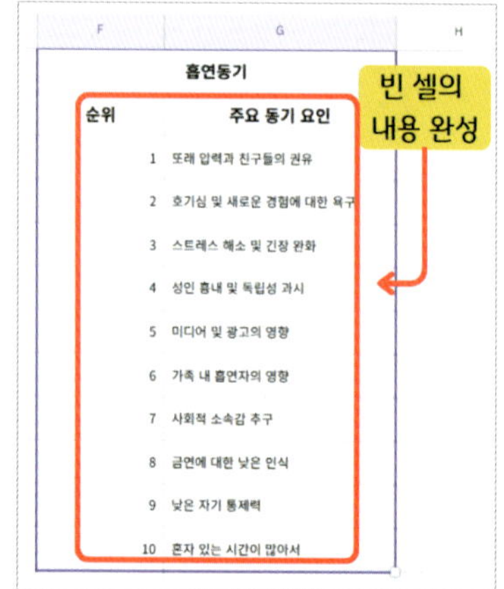

④ 매직 차트(Magic Charts): 매직 차트는 사용자가 선택한 데이터를 바탕으로, AI 가 자동으로 적절한 그래프를 추천하고 생성해 주는 시각화 기능이다.

시각화하고자 하는 데이터 범위를 드래그하여 선택한다.

→ 상단 메뉴의 [작업] 클릭 → [Magic Charts]를 선택한다.

→ 좌측에 표시되는 다양한 차트 유형(막대형, 선형, 원형 등) 중에서 원하는 그래프 를 선택하면, 자동으로 캔바 시트에 삽입된다.

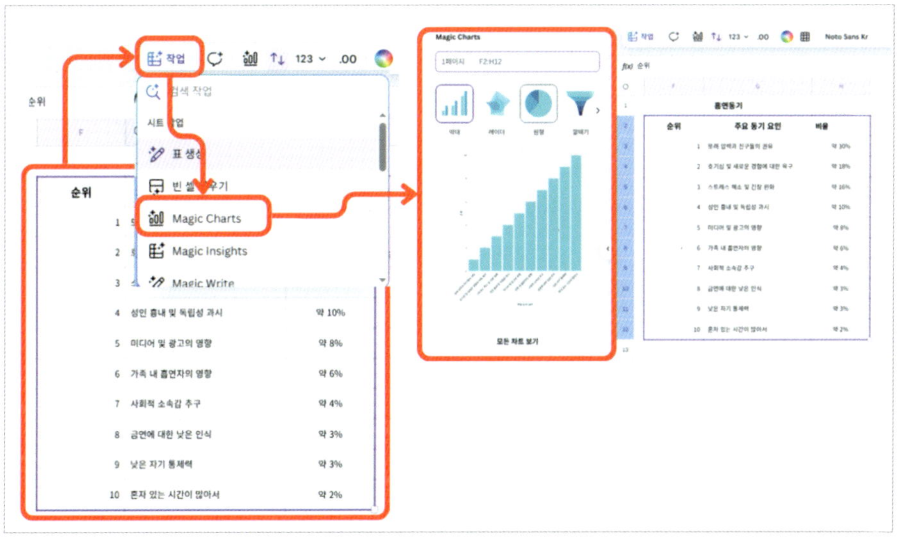

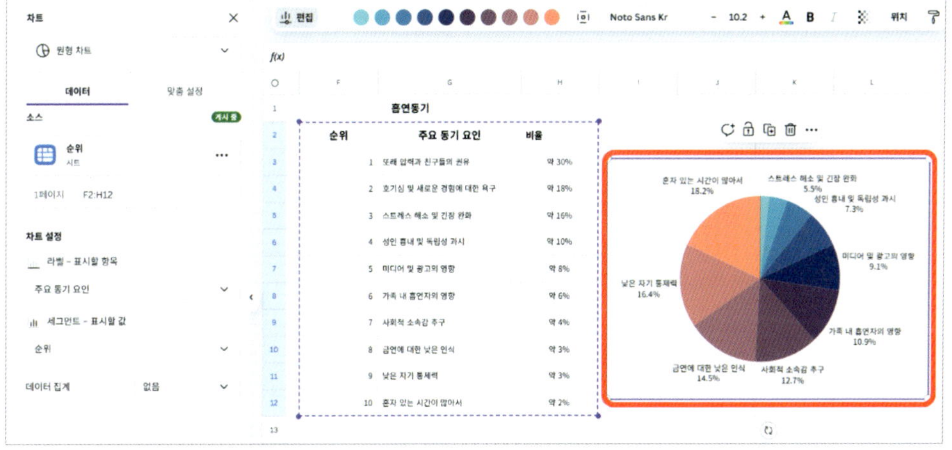

이 기능은 학생 건강검사 통계, 감염병 발생률 비교, 생활 습관 변화 추이 등을 직관적으로 표현할 수 있어, 수업 자료 제작이나 학부모 소통 자료 구성에도 매우 유용하다.

캔바의 디자인 기능과 결합되기 때문에 단순한 데이터 시각화를 넘어 전문성과 심미성을 동시에 갖춘 자료 제작이 가능하다.

⑤ 매직 인사이트(Magic Insights): 매직 인사이트는 캔바 시트에 입력된 데이터를 자동으로 분석하여, 요약 문장, 차트, 관련 수식 등을 AI가 생성해 주는 기능이다. 복잡한 수치를 쉽게 해석하고, 데이터 기반의 빠른 의사 결정을 가능하게 한다.

분석하고 싶은 데이터가 담긴 표 전체를 선택한다.

→ 상단 메뉴의 [작업] 클릭 → [Magic Insights] 선택.

캔바 AI가 표에 담긴 의미를 자동으로 해석해 요약해 주며, 필요한 경우 관련 차트나 추가 수식을 함께 제시한다. 이 기능은 한 달에 500회까지 사용 가능하며, 일상적인 건강 기록이나 학교 보고서를 손쉽게 요약하고 시각화하는 데 큰 도움이 된다.

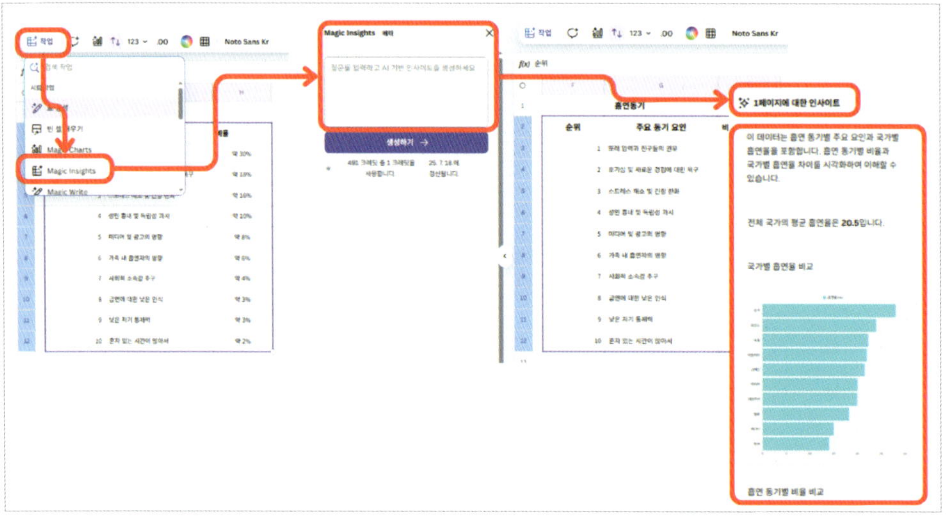

다) 수업 활용 팁

① 수업 관리

- 수업 계획 시트: 학기, 주차별 탭으로 주제, 성취 기준, 활동을 정리하여 연간/월간 흐름을 비교 분석할 수 있다.
- 활동 기록 시트: 학생 참여 활동(예: 건강 습관 기록표, 응급처치 절차 등)을 정리한다.
- 문제 은행 시트: 단원별 문항(OX, 객관식, 단답형)을 저장하거나 재활용하고, 시각적 요소로 가독성을 강화할 수 있다.
- 수업 성찰 시트: 일자, 차시, 내용, 반응, 개선점을 수업일지로 기록해 수업 루틴을 정리하고 교사의 전문성을 향상시킬 수 있다.

② 학생 관리

- 출석 및 참여도 관리: 디지털 출석부를 제작하고 날짜별 출석률 및 모둠 활동 기여도를 분석할 수 있다.
- 성적 및 평가 관리: 학생들이 직접 참여하는 활동 내용을 정리해 둘 수 있다.
  예) '나의 건강한 생활 습관 기록표', '응급처치 행동 순서 정리표'
- 학생 질문 모음: 수업 중/후 받은 질문을 주제별로 분류해 다음 차시를 준비하고 복습 자료로 활용할 수 있다.

3) 캔바 AI 이미지 생성

원하는 이미지를 손쉽게 만들어 보자.

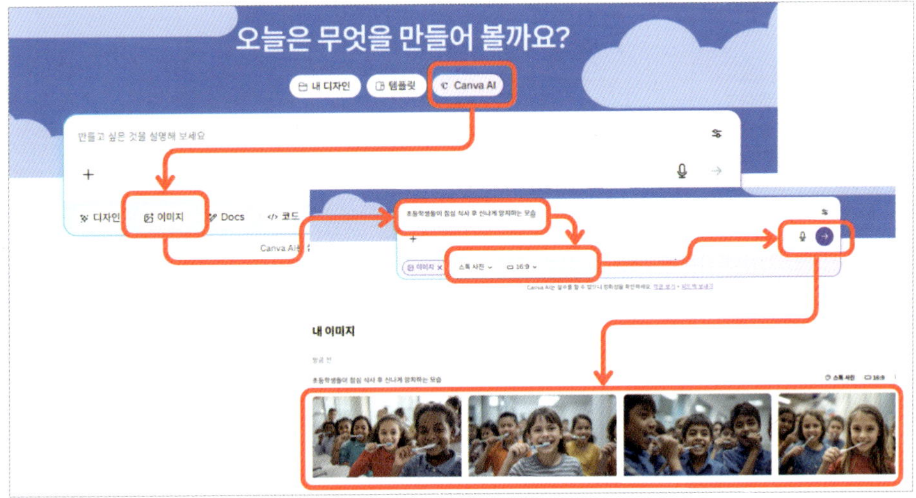

가) 캔바 AI 이미지 생성하기

① 캔바 홈 화면에서 'Canva AI' → '이미지 생성'

② 이미지로 만들고 싶은 장면을 문장으로 설명

③ '스타일(스마트, 스케치, 팝 아트 등)', '비율' 선택 후 '생성' 버튼 클릭. 4개의 이미지가 자동 생성된다.

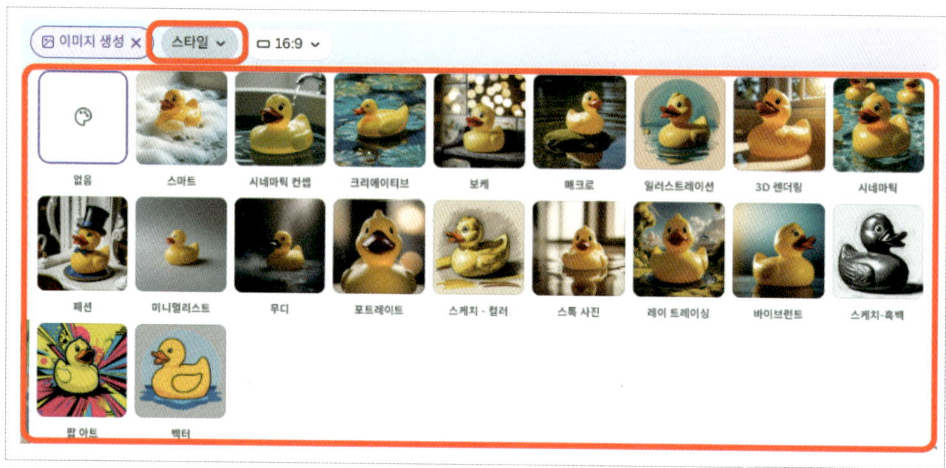

예) "마스크를 바르게 착용한 한국 초등학생 일러스트"

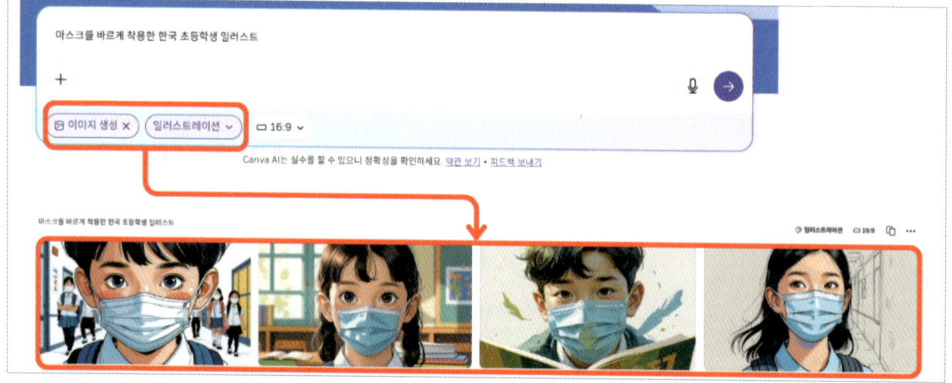

⑤ 생성 후 마음에 드는 이미지를 클릭하면 다운로드, 편집, 추가 요청으로 이미지 수정 작업을 할 수 있다.

나) 수업 활용 팁

① 수업 도입 활용 이미지 생성

- 양치 습관 시각 자료("이를 닦는 아이, 거울 앞, 밝은 배경")

② 수업 자료, 활동지, 퀴즈 자료 이미지 생성

- 기침 예절 교육("기침할 때 팔로 입 가리는 학생 그림")

- 응급처치 상황("쓰러진 친구를 도와주는 학생")

- 감정 표현 수업, 감정 단어 퀴즈 ("화난 얼굴의 아동, 표정 강조")

검색이 어려운 수업 활용 이미지도 문장만 입력하면 수업 자료에 맞는 이미지를 직접 만들 수 있고, 저작권 걱정 없이 사용(캔바 이용 범위 내에서) 가능하다.

6장

행정 업무 효율화

1. 데이터 관리와 활용

가. 1년의 보건 업무 관리를 하나로! - 구글 시트

1) 구글 시트로 만드는 통합 보건 업무 기록 시스템

보건교사의 1년은 수많은 기록과 보고의 연속이다. 감염병 학생 관리, 외부 강사 강의 일정 조율, 교직원 필수 연수 이수 관리까지 하나하나가 중요한 업무이다. 하지만 서로 다른 자료들이 엑셀 파일, 프린트물, 수기로 분산되어 있다면 오히려 정보가 흩어지고 확인이 어려워지며, 중복 작성의 번거로움까지 겪게 된다.

이 문제를 해결할 수 있는 방법이 바로, 1년의 보건 업무 기록을 구글 시트 하나의 파일로 통합 관리하는 시스템이다.

2) 왜 구글 시트인가?

클라우드 기반이므로 장소나 기기에 관계없이 접속이 가능하며, 입력 즉시 자동 저장되고, 수정 내역과 히스토리 추적이 가능하다. 여러 시트를 하나의 파일 안에 관리할 수 있어 업무 간 연계가 뛰어나고, 필요한 시트만 골라 공유 권한을 지정할 수 있어 보안과 협업 모두 확보할 수 있다.

구글 시트를 활용한 보건 업무 통합 관리의 가장 큰 장점은 '흩어진 업무를 한눈에 볼 수 있다'는 점이다. 연수 등록, 외부 강의 일정, 감염병 학생 관리 등 각각 따로 기록하던 문서를 하나의 구글 시트 파일 안에서 관리함으로써 업무가 단순화되고, 중복 작성이나 확인 누락을 방지할 수 있다.

또한, 구글 시트는 클라우드 기반의 자동 저장 기능을 제공해 파일 분실 우려가 없고, 인터넷만 연결된다면 언제 어디서든 접속해 실시간으로 수정·공유가 가능하다.

특히 보건 업무는 담임교사, 학년 부장, 관리자 등 여러 부서와 협업이 필요한데, 구글 시트의 공유 기능을 통해 필요한 시트만 선별적으로 공유하거나 권한을 제한할 수 있어 업무 보안과 협업을 동시에 충족시킬 수 있다.

게다가 하나의 서식을 만들어 두고 복사하여 사용하면 반복 작업을 줄이고, 학생의 건강 이상 여부나 일정 누락 등 중요한 정보에 빠르게 반응할 수 있다.

보건 업무는 다양하지만, 구글 시트를 통해 구조화하면 체계적이고 명확해진다. 작은 반복 업무도, 중요한 일정 관리도 하나의 파일 안에서 관리할 수 있다는 것은 보건교사에게 '효율' 이상의 전문성과 주도권을 부여하는 변화다.

3) 구글 시트 하나로 통합 관리할 수 있는 연간 보건 업무

업무	설명
감염병 학생 관리	제목, 학년 반, 이름, 성별, 감염병명, 등교 중지 기간
각종 일정 조율	- 외부 강사 초빙 교육 - 신체 발달 검사 일정, 건강검사 일정
	제목[교육명], 학년반, 조율할 날짜[드롭다운], 확정 확인[드롭다운]
건강검진 이상자 명단	제목, 검사명, 학년반 이름, 결과, 소견서 수합 여부 체크
필수 연수 등록부	- 성희롱, 성폭력, 성매매 예방 - 심폐소생술, 감염병 예방
	제목[연수명], 연수 내용, 구분, 이름, 연수 과정명, 이수 번호, 이수 일자, 기관명, 연수 관련 안내사항

업무	설명
교직원 결핵 검진 관리	제목, 소속, 이름, 검사일, 검사 기관, 개인 검진 여부
필수 확인 사항	자주 활용하게 되는 전담시간, 학생 수, 예산 현황 등을 구글 시트에 입력해 두면 매번 NEIS를 통해 확인하거나 전담 시간표를 찾을 필요 없이 구글 시트만 열면 바로 확인할 수 있다.
	- 학교 전담 시간 및 특별실 활용 시간표 - 학급별 남녀 학생 수 - 예산 현황

가) 학생 관리

하나의 구글 시트에 학생 관련 시트 페이지를 추가하여 1년의 학생 교육, 사업과 관련된 내용을 정리할 수 있다. 변동되는 내용의 취합(감염병 발생 확인 등), 학급별 일정 조율(건강검사, 외부 강사 초빙 교육 등)을 위해 일일이 전화, 메신저, 대면으로 확인하지 않아도 구글 시트 공유로 손쉽게 취합하고 조율할 수 있다. 관련 내용에 대한 간단한 안내는 시트 안에 공지할 수 있고, 변화되는 내용도 바로 수정할 수 있어 편리하다.

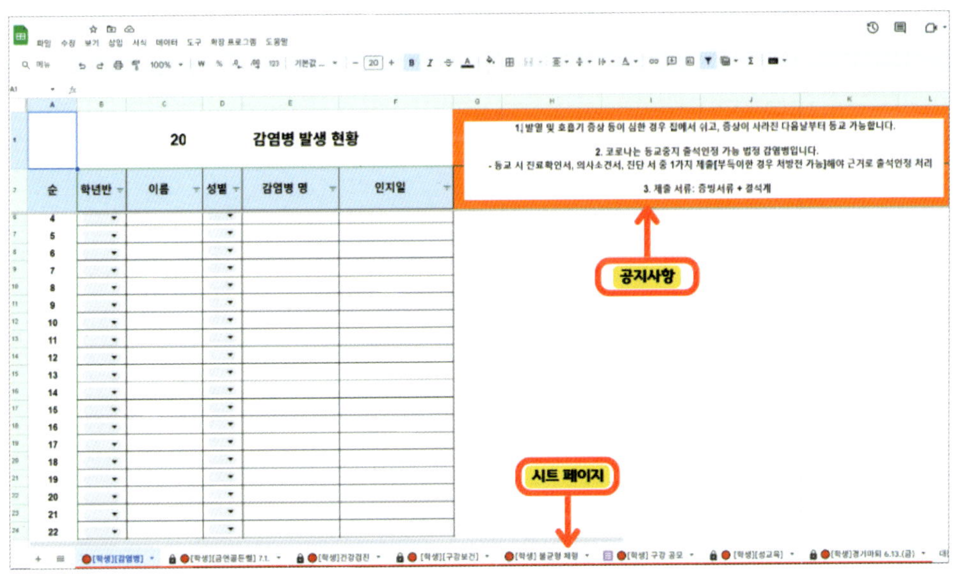

나) 교직원 관리

교직원 관련하여 매년 반복적으로 확인하고 취합해야 하는 업무들이 있다. 필수로 확인해야 하는 검사, 필수 이수 연수 등이 그 예다. 필수 연수의 경우 각자도 이수 여부를 혼동하는 경우가 있다. 이를 대비하여 하나의 구글 시트에 시트 페이지를 추가하여 기록해 두면 서로 손쉽게 기록하고 관리할 수 있다.

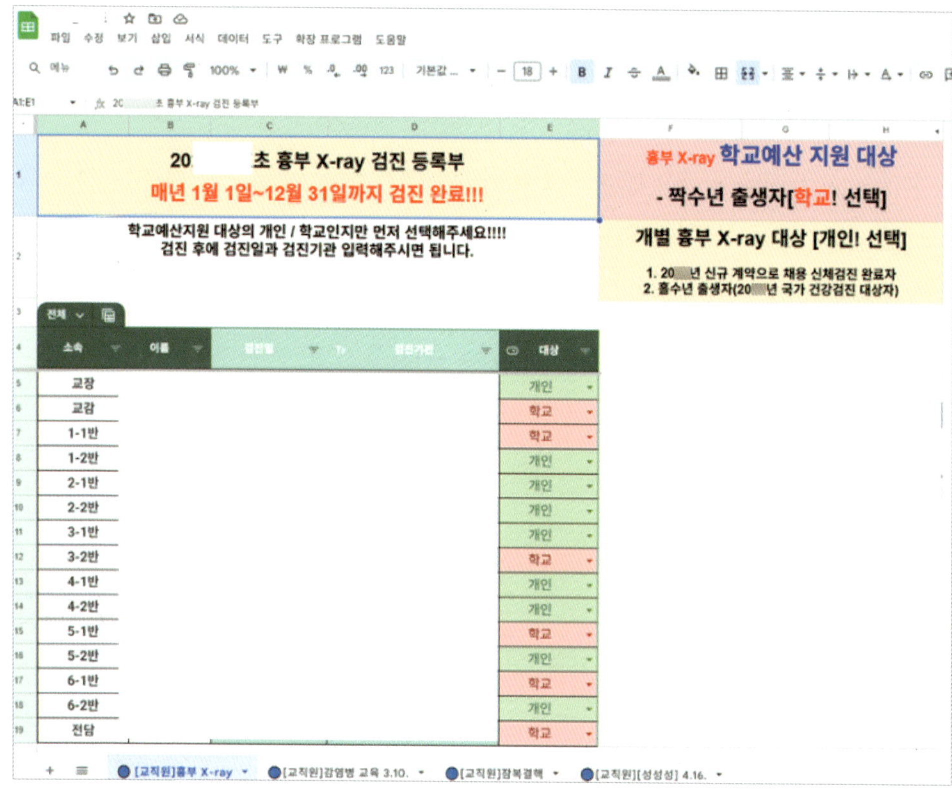

4) 실무에 바로 적용 가능한 구글 시트 활용 팁

가) 업무별 시트를 먼저 분류

먼저 연간 보건 업무를 목록으로 나열하고, 구글 시트 안에 각 업무별 탭을 생성한다. 예를 들어, [학생] '외부 강의 일정', '감염병 학생 관리', '검진 및 이상자', [교직원] '연수 등록', '감염병 모의 훈련' 등의 시트로 구성하면 업무 간 경계가 분명해지고, 연말 정리나 인수인계도 한결 수월해진다.

나) 구글 설문지와 연동해 자동화

연수 이수 등록이나 건강 설문과 같은 항목은 구글 설문지(Google Forms)와 연동해 자동으로 시트에 수집되도록 설정하면 수기로 옮기지 않아도 되고, 입력 오류도 줄어든다. 이는 업무 속도를 높일 뿐 아니라, 현장에서 학생 참여형 건강 기록을 실현하는 수업과도 연결할 수 있다.

다) 공유는 전략적으로, 보안은 신중하게

모든 시트를 한꺼번에 공유하는 대신, 업무 성격에 따라 필요한 시트만 공유하고 '보기 전용' 또는 '편집 가능' 권한을 명확히 설정하는 것이 중요하다.

특히 개인정보가 포함된 시트는 외부 공유를 제한하거나 보호 기능을 설정해 보건 기록의 민감성을 지켜야 한다.

① 공유하기

오른쪽 상단의 [공유] 버튼 클릭 → [일반 액세스] 선택 → [링크가 있는 모든 사용자] 클릭 후 원하는 공유 권한을 선택한다.

② 공유 권한 유형

뷰어: 보기 전용, 편집 불가

댓글 작성자: 편집은 불가능하지만 댓글 작성 가능

편집자: 편집 및 수정 가능

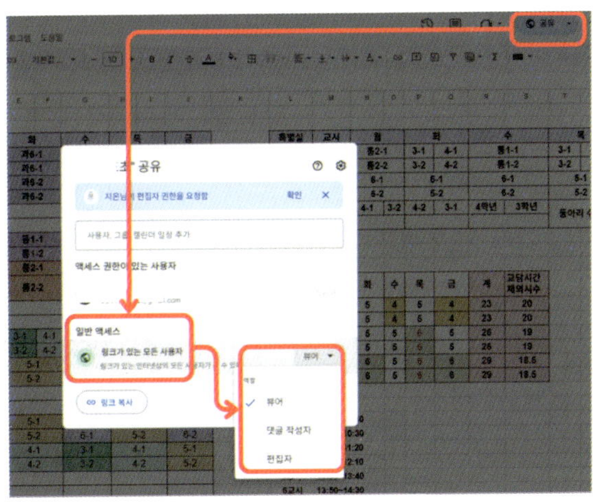

라) 공유 링크 선택

① 항상 공유하는 구글 시트의 첫 번째 시트 페이지가 열리도록 하고 싶다면?

공유 → 공유 권한 설정 → 일반 액세스: 링크가 있는 모든 사용자 → 편집자 → 하단의 "링크 복사"하여 공유

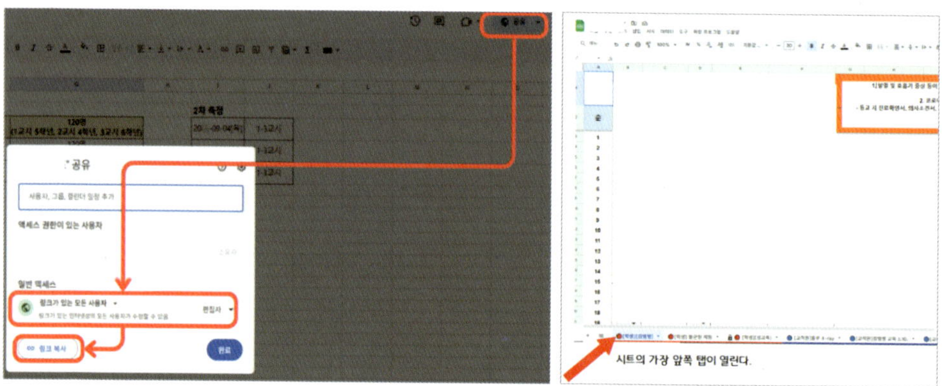

② 여러 탭 중 현재 열려 있는 시트 페이지가 바로 열리도록 공유하고 싶다면?

공유 → 공유 권한 설정 → 일반 액세스: 링크가 있는 모든 사용자 → 편집자로 설정 후 **인터넷 주소창의 링크**를 복사하여 공유

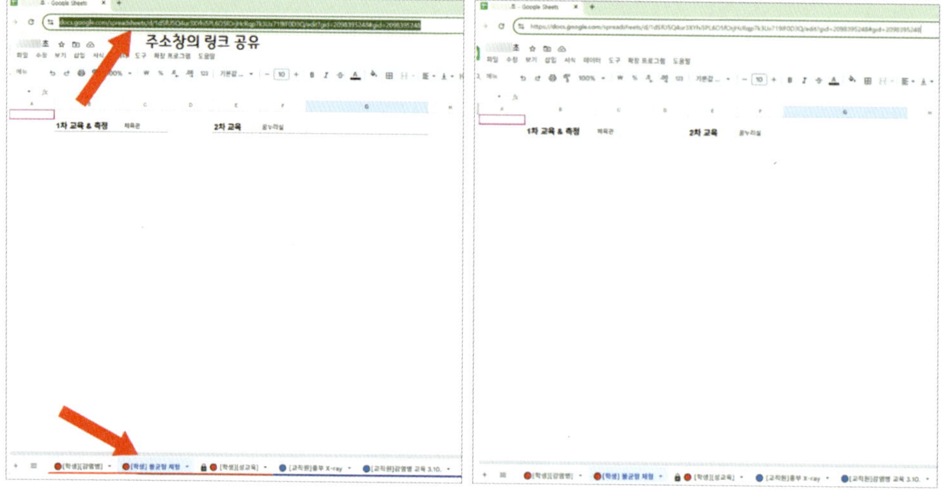

마) 함께 작업은 하지만 내가 원하는 영역은 편집하지 못하도록 보호하고 싶다면?

① 보호하고 싶은 영역 드래그(drag)로 선택 → 데이터 → 시트 및 범위 보호

② "권한 설정 → 이 범위를 수정할 수 있는 사용자 제한 → 나만"으로 해 두면 다른 협업자는 시트 보호 설정한 부분은 편집할 수 없게 된다.

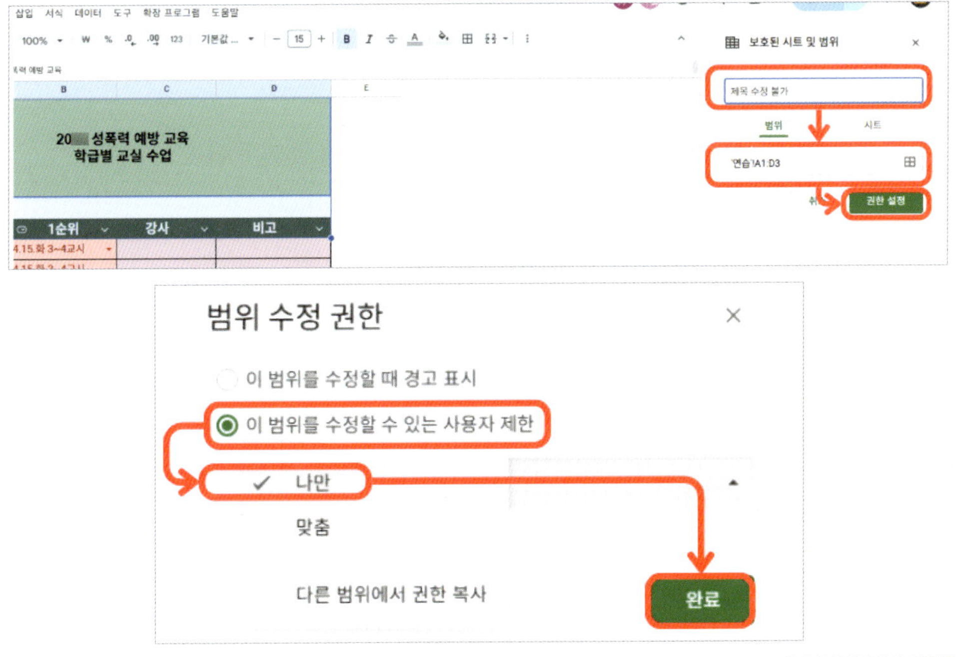

③ 다른 사용자가 시트 보호 설정한 부분을 수정하려고 하면 아래와 같은 경고창이 나타난다.

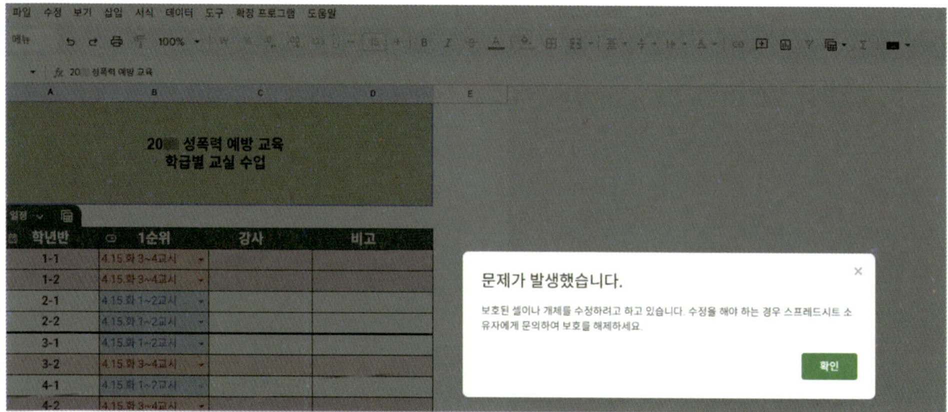

바) 공유하는 시트의 탭이 너무 많다면 시트 숨기기로 깔끔하게 정리하자.

열려 있는 탭 중 숨기고 싶은 탭 선택하기(첫 번째 탭에서 클릭 + 마지막 탭에서 Shift 클릭하면 여러 개의 탭을 한 번에 선택할 수 있다.) → 우클릭 → 시트 숨기기 선택

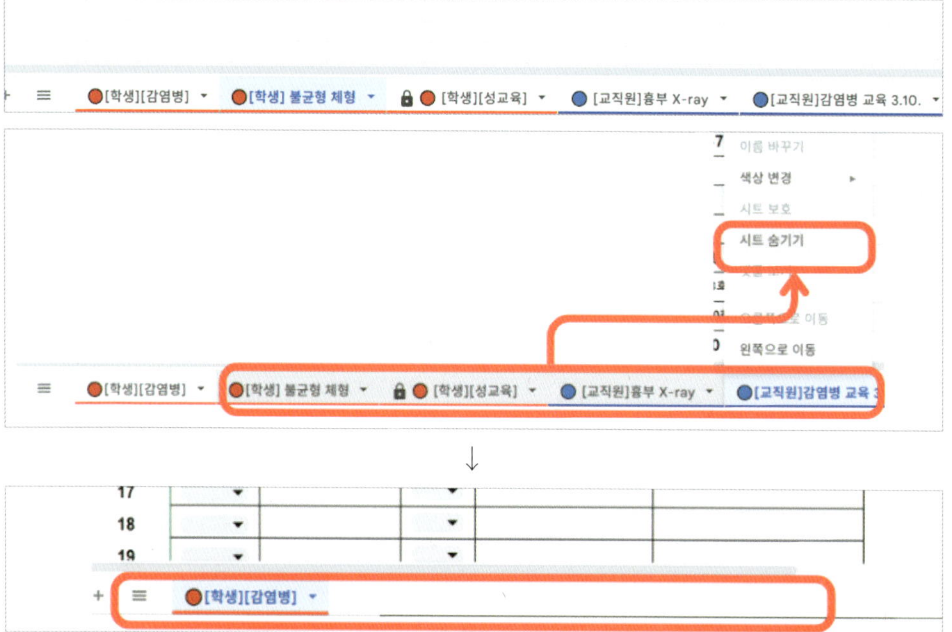

사) 협업이 끝났다면?

우상단 [공유] – 일반 액세스: '제한됨'으로 공유를 종료한다.

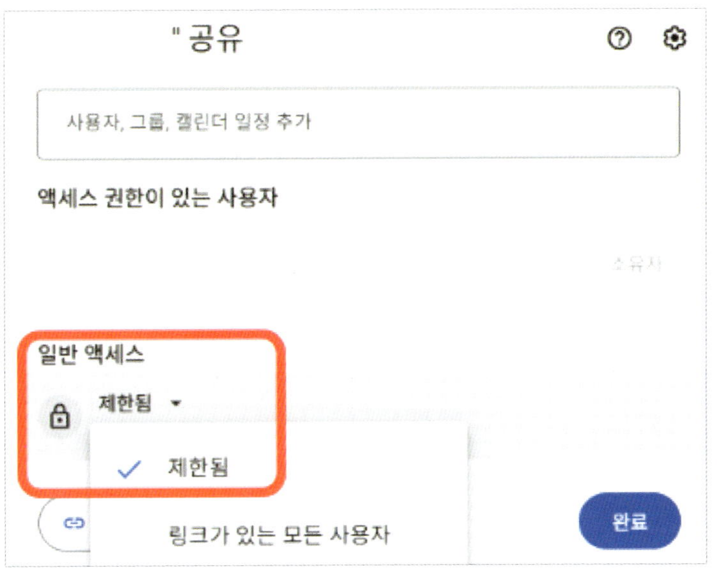

구글 시트 사본 만들기
- joo.is/구글시트-보건

나. 기록이 곧 성장이다! - 구글 문서

구글 문서는 텍스트, 사진, 표, 링크, 첨부 자료를 함께 정리할 수 있는 클라우드 기반의 디지털 기록장이다.

언제 어디서든 접근 가능하며, 사진과 문장을 함께 담아 연간 보건 활동을 스토리처럼 정리하고 다음 해 준비 자료로 활용할 수 있다.

무엇보다도 구글 문서는 공유와 협업이 간편하고, 검색이 가능하기 때문에 과거 기록을 쉽게 찾아볼 수 있어 '한 해 정리 + 다음 해 기획'이 자연스럽게 이어지는 구조를 만들어 준다.

1) 보건 업무와 수업을 효과적으로 정리하는 문서 작성 전략

구글 문서를 보건 업무에 효과적으로 활용하기 위해서는 단순한 기록을 넘어서 재사용이 가능하고, 분석과 성찰이 가능한 구조로 문서를 설계해야 한다. 그 출발점은 바로 '반복적으로 활용할 수 있는 형식화'이다.

예를 들어, '외부 강사 초청 수업'이라면 '행사 개요 (일시, 장소, 대상, 내용), 강사 및 운영 방식, 활동 사진, 학생 반응 및 만족도, 개선점 및 다음 운영 시 유의 사항'이라는 고정된 문서 틀을 설정하면, 누구든 쉽게 작성할 수 있고, 해마다 비교·보완도 용이하다. 특히 사진 삽입은 글 이상의 힘을 가진 기록이다.

일시	20 화) 1~4교시
대상	1~6학년 12학급 * 2시간
내용	사춘기 성발달 인간에 대한 소중함 알기, 성폭력이란? 성폭력 예방법 스마트폰 사용, 디지털 성폭력이란? 디지털 성폭력 예방법

행사나 수업 중 학생들의 활동 장면을 사진으로 정리하면, 보고서나 연수 자료 등 다양한 곳에 재활용이 가능하며, 무엇보다도 나의 교육이 '어떻게 변화했는지'를 직관적으로 돌아보는 기회가 된다.

문서가 늘어나기 시작하면 연도별로 하나의 통합 파일을 만든다. '보건 수업', '체험활동', '외부 강의', '교직원 연수' 등으로 '문서 탭' 기능을 활용해 카테고리화하면 자료 검색과 정리, 연말 보고, 다음 연도 계획이 한층 수월해진다.

2) 구글 문서 기록을 통한 성장 전략

① 기록을 통한 성찰

한 해의 수업, 활동, 프로그램을 글과 사진으로 정리하는 과정은 내가 무엇을 잘했고, 어떤 부분을 보완해야 하는지를 자연스럽게 돌아보게 만든다. 이러한 성찰은 다음 해 수업의 질을 높이는 실질적인 기반이 된다.

② 기록을 통한 협업

구글 문서 공유 기능을 통해 학교 안 동료는 물론 학교 밖 보건교사 동료들과도 손쉽게 협업할 수 있다. 다음 연도 연수 강사 요청, 교육청 사업 신청, 실적 보고 등 다양한 상황에서 구글 문서는 내가 실제로 교육 현장에서 어떤 일을 했는지 보여 주는 가장 확실한 증거이자 성장의 근거가 된다.

한 해의 보건 수업과 학교 보건 사업을 구글 문서로 정리하면 다음 해를 디자인하는 나만의 성장 포트폴리오가 된다.

③ 활용 사례 [학교 보건 기록]

문서 탭 기능을 활용하여 학생 자치, 학년별 보건 수업, 외부 강사 초빙 교육, 프로젝트, 교직원 대상 사업 등을 카테고리별로 구분하여 1년 동안의 업무를 기록한다.

업무	내용
보건 수업 정리	수업별 주제, 활동 사진, 학생 반응, 개선점 정리
외부 강사 초청 교육	강의 일정, 대상 학년, 강사명, 반응 평가 및 제안사항 기록
건강 체험 프로그램	구강 건강, 흡연 예방, 심폐소생술 등 프로그램 구성, 연계 기관, 운영 사진, 참여 학생 수, 만족도 평가, 협업 부서 메모
교직원 연수	주제, 참석 인원, 연수 피드백, 다음 연수에 대한 제안 사항

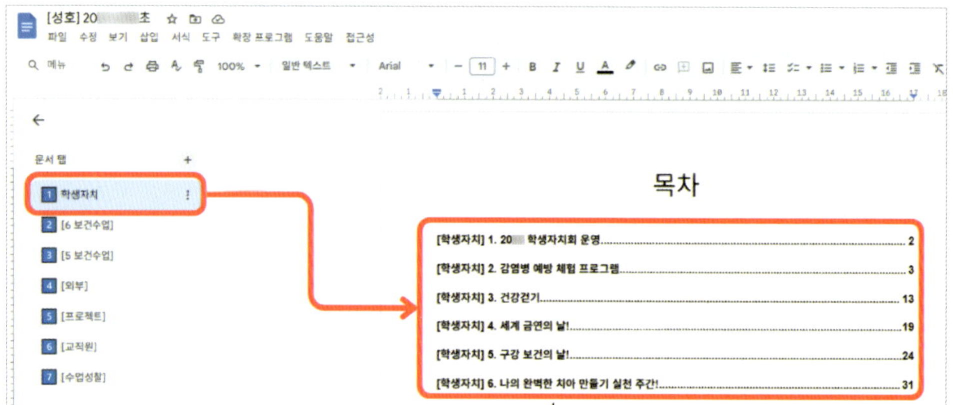

카테고리별 [문서 탭]은 항목별 목차로 구분하고, 각 문서 탭별로 관련 세부 운영 내용(제목과 일시, 대상, 장소, 실제 운영 내용)을 기록한다.

보건수업과 업무, 학교 보건사업은 매년 반복되지만, 매번 처음부터 다시 시작하지 않으려면 한 해의 운영 내용을 꼼꼼히 기록해 두는 것이 중요하다. 이렇게 남긴 기록은 다음 해 동일한 사업을 추진할 때 이전 자료를 바탕으로 개선하고 발전시키는 토대가 된다. 또한 올해 사업 운영 후 학생, 동료 교사, 관리자 등의 피드백을 함께 정리해 두면 다음 해에는 더 완성도 높은 계획과 실행으로 이어질 수 있다.

구글 문서 사본 만들기
- joo.is/구글문서-보건

2. AI와 작성하는 보건일지 – 스마일보건

AI 보건일지(스마일보건)은 보건 업무를 디지털화하고, 인공지능 기능을 활용해 보건실을 효율적으로 운영할 수 있도록 돕는 웹 기반 플랫폼이다. 특히 학생의 건강 기록을 체계적으로 관리할 수 있어 전국의 보건교사들 사이에서 실용성과 편리함을 인정받고 있다. 보건일지는 웹, 태블릿, 스마트폰으로 확인 가능하여 출장이나 체육 대회 등 외부 활동 시에도 유용하다.

스마일보건 공식 홈페이지(https://www.smilebogun.org/)에 접속 후 회원 가입하여 로그인한다. 자동 로그인 설정을 해 두면 스마일보건에 접속했을 때 바로 보건일지 기록 페이지가 나타난다.

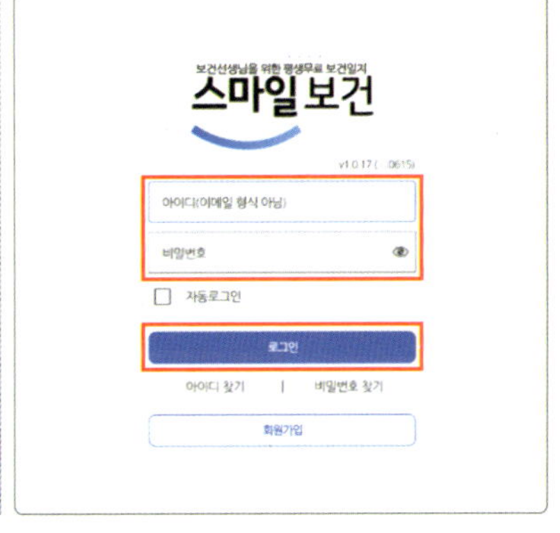

가. 인원 관리

매년 초 학생 명렬표를 등록한다. 학년이 바뀌더라도 그 전의 기록이 연동된다.

① [인원 관리] - [학생 관리] - [학생 일괄 등록]을 클릭한다.

② 학생 일괄 업로드 화면에서 [맞춤 양식 다운로드(엑셀)] 클릭한다.

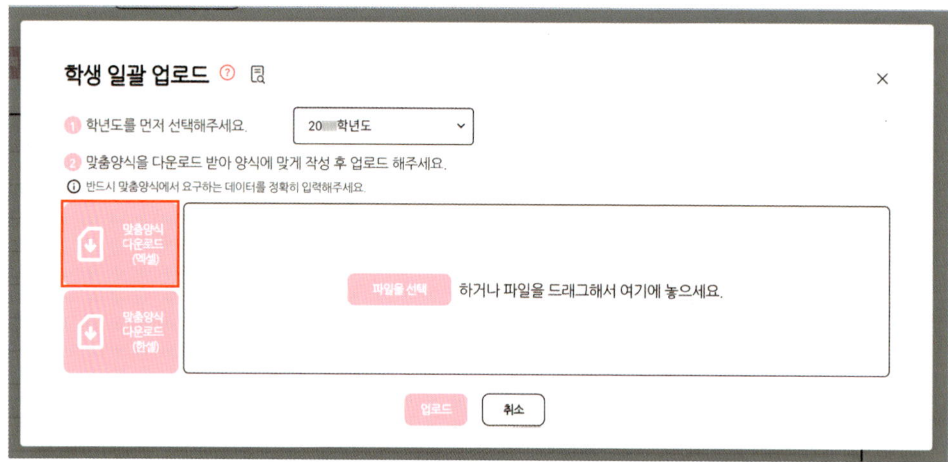

③ 다운로드한 엑셀 파일을 열어 양식에 맞게 표를 수정하여 저장한다.

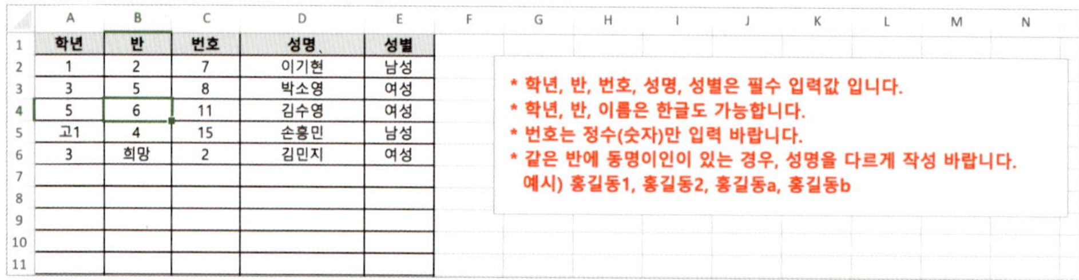

④ 저장한 엑셀 파일을 업로드한다.

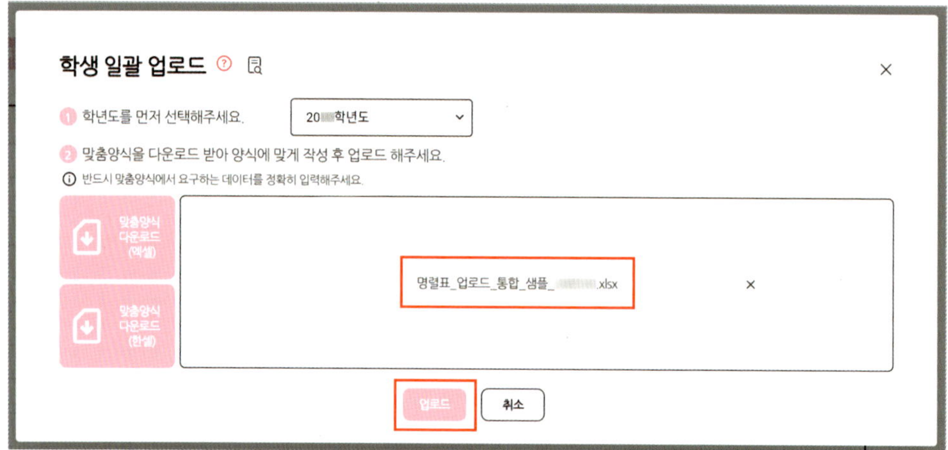

⑤ 학생 명단이 잘 등록되었는지 확인한다.

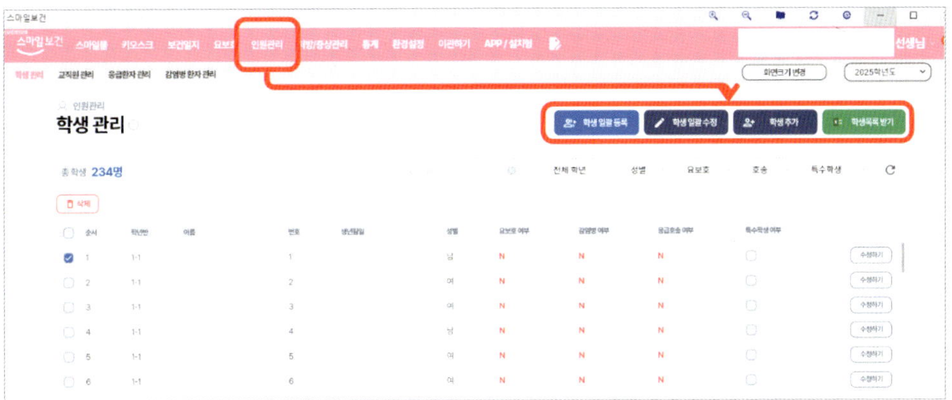

⑥ 전입생을 추가하고 싶은 경우: [추가] 버튼을 눌러 학생을 추가한다.

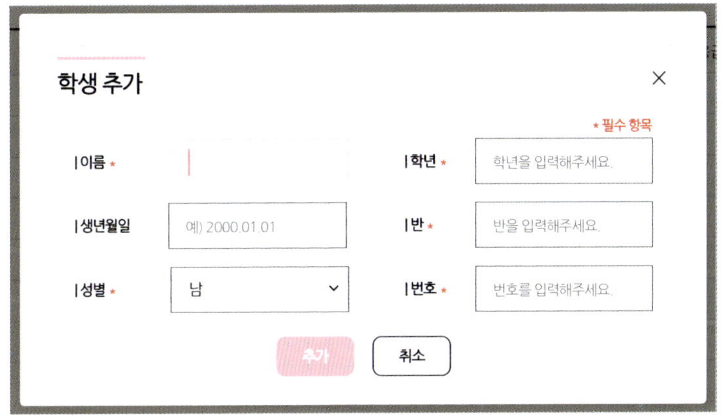

⑦ 전출생을 삭제하고 싶은 경우: 명단에서 체크박스에 체크한 후 [삭제] 버튼을
누른다.

⑧ 학생 목록 다운로드가 필요한 경우: [학생 목록 받기]를 클릭한다.

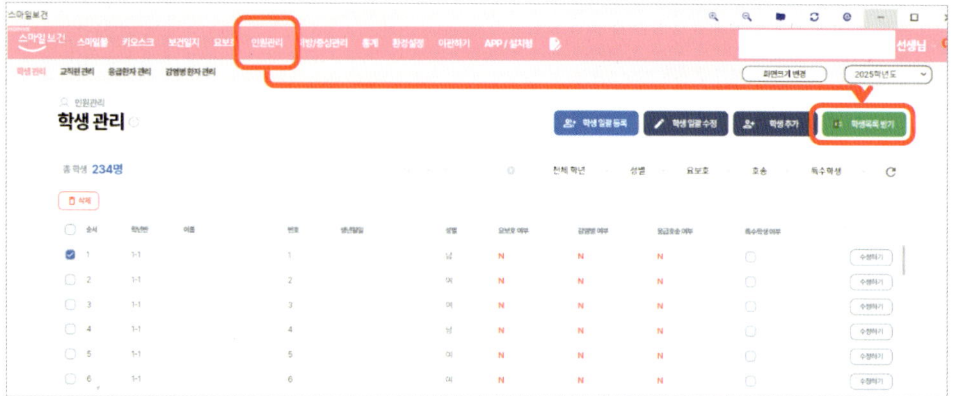

나. 요보호

요보호 대상 학생(만성 질환, 복약 지도 필요 등)을 등록·관리할 수 있다. 개별 학생의 복약 일정, 투약 방법, 알레르기 유무 등을 등록하면 보건일지 작성 화면에서 즉각 확인할 수 있어, 응급 상황 시 빠른 대응이 가능하다.

① [요보호] – [요보호 관리]를 클릭한다.

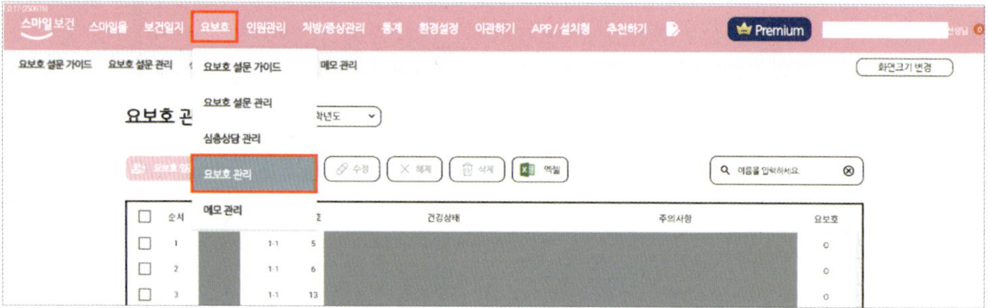

② [요보호 일괄 등록]을 클릭하여 요보호 학생 명단을 등록한다.

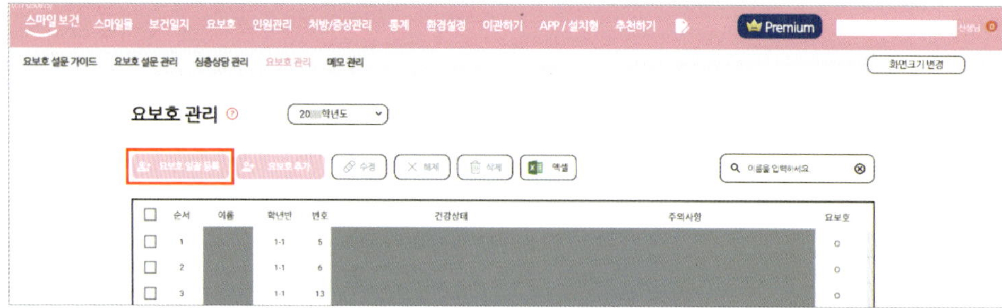

③ 학년도를 선택한 후 [맞춤 양식 다운로드(엑셀)] 클릭하여 엑셀 파일을 다운로드한다.

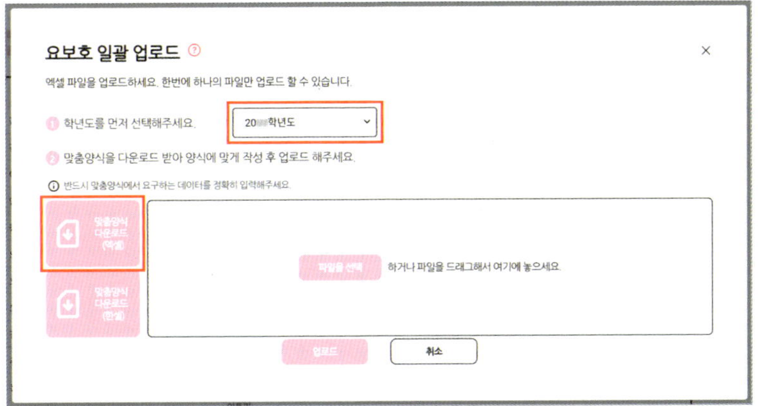

④ 다운로드한 엑셀 파일을 열어 양식에 맞게 표 내용을 수정한 후 저장한다.

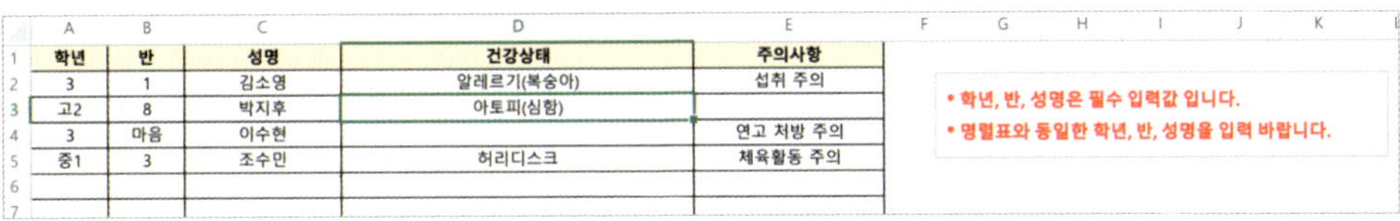

⑤ 저장한 엑셀 파일을 업로드한다.

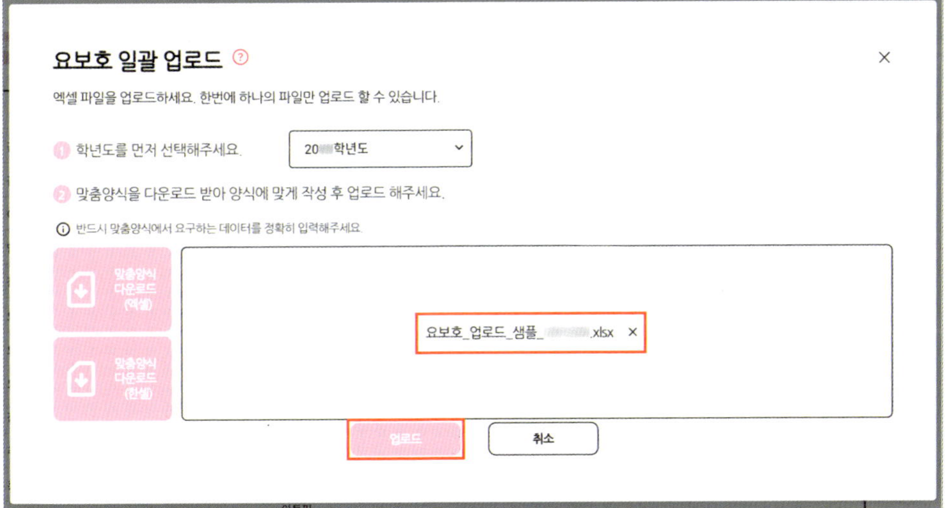

⑥ 건강 상태, 주의 사항이 제대로 나타나는지 확인한다.

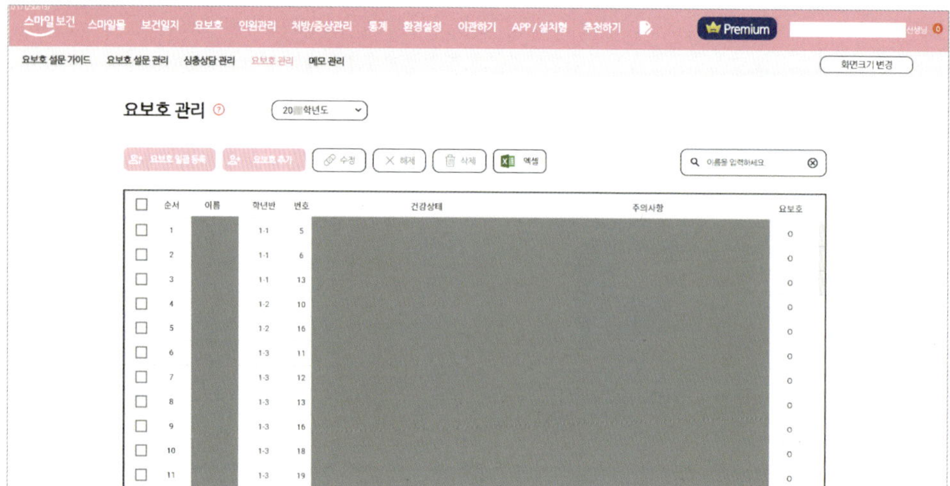

⑦ [보건일지] - [보건일지 프로] 클릭하여 보건일지 작성 화면의 우측 상단에 [요
보호] 버튼을 클릭하면 개별 학생의 건강 상태 및 주의 사항을 확인한다.

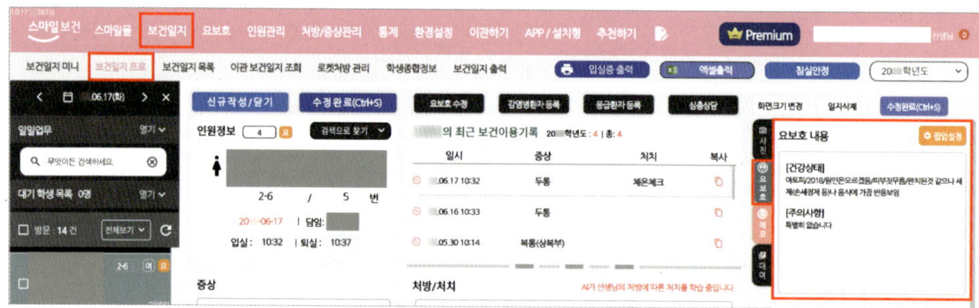

⑧ 우측 상단에 [팝업 설정]을 클릭하여 해당 정보를 자동 팝업으로 표시하면 요
보호자가 보건실에 방문할 때 놓치지 않고 관리할 수 있다.

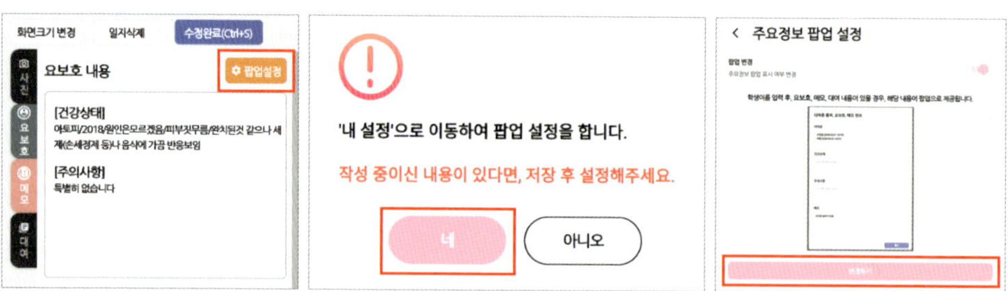

다. 보건일지 프로

AI 기반 입력 보조 기능이 탑재되어 있어 자주 쓰는 문장이나 처치 내용이 자동 완성된다. (예: "복통 호소하며 내원, 온찜질 및 휴식 후 호전됨" → "복통"만 입력해도 문장이 추천된다.) 한 학생의 반복 방문 기록이나, 동일 질환에 대한 처치 내역을 시간 순으로 정렬해 주어 의사소통 및 건강 상담 시 활용도가 높다.

① [보건일지] – [보건일지 프로]를 클릭하여 보건일지를 작성하는 화면에 접속한다.

② [신규 작성/닫기]를 클릭하여 보건실에 방문한 학생 이름을 검색한다.

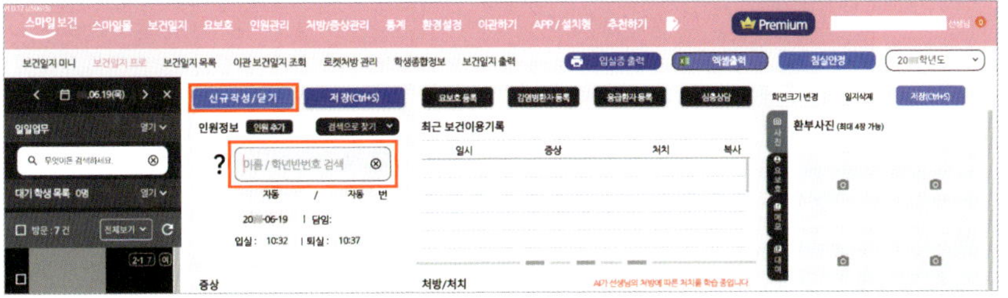

③ 증상 카테고리에서 '증상 명으로 검색하세요' 칸에 학생이 호소하는 주증상을 입력한다.

아래 관련된 증상 명 리스트가 나타나면 해당하는 증상을 선택한다. (신체도 있음)을 선택하면 부위를 선택할 수 있는 창이 나타난다. 해당하는 부위를 선택하면 자동으로 증상의 부위도 함께 보건일지 내용에 입력된다.

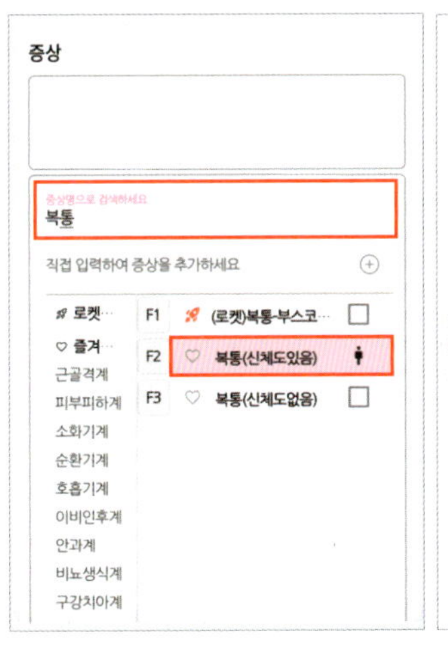

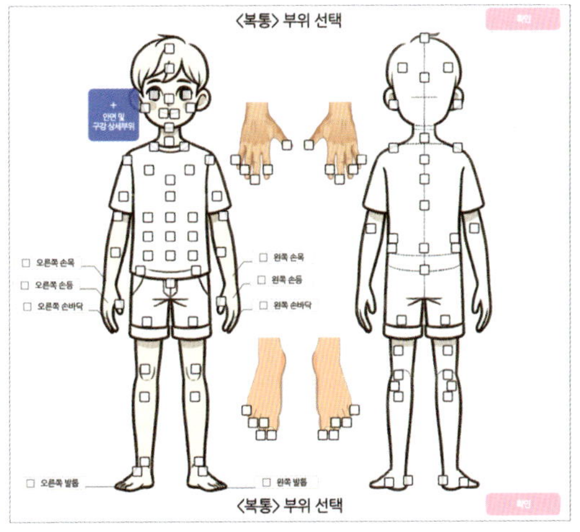

④ 원하는 증상 명이 없을 때: 직접 증상 명을 입력하여 검색 리스트에 추가한다.

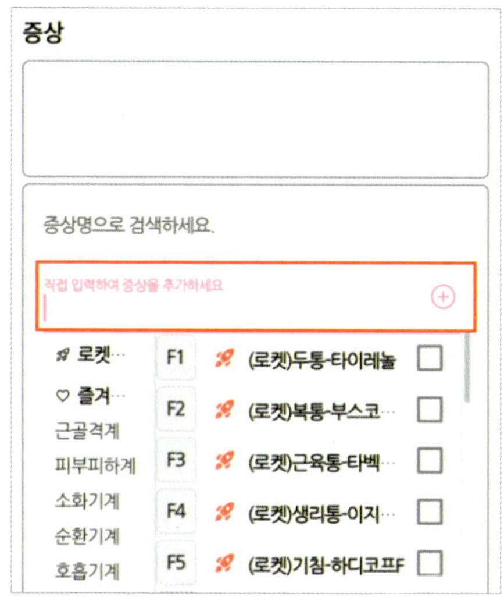

⑤ 처방/처치 카테고리에서 처방/처치를 검색하여 기록할 수 있다.

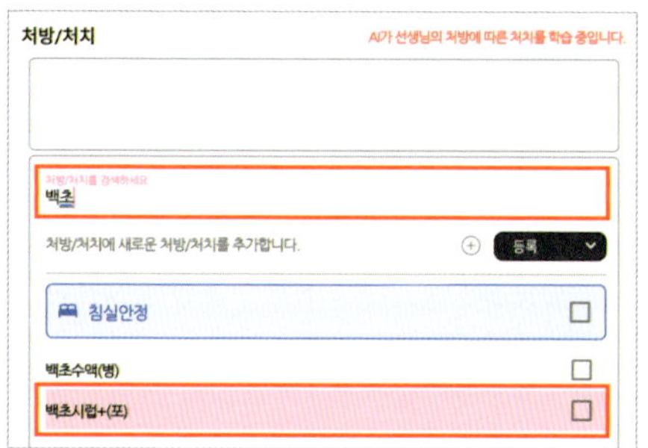

⑥ 원하는 처방/처치 명이 없을 때: 직접 처방/처치 명을 입력하여 검색 리스트에 추가한다.

⑦ 로켓 처방 사용하기: 보건실 업무 특성상 반복적으로 발생하는 찰과상, 두통, 복통, 생리통 등은 로켓 처방 기능을 활용해 클릭 한 번으로 쉽게 기록을 완성할 수 있다. 가장 자주 사용하는 8개의 처방은 키보드 F1~F8 버튼을 눌러 마우스를 움직이지 않고도 빠르게 보건일지를 작성할 수 있다. 로켓 처방 추가

버튼을 누르면 추가할 수 있으며, 스마일보건 상단의 [로켓 처방 관리]를 누르면 기존의 처방을 수정, 삭제할 수 있다.

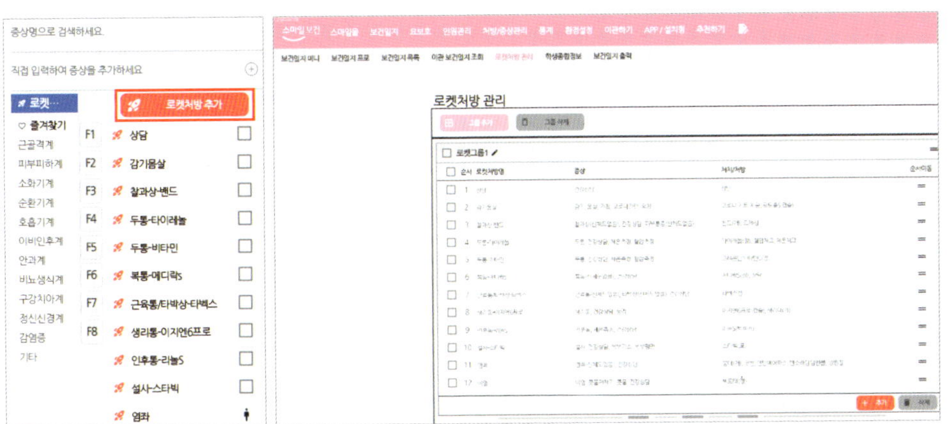

⑧ 활력 징후 입력하기: 화면 우측의 [활력 징후/바이탈]란에 체온, 혈압, 맥박, 통증지수, 산소포화도, 혈당 등 측정한 값을 입력한다.

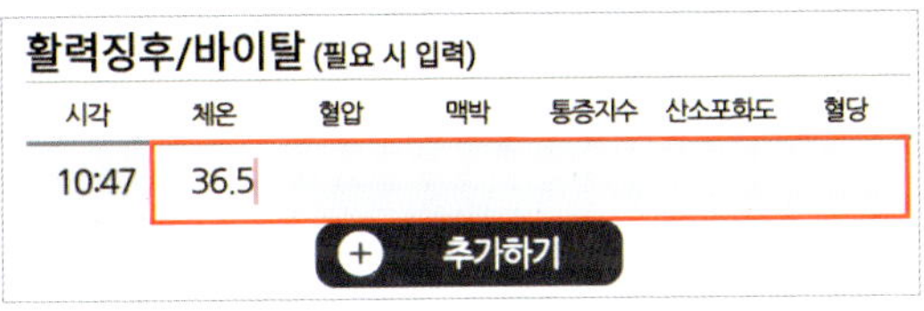

⑨ 보건일지 내용 작성하기: 증상, 처방/처치 또는 활력 징후를 입력함과 동시에 우측 하단에 [내용 요약], [내용 상세]가 자동으로 입력된다.

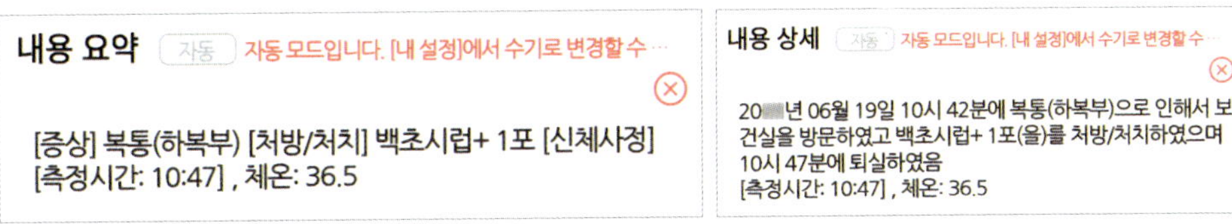

추가로 입력하고 싶은 내용을 수기로 입력할 수도 있다. [내 설정]에서 자동 모드를 끄고 only 수기 모드로 변경할 수 있다.

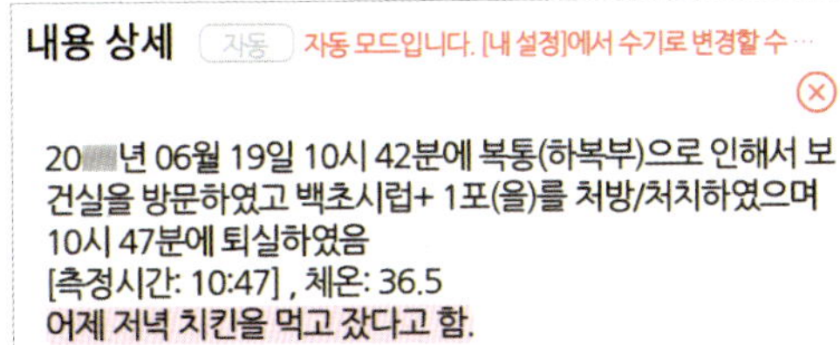

⑩ 보건일지 저장하기: [저장] 버튼을 클릭하거나 키보드 [Ctrl]+[S]를 눌러 보건
일지를 저장한다. 보건일지 작성 화면에서 저장 버튼은 총 3군데에 있다.

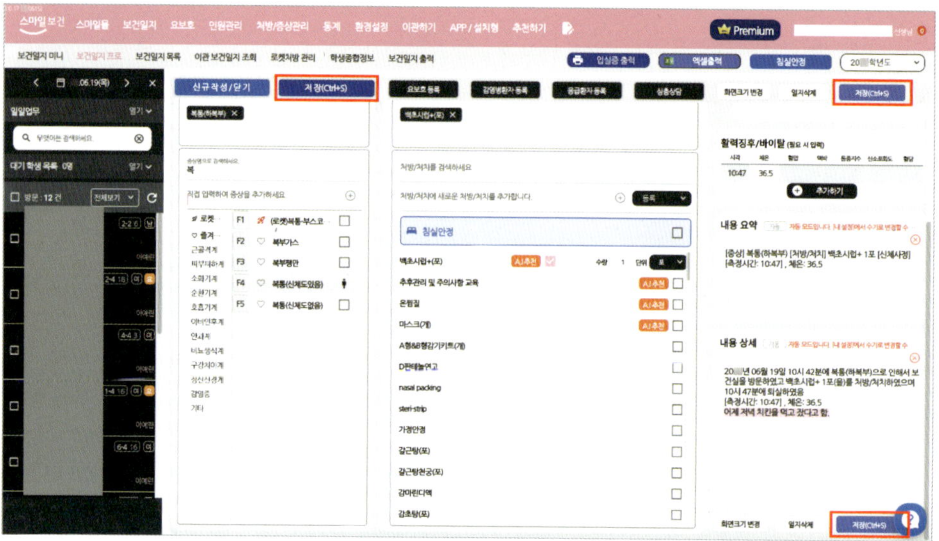

⑪ 침실 안정 학생 관리하기: 침
실 안정을 입력할 경우 우측
상단에 [침실 안정] 버튼을 누
르면 침실 안정 중인 학생들
을 볼 수 있는 창이 나타난다.

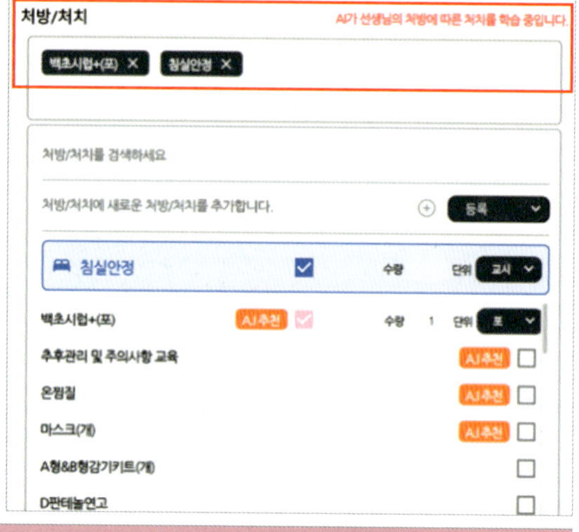

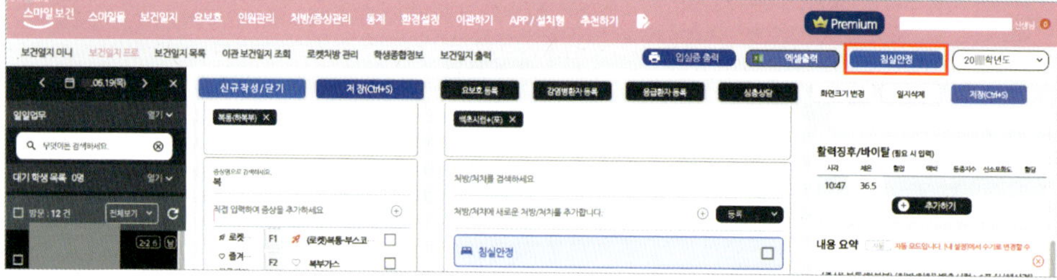

기본 퇴실 시간을 설정할 수 있으며, 앱 알림을 활성화하면 퇴실 시간이 지났을 때 알림을 받을 수 있다. 자동 퇴실을 활성화하면 자동으로 퇴실 처리된다.

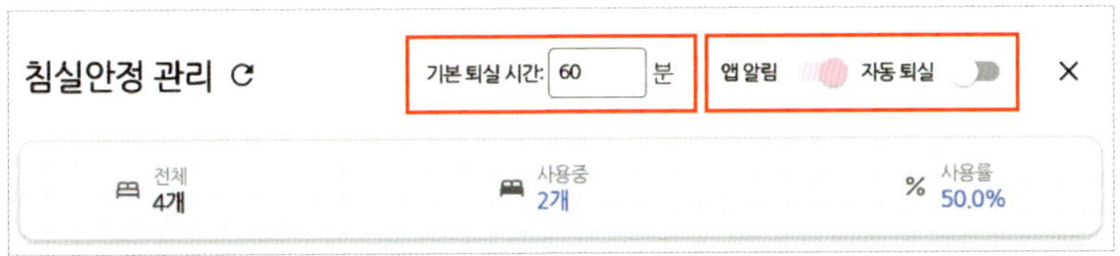

화면에서 개별 학생을 클릭하면 입퇴실 시각을 수정하거나 퇴실 처리할 수 있는 창이 나타난다.

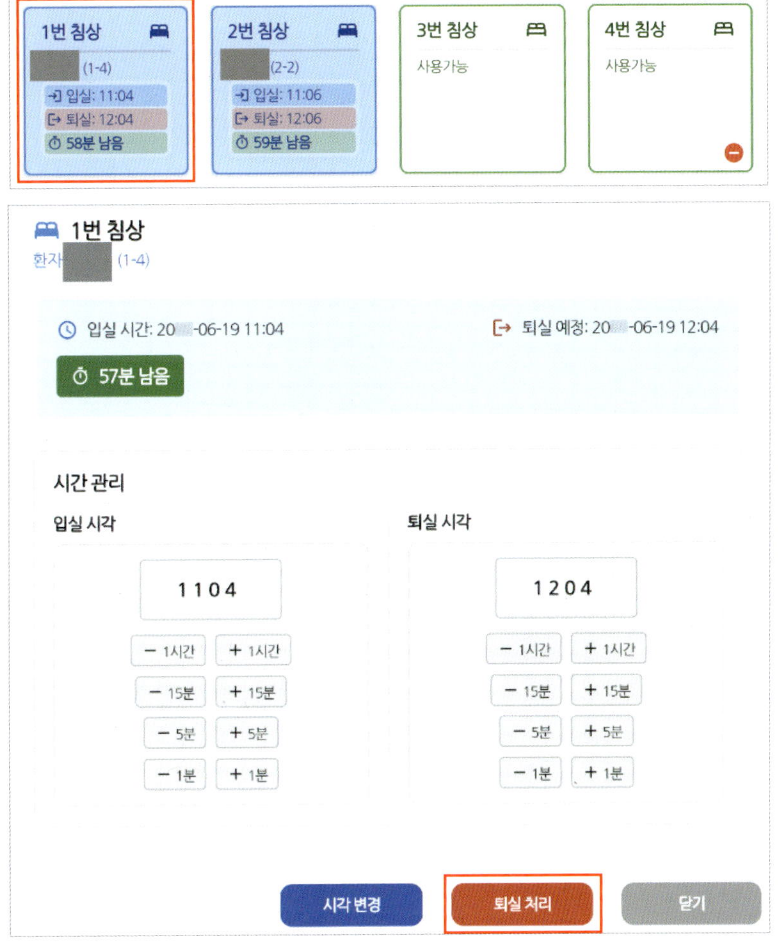

⑫ 보건일지 출력하기: 보건일지를 파일로 저장하거나 출력하기 위해 [엑셀 출력]을 클릭하면 보건일지 출력을 요청할 수 있는 창이 나타난다. 내부 보고를 위해 여러 가지 형태와 옵션을 선택한 후 [출력 요청]을 클릭하면 6~10분 후 요청 목록 보기에 파일이 생성된다.

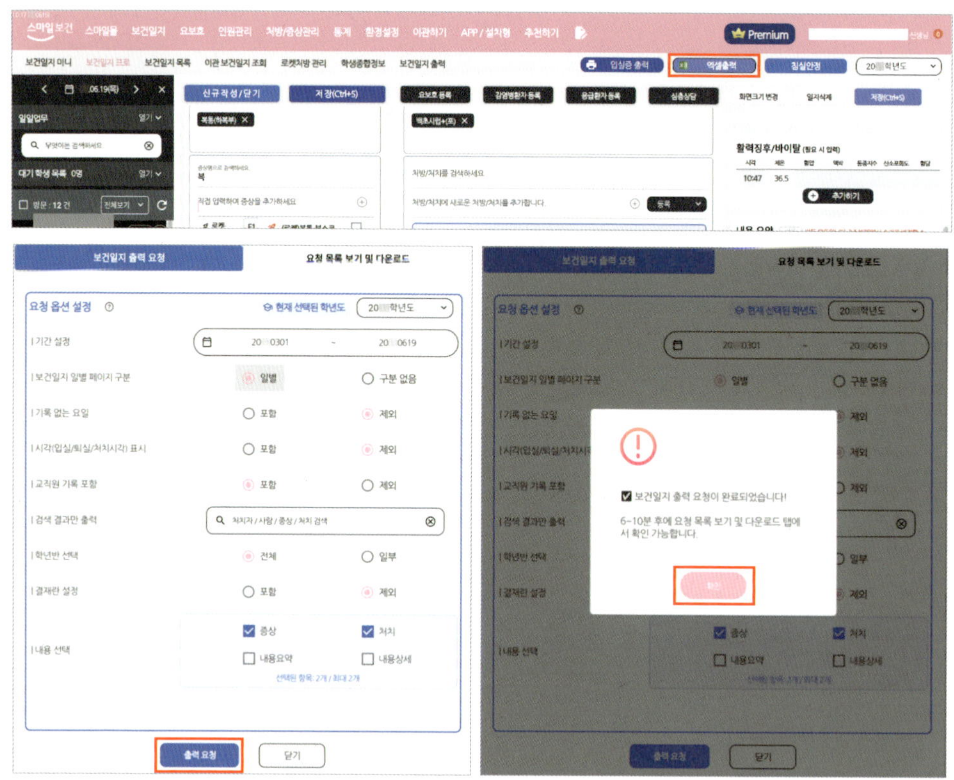

파일이 생성되면 [파일 받기]를 클릭하여 엑셀 파일을 다운로드한다.

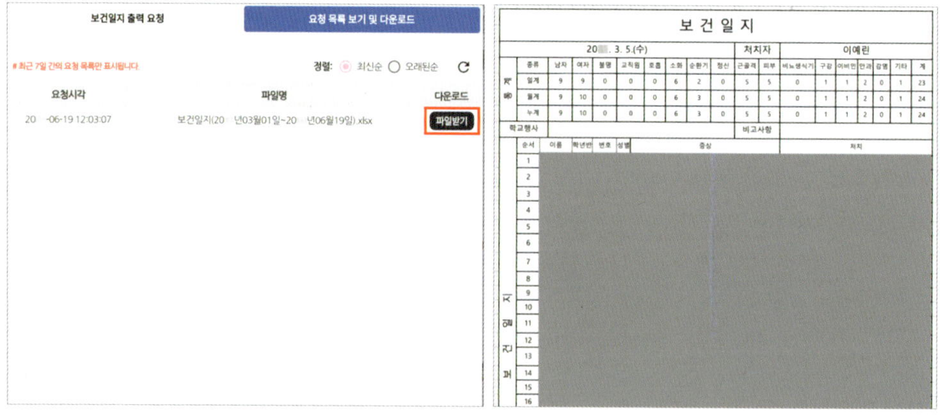

파일에 암호를 걸어 문서를 열 때 암호를 입력하도록 설정할 수 있다. [파일] – [문서 암호]를 클릭한 후 암호를 입력한다.

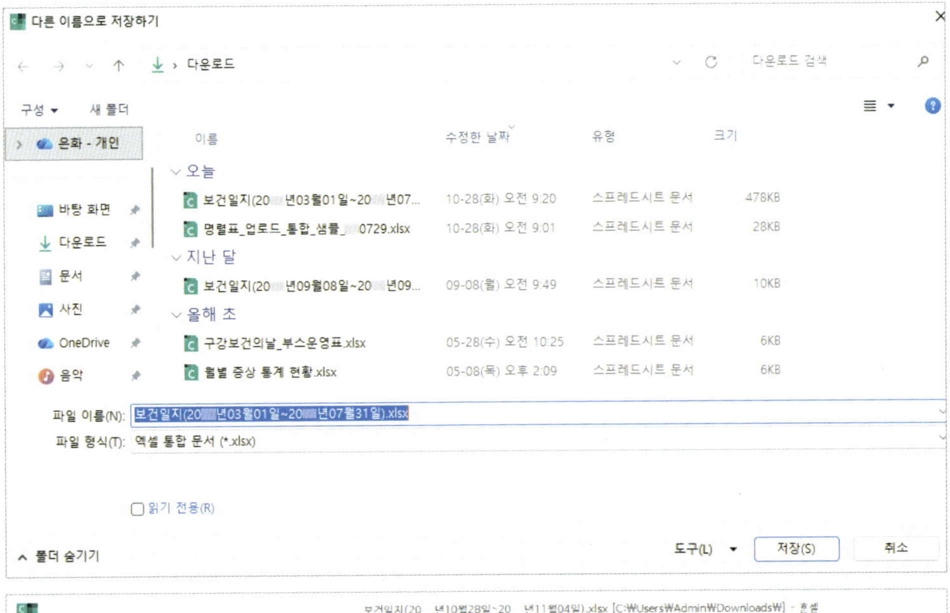

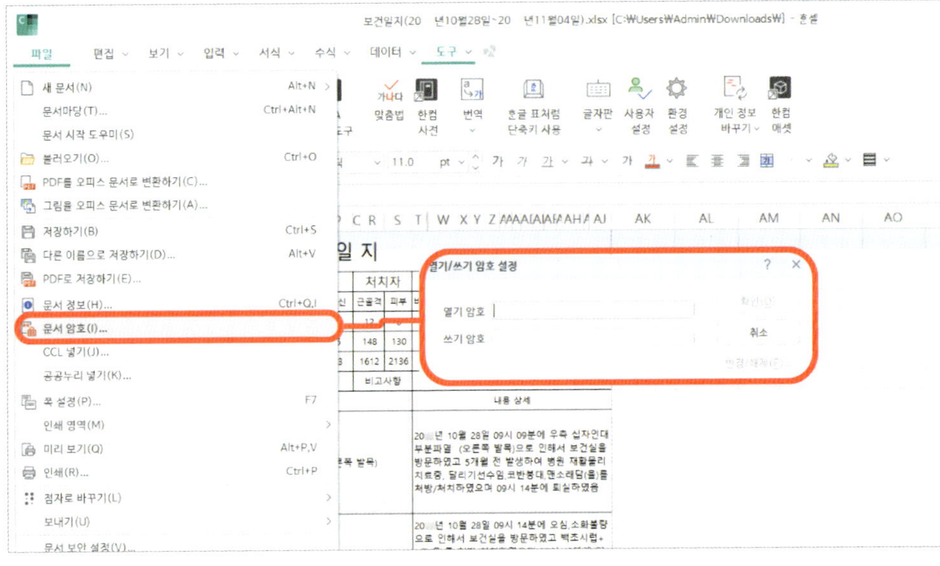

라. 통계

보건실 이용 통계를 자동 집계해 증상별·학생별·교직원별·전체 학급별·일별 방문자 수 및 심층 상담 진행 횟수를 시각화된 그래프로 볼 수 있다. [엑셀] 버튼을 눌러 다운로드하면 보고서를 작성하는 등 내부 보고할 수 있다.

① 신체 계통별 방문자 수를 확인하고 싶은 경우: [통계] – [A. 증상별 집계]

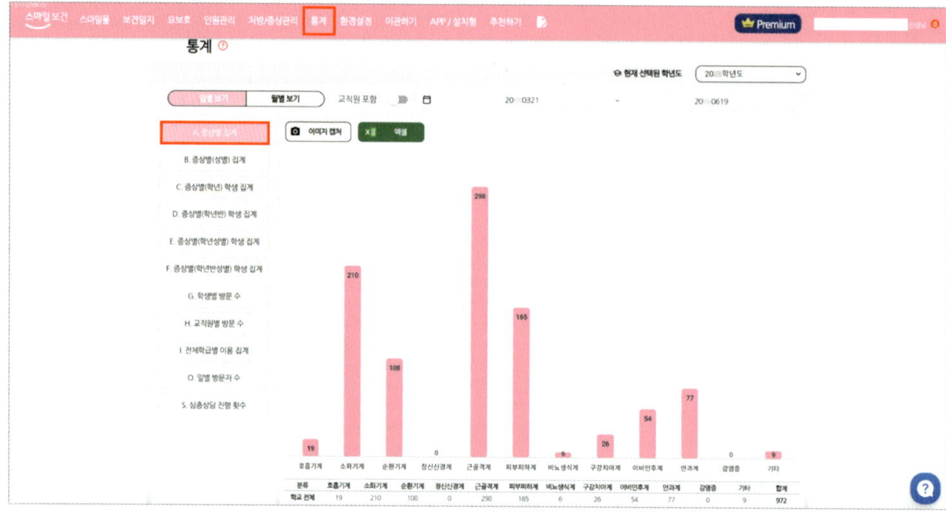

② 보건실 다빈도 방문자 수를 확인하고 싶은 경우: [통계] – [G. 학생별 방문 수]

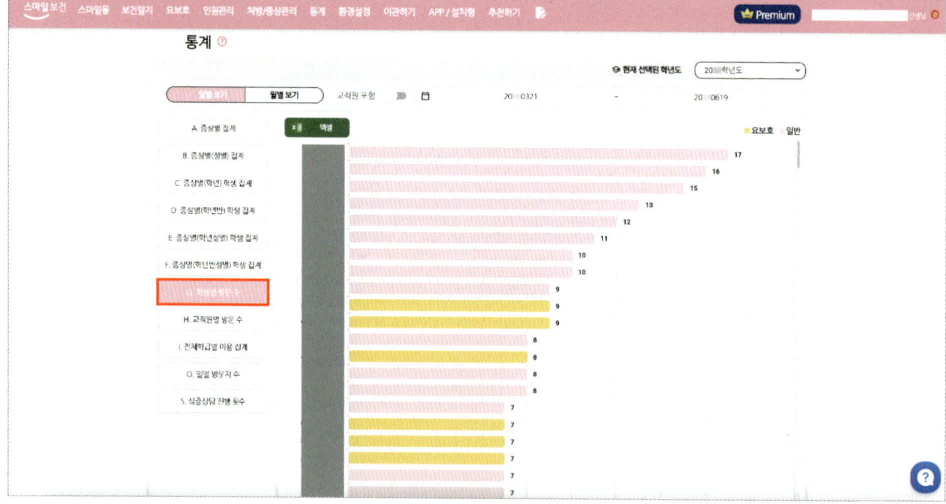

마. 키오스크 활용 사례 소개

스마일보건 키오스크는 보건실에 방문한 학생들이 직접 증상과 정보를 입력할 수 있도록 도와주는 비대면 정보 입력 시스템으로, 반복적인 정보 수기 입력의 부담을 줄여 주고 보건실 운영의 효율성을 높이는 데 크게 기여한다. 이 시스템은 태블릿에 설치된 '스마일보건' 앱을 활용해 운영되며, 사용자(학생)의 편의성과 보건교사의 업무 경감을 동시에 고려하여 설계되었다.

1) 키오스크 주요 기능

① 환자의 보건실 대기 등록

- 학생은 보건실 앞(또는 안)에 비치된 태블릿에 스스로 학년, 반, 이름을 입력한 후 대기한다.
- 먼저 등록한 학생부터 교사의 컴퓨터에서 [호출] 버튼을 누른다.
- 태블릿에서는 '○○○ 학생은 보건실로 들어오세요'라고 알림 소리가 난다.

② 간단한 처치

- 보건실에 셀프 처치대가 있거나, 기침 환자는 보건실 방문 전 보건실 앞에서 마스크를 가져가야 하는 경우에 사용할 수 있다.
- 간단한 처치의 경우 학년, 반, 이름을 입력한 후 교사가 사전에 설정해 둔 '증상-처치'를 입력한 후 스스로 처치하고 갈 수 있다.

③ 빌려간 물품 반납

- 목발, 아이스팩 등 보건실에서 빌려간 물품을 반납할 때에 반납함에 넣고 키오스크에 등록한 후 돌아갈 수 있다.

2) 설치 및 초기 세팅

키오스크 기능은 스마일보건 Class 중 [Premium]에 해당하는 경우 사용할 수 있다.

키오스크 사용을 위해서는 태블릿과 거치대가 필요하다. 태블릿은 기존에 학교에 있던 여분 태블릿을 사용하거나, 개별적으로 구입하는 어떤 태블릿이든 사용할 수 있다. 스마일몰에서도 구매할 수 있다.

거치대도 마찬가지로 학교의 사정에 맞는 거치대를 구매하면 된다. 그림 좌측의 '스탠드형' 등을 활용해 복도에 거치대를 설치할 수 있다. 보건실 밖에서 학생들이 키오스크에 등록한 후 대기하고 교사가 호출하면 키오스크 알림을 듣고 한 명씩 들어올 수 있도록 하면 보건실에 환자가 한 명씩 들어올 수 있다.

(본 이미지는 ChatGPT의 Dall·E를 활용하여 생성되었습니다.)

보건실 앞 복도가 좁거나 태블릿 분실 등의 우려가 있다면, 그림 우측의 '테이블 고정형'을 구매하여 보건실 문 앞에 설치할 수 있다. 학생들은 키오스크에 등록 후 보건실 내 대기 의자에 앉아서 대기하고, 교사가 호출 버튼을 누르면 자신의 이름을 듣고 처치 공간 쪽으로 한 명씩 방문한다.

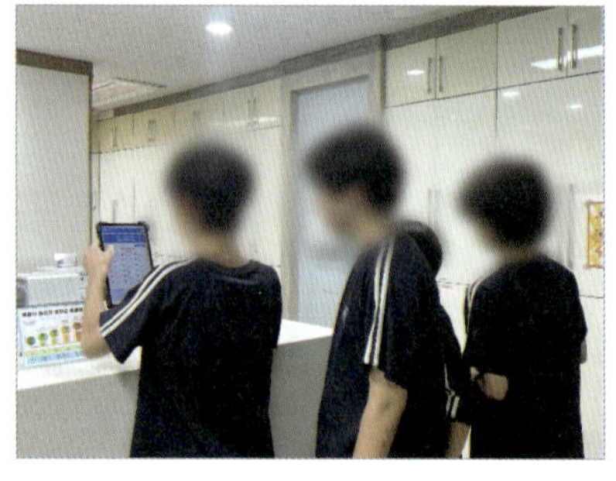

태블릿 내의 앱스토어(iOS: App Store, Android: Play Store)에서 [스마일보건] 애플리케이션을 다운로드한다. 애플리케이션 로그인 후 우측 하단의 [키오스크]를 눌러

비밀번호 설정 후 접속하면 초기 화면이 나온다. 학생들은 이 초기 화면을 통해 자신의 학년, 반, 이름을 선택해 대기 등록을 할 수 있다.

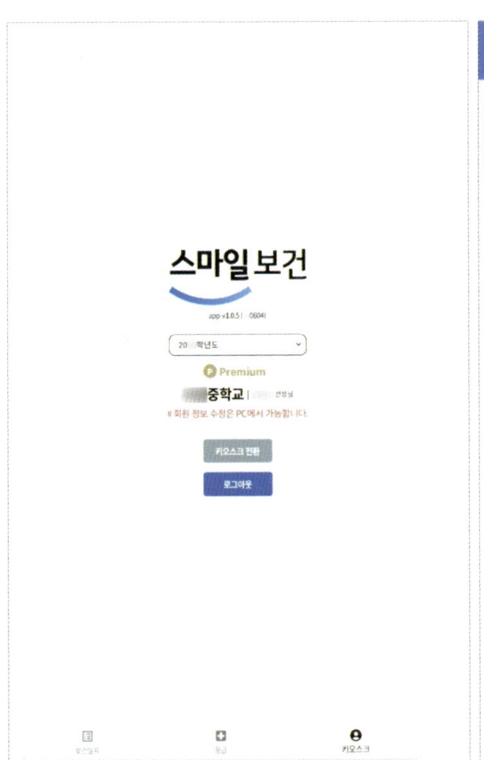

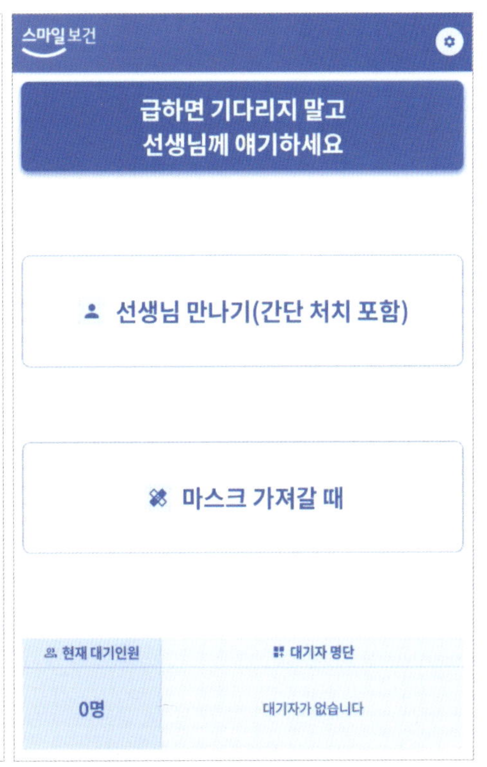

학생이 키오스크에 등록하면 [대기 학생 목록]에서 확인할 수 있으며, 2번 학생처럼 [호출] 버튼이 활성화된다. [호출] 버튼을 누르면 키오스크에서 '○○○ 학생은 보건실로 들어오세요'라고 소리가 나며 알림이 뜬다.

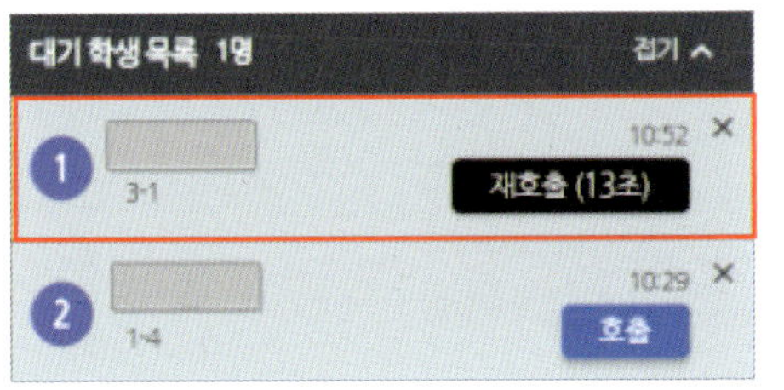

교사의 화면에서는 1번 학생과 같이 [재호출] 버튼이 나온다. 동시에 해당 학생의 인적 사항이 보건일지 메인 화면으로 뜨게 된다. 학생의 이름을 일일이 묻고 받아 적을 필요 없이 '네가 ○○이니?' 하고 환자 이름을 재차 확인한 후 필요한 처치를 하면 된다.

2) 유의 사항 및 활용 팁

① **기기 고정**: 학생이 편리하게 조작할 수 있고, 태블릿 분실 위험이 적도록 기기가 완전히 고정되는 거치대를 구매하여 사용한다.

② **위생 관리**: 소독 티슈 등을 활용해 태블릿의 화면을 주기적으로 소독하고, 키오스크 옆에 손소독제를 비치한다.

③ **설정 관리**: 키오스크 설정 화면을 통해 맞춤형 키오스크로 재설정할 수 있다.

예를 들어, A교사는 마스크를 가져가는 것 외에는 간단한 처치도 모두 교사가 직접 처치하기를 원한다. 기존의 키오스크 메뉴는 [선생님 만나기], [혼자 치료하기], [빌려간 물품 반납]으로 기본 설정되어 있다. 이때 [혼자 치료하기] 대신 [마스크 가져가기]로 이름을 편집하여 운영할 수 있다.

④ **교사 위치 공유**: 키오스크가 보건실 밖에 있다면 키오스크를 활용해 교사의 현재 위치를 알릴 수 있다. 보건일지 우측 상단에 사용자 이름에 마우스를 가져가면 이와 같이 [키오스크 설정] 창이 뜬다. 현재 상태 우측의 [펜]을 클릭하면 다음과 같이 근무 상태를 변경할 수 있다.

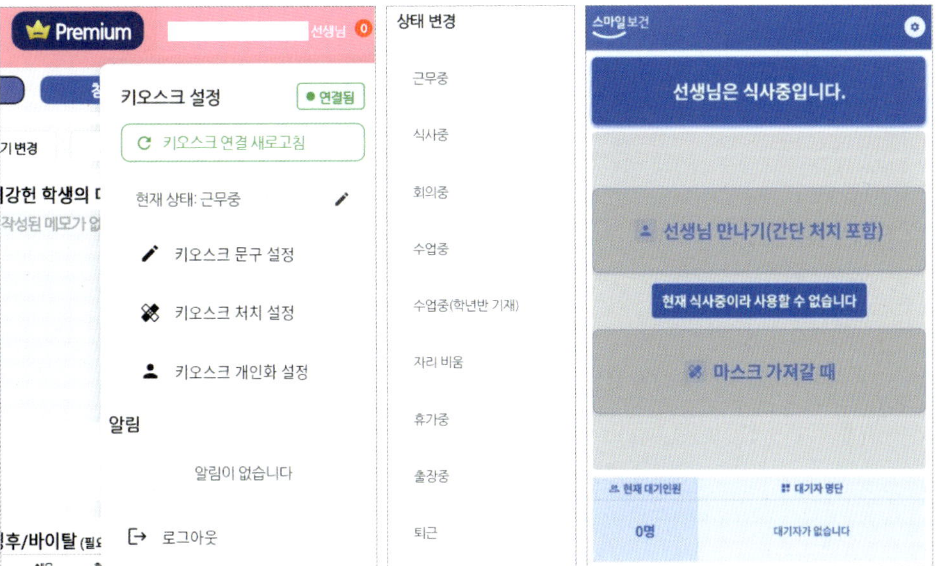

참고 문헌

· Google AI for Developers. (n.d.). *Gemini API*.
https://ai.google.dev/gemini-api

· Google Safety Center. (n.d.). *Google AI principles*.
https://safety.google/intl/ko/principles/

· Johnson, S. (Ed.). (2024, December 13). *NotebookLM gets a new look, audio interactivity and a premium version*.
Google: The Keyword. https://blog.google/technology/google-labs/notebooklm-new-features

· Wang, B. (Ed.). (2025, May 19). *Understand anything, anywhere with the new NotebookLM app*.
Google: The Keyword. https://blog.google/technology/ai/notebooklm-app

· Wilds, R. (2025). *What is Padlet Sandbox?*.
Padlet Help. https://padlet.help/l/en/article/8izrmuejli-what-is-sandbox

· Wilds, R. (2025). *What is Padlet TA?*.
Padlet Help. https://padlet.help/l/en/article/fg48s9q3ap-what-is-padlet-ta

· Yang, S. A., & Zhang, A. H. (2024, March 19). *Generative AI and copyright: A dynamic perspective*. SSRN. https://ssrn.com/abstract=4716233

· 경기도교육청. (2025년 2월). *2025 초등학습으로의 평가 이해하기*.
경기도교육청. https://www.goe.go.kr/resource/old/BBSMSTR_000000030136/BBS_202503050520351601.pdf

· 교육부. (2021년 2월). 교과 교육과정 재구성 예시 자료집(초등학교 5~6학년군). 교육부.

· 교육부. (2022년 12월). *2022 개정 교육과정 총론 해설: 고등학교*.
국가교육과정정보센터(NCIC). https://ncic.re.kr/dwn/ogf/inventory.cs

· 교육부. (2024년 8월 16일). 초·중등학교 교육과정 총론.
에듀넷. https://www.edunet.net/clssFlCtgr/list/5?upContsClsfId=89102&contsClsfTab=89103&contents_openapi=search

· 교육부. (2025년). *2025학년도 초등 학교교육과정 편성 안내 자료*. 교육부.

· 김평원. (2024년 10월 24일). 인공지능과 공존하는 사회에 필요한 미디어 리터러시.
미디어리터러시 웹진. https://dadoc.or.kr/3333

· 김효은, 박소연, & 서무완. (2025년 2월 24일). 생성형 인공지능 활용 교육 가이드라인(학생용).
경기도교육청. https://www.goe.go.kr/resource/old/BBSMSTR_000000000126/BBS_202502240135525801.pdf

• 옥진엽, 김진선, 김현우, 박미연, & 백준호. (2022년 12월 6일). 수업의 폭과 깊이를 더하는 성취기준 재구조화. [보고서].

• 조윤주. (2025년 5월 12일). 국민 절반 '생성형 AI' 앱 사용… 챗GPT 독주 속 뤼튼 등 추격전. 파이낸셜뉴스. https://www.fnnews.com/news/202505121809257162

• 패들렛. (2025년 5월 21일). 개인정보 보호정책. https://legal.padlet.com/privacy

2025년 11월 19일　　1판　　1쇄　　인 쇄
2025년 12월 5일　　1판　　1쇄　　발 행

지 은 이 : 최준아·이예린·최은화 공저

펴 낸 이 : 박　　　정　　　태

펴 낸 곳 : **주식회사 광문각출판미디어**

10881
파주시 파주출판문화도시 광인사길 161
광문각 B/D 3층
등　　록 : 2022. 9. 2 제2022-000102호
전 화(代): 031-955-8787
팩　　스 : 031-955-3730
E - mail : kwangmk7@hanmail.net
홈페이지 : www.kwangmoonkag.co.kr

ISBN : 979-11-93205-77-8　　03370

값 : 19,000원